U0863806

期货量化交易系统的构建

田志超 著

地震出版社
Seismological Press

图书在版编目（CIP）数据

期货量化交易系统的构建/田志超著．—北京：地震出版社，2017.7（2023.3重印）

ISBN 978-7-5028-4835-4

Ⅰ.①期…　Ⅱ.①田…　Ⅲ.①期货交易—研究　Ⅳ.①F713.35

中国版本图书馆 CIP 数据核字（2017）第 021526 号

地震版　XM5481/F（5534）

期货量化交易系统的构建

田志超　著

责任编辑：薛广盈　吴桂洪

责任校对：孔景宽

出版发行：地震出版社

北京市海淀区民族大学南路 9 号　　邮编：100081

发行部：68423031　68467993

总编室：68462709　68423029

证券图书事业部：68426052　68470332

http://seismologicalpress.com

E-mail：zqbj68426052@163.com

经销：全国各地新华书店

印刷：北京广达印刷有限公司

版（印）次：2017 年 7 月第一版　2023 年 3 月第二次印刷

开本：710×1000　1/16

字数：270 千字

印张：16.25

书号：ISBN 978-7-5028-4835-4

定价：58.00 元

目　录

序　言 …… (1)

第一章　交易系统和开发过程 …… (1)

1.1　系统、系统论、系统思维、系统科学及复杂系统 …… (1)

1.2　投资市场的基本理论 …… (3)

1.3　交易系统 …… (5)

1.4　量化交易 …… (11)

1.5　交易系统开发流程 …… (13)

1.6　总结 …… (14)

第二章　交易策略初步测试比较 …… (15)

2.1　声明 …… (15)

2.2　交易策略及量化 …… (16)

2.3　交易策略的参考标准 …… (16)

2.4　选择测试的交易策略 …… (17)

2.5　性能对比的指标说明 …… (18)

2.6　流行交易策略测试对比 …… (18)

2.7　总结 …… (28)

第三章　双均线交叉交易系统（Trade Blazer）性能测试 …… (29)

3.1　性能概要 …… (29)

3.2　交易分析 …… (33)

3.3 交易明细 …… (36)
3.4 平仓分析 …… (36)
3.5 阶段分析 …… (37)
3.6 资产分析 …… (45)
3.7 图表分析 …… (49)
3.8 总结 …… (50)

第四章 投资组合 …… (51)

4.1 资产组合简介 …… (51)
4.2 SMA (5,20) 双移动平均线交叉交易策略资产组合测试 …… (53)
4.3 交易策略的资产组合测试 …… (66)
4.4 总结 …… (74)
4.5 附录：客观技术分析、数据挖掘及偏差 …… (75)

第五章 交易周期和时间框架 …… (77)

5.1 单个品种与交易周期优化测试 …… (78)
5.2 投资组合净盈利与交易周期优化测试 …… (82)
5.3 投资组合盈利效率与交易周期优化测试 …… (83)
5.4 自适应周期 …… (89)
5.5 时间框架（日内、短线、中线或长线） …… (92)
5.6 总结 …… (94)

第六章 止 损 …… (95)

6.1 单个品种止损测试 …… (95)
6.2 投资组合止损测试 …… (107)
6.3 止损对于交易策略的影响 …… (115)
6.4 总结 …… (120)

第七章 风险管理 …… (121)

7.1 风险管理过程 …… (121)
7.2 风险资金比例（总体风险暴露）测试 …… (122)

7.3 交易品种或交易机会选择…………………………………………（137）
7.4 资金分配………………………………………………………………（138）
7.5 头寸计算………………………………………………………………（139）
7.6 总结……………………………………………………………………（143）

第八章 策略改进 ……………………………………………………（144）

8.1 信号过滤………………………………………………………………（144）
8.2 跟踪止损………………………………………………………………（156）
8.3 总结……………………………………………………………………（161）

第九章 交易系统构建 ………………………………………………（162）

9.1 交易系统的搭建………………………………………………………（162）
9.2 交易前辈——理查德·唐奇安………………………………………（163）
9.3 交易程序运行架构……………………………………………………（164）
9.4 交易系统规则…………………………………………………………（166）
9.5 交易纪律………………………………………………………………（170）
9.6 总结……………………………………………………………………（172）

第十章 交易系统运行实例…………………………………………（174）

10.1 基金单位净值 ……………………………………………………（175）
10.2 资金关键数据记录 ………………………………………………（177）
10.3 交易系统实际运行实例 …………………………………………（179）
10.4 投资绩效评估 ……………………………………………………（198）
10.5 总结 ………………………………………………………………（205）
10.6 附录：融资决策 …………………………………………………（205）

第十一章 资金账户风险监控和 VaR 应用 ………………………（211）

11.1 VaR 介绍 …………………………………………………………（211）
11.2 金融风险类型 ……………………………………………………（212）
11.3 正态分布 …………………………………………………………（213）
11.4 VaR 的定义和计算 ………………………………………………（214）

11.5 VaR 用于实时控制资金账户风险 …… (215)
11.6 VaR 用于确认维持保证金 …… (221)
11.7 总结 …… (222)

第十二章 交易心理调控 …… (223)

12.1 改变思维 …… (223)
12.2 认知心理学、情感心理学、意志心理学及金融心理学 …… (227)
12.3 趋势交易心理分析 …… (231)
12.4 主观交易与量化交易 …… (234)
12.5 自律 …… (235)
12.6 改造自我 …… (237)
12.7 杂想 …… (238)
12.8 总结 …… (242)

第十三章 结 尾 …… (243)

附录 1 买房或不买房 …… (245)

附录 2 股指期货日 K 线价格变动概率分布 …… (248)

序　　言

2008 年 8 月，我怀着一夜暴富的梦想莽撞地进入了期货市场，结果入市仅仅四个月就亏了 90%，提前验证了期货市场 95%的新兵在一年内亏光本金的铁血规律。

随后几年的主观交易中，我犯下很多错误，比如抓顶、抄底、逆市、频繁、过量，甚至随意交易，每天活在巨大盈利冲击引发的欣喜若狂，和随后一次次亏损伴随的失望自责中，下跌时看不到底，纠结是否要做空，略有反弹时犹豫是否反转，要不要做多，心力交瘁，苦不堪言。

有多少次的后悔懊恼、捶墙跺地，又有多少次的丧心病狂、恣意放纵？有多少次的且战且惊、翘首盼望，又有多少次的担心犹豫、痴心妄想？其中滋味，又与谁说？

做期货为九死一生，我却游戏、玩世不恭、放纵、情绪化。进，意气用事；退，狼狈鼠窜，全无章法。心态混乱，纪律败坏，情绪失控，狂肆胡想，怎么能赢？如果不能脱胎换骨，可以肯定离开期市是唯一正确的选择。

主观交易难以形成完整的交易系统和稳定心态，虽有近 5 年的主观交易经验，但水平并没有实质提升。入场始于贪婪，出场止于恐惧，不断轮回，没有尽头。

2013 年开始接触程序化交易，使用交易开拓者测试交易策略和风险、资金管理，尝试构建自己的交易系统，并用于实战。量化交易后心态发生明显变化，大多数时候不再为下的单子祈祷好运；不再担心明天市场大幅反转；止损时不再犹豫不决；出场后不再后悔错过反弹。一切都是量化交易系统的操作结果，心理压力减轻不少。走入正轨后资金曲线在震荡中逐渐上扬，整体表现与主观交易不可同日而语。

量化交易或许是通往成功交易者行列最快的方法。科学、数量化的方式验证交易系统的有效性和市场规律，这种知识和理性加深了对市场的了解，改变了主观错误信念，从而指导交易者脱离最初的生理和心理反应，使交易水平升华到系统和策略的高度，自然而然地形成了对自己交易能力的信心，也有利于交易纪律的遵守，从而从贪婪和恐惧造成的轮回中解脱出来，轻松快乐地去交易。

种种是非过往，点点滴滴犹在心头，每一个投资者都有自己的心历路程。从笔者以往成绩来看，远远未跨入高手的境界，撰写本书一是因为个人在主观交易，量化期货系统构建和实际运行交易时记录了一些资料，想与读者共享，另外大多数的散户都是如笔者这样仍在期市挣扎的低手，抛砖引玉与大家一起交流进步，在未来的期货交易道路上互相慰籍，继续前行。

本书的目的是给交易者提供一些有关期货量化交易系统测试、构造、运行等各方面的实战资料，讨论如何对比或研究不同交易系统的性能、资产组合、交易周期、止损、风险管理、系统优化和信号过滤等一系列实际问题，并结合个人期货基金说明交易系统的执行、资金管理和心理调控等诸多难题。

宗旨是契合实际、力求实用、正面实战。

本书章节安排如下：

第一章介绍交易系统和开发流程。

第二章测试几个常见交易策略，并通过打分的办法初步对比不同交易策略的优劣。虽然打分排名方法比较粗略，但也能反映不同交易策略的性能差异。

第三章介绍如何使用交易开拓者（Trade Blazer）测试移动双平均线交叉交易策略，并对测试过程中的数据进行简单说明、处理和分析说明，供可能使用 Trade Blazer 进行系统测试的交易者参考。当然，读者也可以选择其他的测试软件或工具，分析方法是一样的。

第四章讨论资产组合，首先介绍资产组合理论，之后再测试研究投资组合风险与投资品种数目的关系和研究投资组合的情况下如何在盈利效率的基础上统一评估交易策略的性能，并提出使用 3 年滑动窗口和逐年累计的不同测试时长的测试结果来考量评估各交易策略性能的稳定性、连续性和长期表现。在投资组合测试过程中，还将多个交易策略组合成一个综合交易策略并与其组成策略的性能进行对比。综合交易策略的盈利是其他交易策略的折中，但其盈利效率比其他交易策略要高，如果资金充足，使用多个账户采用不同交易策略进行交易，也是一种改善交易成绩的办法。

第五章介绍交易周期，讨论移动双平均线交叉交易策略的周期参数优化、时间框架的测定、自适应周期是否可行等交易者必须面对的重要问题。

第六章讨论入场止损，包括是否需要止损，什么时候止损，采用什么止损方法，不同交易策略是否有更适合的止损方法以及止损对交易策略的影响，等等。

第七章首先介绍风险管理过程，然后对总体风险资金比例或总体风险暴露水平进行优化测试，了解不同的风险比例水平对交易策略的盈利能力、风险、最大回撤比例等的影响，并根据交易者的风险忍受水平计算设定风险资金比例。之后讨论商品选择和风险资金在不同商用交易机会中间如何分配。最后则讨论头寸计算，研究同等的风险资金下，不同头寸计算方法的优劣。

第八章介绍系统改进，重点关注信号过滤和跟踪止损。测试表明 ADX 信号过滤，无论是方向性或绝对值过滤都没有起到应有的作用。接着讨论跟踪止损，跟踪止损虽然降低了盈利，但提升了盈利效率，值得读者去尝试。

第九章集大成者，根据各章节测试结果构造个人交易系统，并说明如何制定交易程序和交易规则等，另外还将讨论交易纪律。

第十章为交易系统之实际执行案例，结合笔者本人账户展示交易系统的可行性。

第十一章说明 VaR 的定义，计算和在监控账户资金风险和计算维持保证金方面的应用，并对交易结果进行投资绩效评估。

第十二章，交易心理调控是交易成功的关键因数之一。交易者往往在交易心理上存在重大问题和缺憾；对交易纪律的屡次屡犯，便是实证。本章讨论如何提高对市场的本质认识，只有在市场和生活中改变自己，不断精进，才能成就大业。

第十三章结尾，本书之总结。祝愿大家交易之路越走越轻松。

仅以此书作为笔者 8 年期货交易的总结，与各位同样迷茫的散户做一次交流。

田志超

2017 年 4 月 8 日于深圳

第一章 交易系统和开发过程

不奋发，则心日颓靡；不检束，则心日恣肆。

——朱熹

交易系统是指交易者在交易过程中逐渐形成的包含入场、出场、风险控制和资金管理等能体现交易者系统化思维的一组完整的交易规则体系。没有交易系统指导的交易是盲目的，而没有实践、没有数据支撑、没有经过反复验证的交易系统则是空洞的。交易系统是交易者市场理论和实践有机统一的智慧结晶，缺一不可。

本章首先介绍系统相关的基本概念；第二节则介绍投资市场几个基本理论，以指导交易系统的构建，从而少走弯路；第三节说明交易系统的类型、特征和好处；第四节讨论什么是量化交易，很显然，交易系统的构建过程也就是交易规则量化过程；第五节说明交易系统的开发流程，供读者参考。

1.1 系统、系统论、系统思维、系统科学及复杂系统

系统一词来源于英文 system 单词的音译。系统是由相互关联的一些事物（即系统的组成部分）所组成的有机整体。所谓事物通常指对象、元件、变量、属性、现象等。关系则指结构、组织、约束、交连等。系统是一个概念，反映了人们对事物的一种认识论，其内容是系统论或系统学。

系统论或系统学是研究系统的一般模式、结构和规律的学问，它研究各种系统的共同特征，用数学方法定量地描述其功能，寻求并确立适用于一切系统的原理、原则和数学模型，是具有逻辑和数学性质的一门科学。

系统思维就是把认识对象作为系统，使用系统学知识综合考察认识对象，研究系统和要素、要素和要素、系统和环境的相互联系、相互作用的一种思

维方法。

系统科学是以系统为研究对象的基础理论和应用开发的学科。它着重考察各类系统的关系和属性，揭示其活动规律，探讨有关系统的各种理论和方法。系统科学的理论和方法正在从自然科学和工程技术向社会科学广泛转移。人们将系统科学与哲学相互作用，探讨系统科学的哲学问题，形成了系统哲学。

复杂系统是具有中等数目基于局部信息做出行动的智能性、自适应性主体所组成的系统。复杂系统相对牛顿时代以来构成的科学事业焦点的简单系统而言，具有根本性的不同。简单系统内的相互作用比较弱，比如封闭的气体或遥远的星系，以至于我们能够应用简单的统计平均方法来研究它们的行为。系统的复杂性并不一定与规模成正比，但复杂系统要有一定的规模。复杂系统中的个体一般来讲具有一定的智能性，例如组织中的细胞、期市中的散户，这些个体可以根据自身所处的部分环境，通过自己的规则进行智能的判断或决策。

复杂系统具有以下特征：

(1) 具有多数量组成主体的系统，主体互动关系的重要性大于主体本身。

(2) 组成主体具备智能性和自适应性，无中央控制。复杂系统内的元素或主体的行为遵循一定的规则，根据“环境”和接收信息来调整自身的状态和行为，且主体通常有能力来根据各种信息调整规则，产生以前从未有过的新规则。通过系统主体的相对低等的智能行为，系统在整体上显现出更高层次、更加复杂、更加协调职能的有序性。在复杂系统中，没有哪个主体能够知道其他所有主体的状态和行为，每个主体只可以从个体集合的一个相对较小的集合中获取信息，处理“局部信息”，做出相应的决策。系统的整体行为是通过个体之间的相互竞争、协作等局部相互作用而涌现出来的，无中央控制。

(3) 组成成分构成自我相似的多层级结构/高层级向下的因果关系/低层级向上因果关系/组成成分间的多重因果。比如，期货市场的波动性体现在不同层级的时间框架上，大到月 K 线，小到毫秒级别，无所不在。

(4) 是动态的，不停止的/突现，不可预测、不可化约、非线性；没有时间的变化，就没有系统的演化，也就谈不上系统的复杂性。“事物总是发展变化的”，因此，复杂系统同时具有秩序与混沌的双重特点。

以上关于系统、系统论、系统思维、系统科学及复杂系统的基本说明都摘录于MBA或百度百科。读者如有兴趣，请查阅相关资料，加强对于这些方面知识的了解。本节的目的在于说明股票或者期货市场是全球50亿人参与（大部分人没有直接参与交易，但是他们的消费、欲望和对于经济的信心都会影响股票和期货的价格）、互动形成复杂、巨大、动态的系统。交易者必须脱离对于交易投机的简单、机械、线性思维，转而树立复杂、动态、非线性、随机、统计的系统思维方法。

1.2 投资市场的基本理论

投资金融领域有非常多的理论和实践，庞杂繁多、流派众多。成功的交易者使用某种或某些理论，结合自己的体会，最终形成自己的交易思想和交易系统。本节只列出一些简单理论知识，如风险与收益均衡、随机游走和有效市场，以及期货价格的决定等作为引子。更多的理论和知识，需要每个交易者去学习和实践。

1.2.1 风险与收益均衡

风险与收益是一种对称关系，等量风险必然伴随等量收益，即风险收益均衡。在投资学的资产定价理论中，资本资产定价模式的表达用公式表示为：

$$K_j = R_i + \beta_j(K_m - R_f)$$

式中，K_j 为第 j 项资产的必要报酬率；R_i 为无风险资产的必要报酬；β_j 为第 j 项资产的风险系数；K_m 为市场均衡报酬率。

资本的高预期收益意味必须承担相应的高风险。如果存在一种很高的不需要额外风险的预期收益，那么所有人都会蜂拥而至购买这种高收益率资本，结果这种资产的价格必然大幅上涨，从而导致预期收益降低和风险增加，最终风险收益趋于均衡。

1.2.2 随机游走和有效市场

“随机游走”（random walk）是指基于过去的表现无法预测将来的发展步

骤和方向。这一术语应用到投资上，则意味着资产价格的短期走势不可预知；投资咨询服务、收益预测和复杂的图表模型全无用处。

如果在证券市场中价格完全反映了所有可以获得的信息，那么就称这样的市场为有效市场。

衡量证券市场是否具有外在效率有两个标志：①价格是否能自由地根据有关信息而变动；②证券的有关信息能否充分地披露和均匀地分布，使每个投资者在同一时间内得到等量等质的信息。

根据这一假设，投资者在买卖股票或期货等时会迅速有效地利用可能的信息，所有已知的影响一种股票或者商品价格的因素都已经反映在价格中，因此根据这一理论，股票或者期货的技术分析是无效的。

有效资本市场假说的三种形式：

（1）弱式有效市场假说。

该假说认为，在弱式有效的情况下，市场价格已充分反映出所有过去历史的证券价格信息，包括股票或者期货的成交价、成交量、卖空金额、融资金额等。

推论一：如果弱式有效市场假说成立，则股票或者期货价格的技术分析失去作用，基本分析还可能帮助投资者获得超额利润。

（2）半强式有效市场假说。

该假说认为，价格已充分反映出所有已公开的有关公司营运前景的信息。这些信息有成交价、成交量、盈利资料、盈利预测值、公司管理状况及其他公开披露的财务信息等。假如投资者能迅速获得这些信息，股价应迅速做出反应。

推论二：如果半强式有效假说成立，则在市场中利用技术分析和基本分析都失去作用，内幕消息可能获得超额利润。

（3）强式有效市场假说。

强式有效市场假说认为，价格已充分反映了所有关于公司营运的信息，这些信息包括已公开的或内部未公开的信息。

推论三：在强式有效市场中，没有任何方法能帮助投资者获得超额利润，即使基金和有内幕消息者也一样。

1.2.3 期货价格的决定

在兹维·博迪等著的《投资学精要》中提到，商品期货价格可以看成现

是从现在到 T 时间（期货交割日）现货价格的持有成本。公式如下：

$$F_0 = S_0(1 + r_f)^T$$

式中，F_0 为到期日；T 为期货合同的现在价格；S_0 为现货的价格；r_f 为无风险利率。

1.3 交易系统

交易系统是投资者将投资市场理论运用到证券市场，形成包含入场、出场、风险控制和资金管理等能体现交易者系统化思维的一组完整的交易规则体系（或者系统性解决方案）。这些规则是根据投资者对投资理论的理解、对市场的观察研究、数据测试、综合权衡、反复实战、不断磨砺的基础上得出的。一套设计良好的交易系统必须符合使用者的心理特征、投资市场或对象的统计特征以及投资资金的风险特征，应严格明确地规定交易过程中的每一环节，保证投资决策过程和交易管理流程的系统性、客观性、原则性和规范性。

系统化交易是指交易者运用交易系统来解决交易过程中的信息收集、数据处理、交易决策、交易计划、交易执行等问题的交易方法。系统化交易的核心是一套完整的交易规则体系（即交易系统），体现为市场分析的客观性、交易思维的全局性、交易规则的明确性、投资决策的计划性、交易行为的一致性、资金管理的可行性、风险管理的有效性、心态调控的稳定性、盈利模式的复制性等。

使用交易系统进行系统化交易可以获得“统计学优势”（交易是在统计意义上有利于交易者长期利益的基础上做出），同时保持客观性、一致性以及多元化等优势。

1.3.1 交易系统的类型

交易系统包含科学的资金管理、有效的分析技术和良好的风险控制，最终目的是实现交易者的长期、持续、稳定盈利。在波涛著的《系统交易方法》一书中介绍了交易系统大体上可以分为：

（1）以技术指标为基础的交易系统。

（2）以数理统计分布模式为基础的交易系统。

（3）以图形分析为基础的交易系统。

（4）以数学理论为基础的交易系统。

（5）以基础分析为基础的交易系统。

（6）以心理分析为基础的交易系统。

由此可见，交易系统的设计可以建立在各种不同的理论基础上。还有其他的高阶理论，比如人工智能、混沌理论、高频交易、数据挖掘等，也可以用来建立交易系统，不拘一格。股票交易系统一般划分为五大类：趋势型、回复型、价值型、成长型以及品质型，其中趋势型和回复型交易系统是基于价格或者技术指标的交易系统，而价值型、成长型以及品质型这三种策略则基于基本面数据。

根据操作性质分类，期货交易者一般常用的交易系统归为五大类型：

（1）趋势跟踪交易系统（Trending System）。

趋势跟踪交易系统是最早流行的交易系统类型，主要利用移动平均线进行买入、持有、卖出。数据表明，市场大约20％～40％的时间在做趋势运动。行情中有某些因素导致投资者更为贪婪（在上升趋势中）或者更为恐惧（在下降趋势中），投资者的这些极端情感和行为导致市场价格持续变化从而形成趋势。趋势跟随系统就是利用这样的优势，往往能够在较短的时间内获得丰厚的利润。

趋势跟随系统是对交易品种价格运动的反映，而非预测。因此在度量到的趋势方向上建仓，时间点上必然滞后。趋势交易的缺点是在震荡区间容易受到两面拉锯式亏损的影响。另外，如果市场以较快的速度运动，那么移动平均线在发出趋势改变信号时就显得比较慢，看起来比市场反转慢了一拍。在出场时放弃一部分利润也是趋势跟随系统特有缺点，交易者必须保持耐心和坚韧，很多时候眼睁睁地看着利润得而复失，必须坚守遵守交易纪律坐等交易信号出现才能出场，因此需要非常高的心理素质和强大的承受能力。

（2）反趋势交易系统（Countertrending System）。

反趋势交易系统是一种预测型策略，根据市场足够随机的统计特性，在市场的当前趋势上寻找反向交易机会的系统。反趋势交易是在较短的时间周期或者中级时间周期做与当前趋势相反的交易，在市场进入超卖或者超买状况下持有相反的头寸。由于市场的区间波动要比趋势多得多，因此反趋势交易系统的胜率比较高，但由于入场价位比较随机，且有了一定数量的盈利就会平仓，因此盈亏比和整体表现不如趋势跟踪系统。

反趋势交易成功的关键在于反趋势指标、特殊的K线图以及相当充足的交易经验。优点是，如果市场在做区间波动，反趋势策略会产生另人惊讶的风险与回报比，在关键反转点或者时间很长的区间特别容易获利；同时入场信号非常灵敏，检查到价格极值和执行交易的时延非常短。

与趋势交易系统相比，由于反趋势交易系统是逆向交易，因此通常伴随更大的交易风险，如果市场动量足以推动价格按原先的趋势运动，反趋势策略可能导致巨大亏损，从而抹平多笔盈利交易累积起来的利润。所以，作为反趋势交易者，必须具备更好的止损素质或者灵敏的止损策略。反趋势交易区间的幅度一般比趋势运动的幅度小，每笔平均利润比较低，需要很好的执行力和较低的费用。趋势往往是势不可当的，而反趋势的交易机会稍纵即逝并且带有严重的投机倾向，因此连续做错方向的情况也较为常见。

（3）突破型交易系统（Breakout System）。

突破型交易系统是指实际价格突破交易区间、技术指标或统计指标所预先设定的限定值时入场的交易系统。该类型交易系统具有以下几个特征：①价格触发类交易系统，入场信号依靠价格触发而发生；②趋势类交易系统，建仓过程总是顺应趋势的方向；③非连续的交易系统，出入场信号可以不一致。海龟交易法则就是典型的突破型交易系统，当前价格突破过去一定时期内的最高价或最低价入场交易即可，信号简单明确。

相对于趋势跟踪类交易系统而言，突破型交易系统具有以下几个突出的优点：①试图消除震荡区间两面拉锯式亏损对趋势跟踪类交易系统的影响，抓住突发性趋势，即使短期内被市场洗出，也会在趋势继续维持时重新进入，保证趋势一旦出现，就绝不放过；②出入场策略无需对应，可以自由设计和搭配出场策略；③多种突破型入场策略可组合或合成使用，进一步提高交易系统的胜率，这也是常见多指标交易系统都是突破型交易系统的原因。

作为趋势类交易系统的一种，突破型交易系统同样具有趋势类交易系统的主要特征：①该类型系统在趋势期（价格的波幅大于系统拟捕捉的波幅）持有正确头寸而获利，差异在于入场的早晚而带来的收益的多少；②该类型系统因在盘整期（价格的波幅小于系统拟捕捉的波幅）持有错误头寸而亏损，差异在于入场的早晚而带来的损失的多少；③突破型交易系统盈利的关键是趋势期的盈利额度能否超过盘整期的亏损额度，若超过的话，那么该系统就能带来正的期望收益；④由于单品种的趋势期有限，为了降低资金曲线的波幅和回撤，突破型交易系统一般都要求多品种同时交易。

突破型策略的优点：突破型策略可以克服趋势跟随策略的限制，方法是避免在价格整固区间交易。该策略在趋势的方向建立头寸，信号延时很小或没有，另外很容易定义风险，因为入场点和出场点在交易之前便可准确地决定。该策略通常可以及时进入最适合交易的价格趋势运动。较为广泛的多元化投资组合上的长期测试结果证明突破策略是完善可靠的。

突破型策略的缺点：当市场突破新的价格高点或低点后又反转进入先前的价格整固区时，突破型策略易受突破失败的影响，失败突破的概率大约30%～70%。将突破型策略运用于投资组合时，在不相关市场板块上易受同时突破失败的影响。另外，突破策略在心理上比较难以运用，因为价格突破之前一般已有大幅运动，很容易觉得可能反转。最后，突破之后的价格运动可能很虚弱或者受到市场流量不足的影响，账户资金易受波动市场的破坏。

（4）价格区间交易系统（Trading Range System）。

价格区间交易系统是20世纪后期发展起来的交易系统，适用于价格区间系统的市场通常发生在价格猛烈运动后的停滞阶段。价格区间市场有别于无趋势市场，处于该状态的市场震荡幅度较大且有明显的最低和最高值。因此既不适用趋势跟踪交易系统更不适用于突破系统，通常认为最小波动区间至有10%才能称为价格区间市场。

价格区间系统是利用在价格区间内波段循环的特点，持有头寸直到最高价被触发，然后卖空头寸等待价格下跌。价格区间系统交易者在价格上升时买入，在价格下跌时卖出。在市场处于价格区间状态下，这是一种完美的盈利模型，并且能为有经验的投资者带来丰厚的利润。

价格区间系统的局限性在于：首先市场通常不处于一个价格波动区间内；其次价格波动区间不会总是精确的，可能本次的高点比上一次高，也可能比上一次低。价格区间交易者总是默认价格的走势会重复之前走势，因此这种类型的交易者需要大量的市场经验。

（5）对冲系统（Hedging System）。

对冲交易，即同时进行两笔行情相关、方向相反、数量相当、盈亏相抵的交易。行情相关是指影响两种商品价格行情的市场供求关系存在同一性，供求关系若发生变化，则同时会影响两种商品的价格，且价格变化的方向大体一致。方向相反是指两笔交易的买卖方向相反，这样无论价格向什么方向变化，总是盈亏相抵。两笔交易的数量大小须根据各自价格变动的幅度来确定，大体做到数量相当。

对冲系统的交易者在买入某一种商品或股票后会卖出另一种商品或股指来规避单边持仓风险。比如，在期货市场中，交易者买入铁矿石、卖出螺纹钢；在外汇市场中，交易者买入一种货币、卖出另外一种货币；在股票市场中，交易者买入股票、卖出股指等。

期货市场的对冲交易大致有以下四种：

（1）期货和现货的对冲交易，即同时在期货市场和现货市场上进行数量相当、方向相反的交易。这是期货对冲交易最基本的形式，与其他几种对冲交易有明显的区别。首先这种对冲交易不仅在期货市场上进行，同时还要在现货市场上进行交易。其次，这种对冲交易主要是为了规避现货市场上因价格变化带来的风险，而放弃价格变化可能产生的收益，一般被称为套期保值。而其他几种对冲交易则是为了从价格的变化中投机套利，一般被称为套期图利。当然，期货与现货的对冲也不仅限于套期保值，当期货与现货的价格相差太大或太小时也存在套期图利的可能，只是由于这种对冲交易中要进行现货交易，成本较单纯做期货高，且要求具备做现货的一些条件，因此一般多用于套期保值。

（2）不同交割月份的同一期货品种的对冲交易。因为价格是随着时间而变化的，所以同一种期货品种在不同交割月份价格的不同而形成价差，这种价差也是变化的。除去相对固定的商品储存费用，这种价差决定于供求关系的变化。通过买入某一月份交割的期货品种，卖出另一月份交割的期货品种，到一定的时点再分别平仓或交割。因价差的变化，两笔方向相反的交易盈亏相抵后可能产生收益。这种对冲交易简称跨期套利。

（3）不同期货市场的同一期货品种的对冲交易。因为地域和制度环境不同，同一种期货品种在不同市场的同一时间的价格很可能是不一样的，并且也是不断变化的。在一个市场做多头买进，同时在另一个市场做空头卖出，经过一段时间再同时平仓或交割，就完成了在不同市场的对冲交易。这样的对冲交易简称跨市套利。

（4）不同期货品种的对冲交易。这种对冲交易的前提是不同的期货品种之间存在某种关联性，如两种商品是上下游产品，或可以相互替代等。虽然品种不同，但反映的市场供求关系具有一致性。在此前提下，买进某一期货品种，卖出另一期货品种，在同一时间再分别平仓或交割完成对冲交易，简称跨品种套利。

1.3.2 交易系统的特征

交易系统具有反映交易对象的价格运动和统计特征、交易资本的风险特征和交易者的心理特征等要求。

交易系统必须反映交易对象的价格运动和统计特征，其中价格运动特征包括价格运动的趋势和价位，为交易决策提供交易的战术方向，而统计特征体现为交易策略，为交易提供战略方针。

交易系统必须反映交易资本的风险特征。风险交易对象的价格运动是随机性和规律性、偶然与必然的对立统一。因此，在承认风险交易对象可以揭示价格运动的规律的同时，也必须承认价格的随机扰动是不可避免的，是与其规律性共生共存的。由于价格的随机扰动的存在，必然形成交易风险，造成交易资本的损失，风险的大小则由亏损占交易资本的比例来衡量。并且，资本本身也具有独特的风险特征，譬如资本占用时间的长短、资本的来源、投资的目的等，都会对资本的风险属性构成影响。因此，交易系统仅仅具有行情判断功能是不行的，还必须具有风险控制功能，交易系统在结构上必须具有风险控制与资金管理子系统，从而在满足资本的风险特征的同时，达到精确量化地控制风险、保护资本的效果，进而实现资本的增值要求。

交易系统还必须反映交易者（投资者）的人性特征。交易方法本身是科学的艺术，也是具有艺术性的科学。其中，交易方法受价格运动特征和资本特征的制约，这种制约是科学性的体现，但交易方法还必须受到人性的制约，具有投资者的激进型、保守型或稳健型的个性色彩，否则，交易系统则不为交易者接受。交易系统的人性特征，则导致了交易方法的艺术性，并具体体现为带有人性色彩的不同的交易策略。

1.3.3 交易系统的执行

成功的交易者与一般散户的差别在于交易者会管理自己的交易。高质量、一致性的交易行为导致满意的交易结果。交易系统就是交易者用来管理交易行为的规则体系，在经过或长或短时间的痛苦交易生涯后，交易者最终将自己的交易思想物化为交易系统，并制定和遵守交易纪律，限制自己交易行为不会偏离交易系统的轨道，以期望获得满意的交易结果。

交易者使用交易系统逐步让自己和市场融合，这是一个不断反复改进和逐渐完善的过程。执行交易系统需要面对许多困难，这些困难和造成的痛苦，最终会帮助交易者不断完善交易系统，达到人和市场的合一。交易者通过不断地学习和总结经验逐渐认清市场，而这些经验反过来塑造和约束交易者的性格和行为，改变了交易者对市场变动直接的情绪反应，如果加上毅力和勤奋，会加快交易者蜕变过程。成功的交易必然是交易者和交易系统的完美结合。

交易系统对于交易者来讲仅仅是一种交易工具，对交易系统的信心程度、自我约束能力的不同会导致即使使用相同的交易系统也可能得出不一样的交易结果，差别在于交易者否能在困难时期保持强大的信心以及顺利时期保持谨慎的态度。

1.3.4 交易系统的好处

交易系统的好处主要在于客观、完整、一致、稳定和可复制性。一笔交易是什么时候入场、什么时候出场、多大的仓位、可以承受的风险等都有明确的规定，从而形成一个完成的决策链条。而所有这些决策都是电脑根据客观的数据生成的，从而最大限度地帮助交易者克服人性的贪婪和恐惧。交易系统规范下的交易还具有一致性，因为所有这些交易系统都是根据交易系统发出的，前后一致，都遵循一个同样的交易策略。正是由于交易系统的客观、完整和一致性，从而使交易成绩也相对稳定，并且是可复制的。

1.4 量化交易

量化交易是指经过投资者严格研究检验后的交易策略，交给计算机自动执行。尽管量化交易可以自动、系统化地执行，但是交易策略研究过程、策略选择、投资组合等等都是交易者完成的。赋予量化交易策略生命的是人，而不是机器。人们的决策贯穿于量化交易策略从设计、测试、实施和监控的各个环节。因此量化交易和传统的主观判断型交易策略在投资做法上并无太大差别，只不过后者主要依赖于交易者每天来管理投资组合。

量化交易和传统的主观判断型交易策略主要差别在于交易策略如何生成，以及策略如何实施。量化交易者（又称宽客）对交易策略进行了细致研究，能够像科学家检验科学理论一样检验其交易策略，并借助计算机系统进行实施，从而使主观交易决策中的情绪、不遵守交易纪律、心态不稳定、贪婪和恐惧等，都能在自动执行中得以消除。

量化交易者对交易策略的细致、全面、系统性检验是成功投资的关键所在。相反，很多主观交易者没有强制自己制定和执行交易策略，只是情绪化行事，这样不可避免地造成投资损失。纪律严明的量化交易者都会严格划定自己可以承受风险的范围，并在实际执行时将风险控制在这个风险范围内。

《打开量化投资的黑箱》一书呈现了典型量化交易的系统架构（中间部分），包含交易策略模型、风险控制模型、交易成本模型、投资组合构建模型以及执行模型。这些模型共同决定买卖什么、买卖多少以及何时买卖等问题。

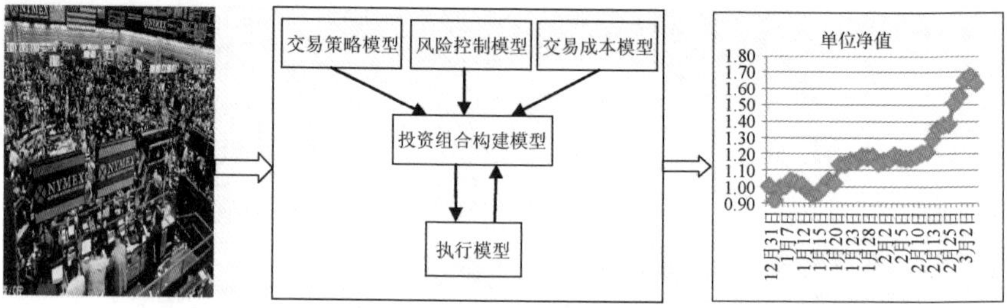

图 1-1　交易市场，量化交易黑箱和资金曲线

如图 1-1 所示，左侧是交易者又恨又爱的市场，中间是量化交易系统架构图，右侧是交易者梦寐以求的资金曲线。量化交易系统一般包含三个模型：交易策略模型、风险管理模型和交易成本模型。这三个模型的输出是投资组合构建模型的输入，然后交给执行模型完成交易。

交易模型用来产生交易信号，比如趋势跟踪；风险模型则评估和限制风险。而交易成本模型主要用来估算构建投资组合时的成本。

罗杰·培根在《大著作》中写道：“数学是打开科学知识的大门和钥匙，忽略数学会对所有知识产生损害，因为忽略数学则无法了解科学或这个世界的任何事情。”因此交易系统的数学化，便是量化交易。

1.5 交易系统开发流程

量化交易的核心是交易策略模型的开发，而开发过程是一个比较复杂的过程，可分为如下几个步骤：

（1）策略挑选、形成或制定：交易者根据对投资知识的了解和交易经验，挑选或形成具有潜在盈利能力的交易策略并规则化。

（2）将策略编写代码：使用交易测试平台软件或程序语言，将交易策略规则编写成可执行代码。

（3）单品种测试：在单个品种上进行回测，观察绩效报告。

（4）投资组合测试：如果单品种测试结果良好，则将策略在多个品种上进行回测，观察投资组合的性能测试数据和绩效报告，并对策略的稳定性做出评估。

（5）策略优化：通过对交易策略的参数组合进行大量测试，选择最优的参数。

（6）前向测试：使用样本外数据，对交易策略重复进行回测，考察其稳定性。

（7）实际交易：使用交易策略进行实战。

（8）策略改进：根据实战结果，对策略进行适当改进。

交易策略或者交易系统的开发流程如图 1－2 所示。

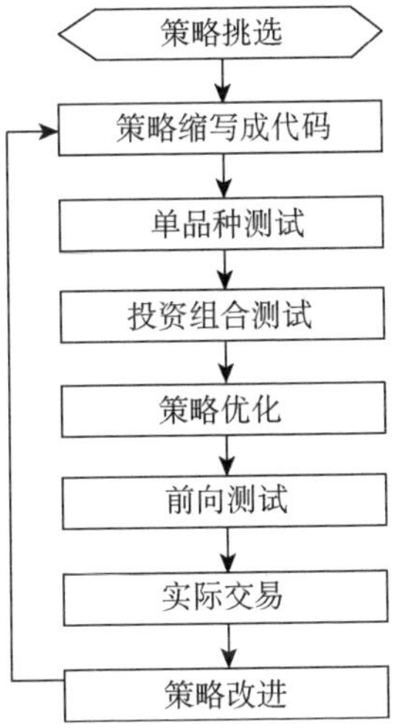

图 1－2　交易策略的研发步骤流程图

1.6 总结

本书基于交易策略研发步骤流程，一步一步来阐述和致力于解决期货交易中的实际问题，如何时入场、何时出场、交易哪个品种、交易多大的头寸、是否需要投资组合、究竟哪个交易策略较优、是否对交易系统参数进行优化和如何优化、如何评估和控制风险等。交易者在交易时分分秒秒都在面对这些问题，同时也时时刻刻感受到这些问题的困扰。如果没有对这些问题进行细致认真的研究，谈何在市场突变时保持心态平稳，又如何能获得长期成功？

本书同时也研究各种可能的交易策略，讨论投资组合、止损、风险管理、系统优化等必要交易系统组成部分及其对交易系统的影响，从而为读者选择适合自己的交易策略提供参考，构建自己的交易系统，并运用于实战，以期实现长期、稳定、持续的盈利梦想。

第二章 交易策略初步测试比较

千里之行，始于足下。

——老子《道德经》

笔者入市前几年的主观交易结果是前两笔交易资金直接归零，成绩很不理想。主观交易难以稳定获利，心理素质要求很高，同时副作用明显，心理压力大，容易患得患失，因此量化（机械）交易为交易成功的必由之路。

长期、稳定、持续的盈利，要求具有严格的风险管理、正预期的交易策略，以及平和的心态组成完备的交易系统，在严谨的交易纪律下长期、坚忍、果断、一致地执行，从而获取一分耕耘一分收获的相对平稳盈利。

本书重点研究各种可能的交易策略，讨论投资组合、止损、风险管理、系统优化等必要交易系统组成部分及其对交易系统性能的影响，从而构建自己的交易系统，并致力于实战，实现长期、稳定、持续的盈利梦想，同时也为读者选择适合自己的交易策略提供参考。

千里之一，始于足下。本章选择几个流行的交易策略进行测试比较，说明交易策略量化的参考标准，以及如何使用一些简单指标进行初步的性能对比。

2.1 声明

本书提到的任何数据都是本人在交易开拓者上开发测试的结果，不保证交易策略的规则设定、程序编码、过程数据以及测试结果的正确性。文中所提数据和结论仅供读者参考，未经验证直接使用本书提到的任何数据及策略而造成的损失，本人在此声明不承担任何责任。建议读者自行开发和测试并形成自己的交易系统。

2.2 交易策略及量化

交易策略是交易者经过多年痛苦经历和总结，汇集整理包含入场、出场、止损、风险和资金管理规则的一套方法。交易者一般开始从图表形态、技术指标、蜡烛图、波浪理论等分析方法入手，逐步形成自己的一套主观的交易策略。由于市场高度的复杂性和随机性，仅仅依靠直觉经验总结得出的交易策略往往是不完整甚至是错误的。而量化是通过计算机回测市场历史数据，以客观观察和数理统计为基础，对交易策略的可用性及性能结果进行严谨评估和详细分析的一种科学验证手段。量化交易策略和主观交易策略的主要差别就在于交易策略如何生成以及如何实施。本书的目的就是讨论量化交易策略如何测试、构造和实战。

2.3 交易策略的参考标准

专业交易者的目标当然是长期、稳定、持续地盈利，但是我们必须知道什么时候停止去寻找最好的交易策略。《超越技术分析》一书中列出了良好交易策略的一些量化参考指标，如表 2-1 所示。

表 2-1 交易系统量化目标

分类	说明	量化目标
交易策略	交易品种	＜10
	盈利百分比	＞25%
	平均月盈利（u）	＞2%
	月盈利的标准方差（δ）	＜5%
	盈利效率（u/δ）	＞0.4
	资金最大回撤	＜40%
	资金最大回撤持续时间	＜36 个月
	盈利月占总交易时间	＜65%
	盈利预期	＞20%

这里假定使用日K数据进行交易，供读者参考。需要注意的是，这是交易策略在单一品种上测得的数据和指标，后面章节我们更注重多个品种，即投资组合时交易策略的性能指标。

2.4 选择测试的交易策略

交易策略大概分为趋势跟踪、均值回归、突破、区间交易、对冲或套利等几大类，结合交易周期可以分化为多种交易策略。由于时间和精力所限，本书选择作为对比测试的交易策略一共有5种，分别为双移动平均线交叉交易策略、MACD交易策略、海龟交易策略、2%反转策略和随机入市策略（测试结果10次平均）。

交易策略说明和设定：

双移动平均线交叉交易策略：这是一种非常简单和流行的趋势跟踪交易策略，当短周期的简单移动平均线上穿长周期的移动平均线，则买入；反之，当短周期的简单移动平均线下穿长周期的移动平均线，则卖出。短、长时间周期参数分别采用5日、20日，本书记为SMA（5，20）。

MACD交易策略：当DIF线向上突破MACD平滑线，即为涨势确认点，是买入信号。反之，当DIF线向下跌破MACD平滑线时，即为跌势确认点，也就是卖出信号。参数分别采用缺省的12日、26日、9日，本书记为MACD（12，26，9）。

海龟交易策略：典型的突破交易策略，当前日向上突破20日线高点，买入；或当前日向下突破20日线低点，卖出。同时结合长期55日线高低点进行相应买入或卖出。时间周期参数分别采用缺省的20日、55日，本书记为Turtle（20，55）。

2%反转策略：如果行情向上但近期相比20日线最高价格累计下跌超过2%，则认为反转，则卖出；如果行情向下但近期相比20日线最低价格累计涨幅超过2%，则买入。时间周期参数采用缺省值20日，反转幅度参数为2%，本书记为2% Turnover（20）。

随机入市策略（测试结果10次平均）：为方便对比，该交易策略与双移动平均线交叉交易策略的参数设置一样，差别在于入市。当短周期的简单移动平均线上穿长周期的移动平均线，不一定是入市买入，也可能卖出，究竟是做多还是做空，由电脑产生的随机数决定。由于随机入市策略的测试结果是随机的，因此采用 10 次测试结果求平均的方法作为最终测试结果。

测试设定：具有 10 年历史数据的所有商品期货品种（即铜、铝、橡胶、大豆、豆粕和强麦），每品种起始资金设置为 100 万，交易头寸固定为 1 手，入场止损统一设置为 2%。所有交易策略的参数均采用缺省参数，没有优化。

测试目的：研究不同交易策略的性能表现和进行对比。交易头寸固定为 1 手，排除风险管理对交易策略性能的影响；统一使用 2%入场止损方法，排除有些非自动反转交易策略不能自动止损的缺点对该策略性能的不利影响。

2.5 性能对比的指标说明

本章作为试探，提出如下指标作为各交易策略的性能对比：

（1）适应性：交易策略所测试品种中盈利品种的比例越高越好。

（2）盈利性：盈利是交易策略的一个重要指标，当然盈利越多越好。

（3）最大回撤比例：这个指标用来评估风险，如果盈利相当，最大回撤比例越小越好；回撤指资金曲线在一段时间内从高点到低点的下跌百分比。

（4）收益风险比与夏普比率指标：这些指标实际是权衡收益和风险后的综合指标。

先根据这些指标对交易策略的测试结果进行排名，然后加总各指标排名分数，作为交易策略性能指标的综合分数。分数越低，交易策略越优秀。

2.6 流行交易策略测试对比

2.6.1 单一品种不同交易策略长期测试数据对比

测试结果如表 2 - 2 所示，所有指标数据直接取用交易开拓者的测试报告。

表 2－2　交易策略测试数据对比

测试条件：2500 个交易日，起始资金 100 万，交易头寸固定为 1 手							
SMA (5，20)	测试项/市场	铜	铝	橡胶	大豆	豆粕	强麦
	净盈利	516830	83810	414950	3620	40990	5590
	总盈利/总亏损	1.81	1.68	1.72	1.06	1.61	1.16
	胜率	42.53%	41.01%	47.50%	41.27%	43.61%	37.14%
	交易次数	127	139	120	126	133	140
	最大回撤比例	8.77%	2.23%	9.24%	2.01%	2.05%	0.93%
	收益风险比	0.4	0.28	0.31	0.02	0.19	0.06
	夏普比率	0.0455	0.034	0.0462	0.0061	0.0381	0.0104
	平均盈利/平均亏损	2.45	2.42	1.9	1.49	2.05	1.93
MACD (12，26，9)	测试项/市场	铜	铝	橡胶	大豆	豆粕	强麦
	净盈利	166300	34490	253470	－12200	36730	－8470
	总盈利/总亏损	1.2	1.25	1.3	0.85	1.45	0.83
	胜率	41.29%	45.21%	45.27%	33.99%	49.04%	38.60%
	交易次数	155	146	148	153	157	171
	最大回撤比例	12.68%	4.08%	11.27%	2.65%	1.89%	1.66%
	收益风险比	0.11	0.06	0.16	－0.04	0.18	－0.05
	夏普比率	0.0139	0.0128	0.0301	－0.0057	0.0371	－0.0207
	平均盈利/平均亏损	1.7	1.51	1.57	1.63	1.5	1.31
Turtle (20，55)	测试项/市场	铜	铝	橡胶	大豆	豆粕	强麦
	净盈利	325020	16380	382100	12820	7460	3270
	总盈利/总亏损	2.21	1.23	3.49	1.52	1.24	1.23
	胜率	52.08%	35.09%	60.00%	32.65%	42.11%	38.18%
	交易次数	48	57	50	49	57	55
	最大回撤比例	10.10%	3.45%	4.90%	0.86%	1.14%	0.37%
	收益风险比	0.24	0.04	0.52	0.13	0.06	0.09
	夏普比率	0.0499	0.0096	0.0585	0.0235	0.0098	0.0075
	平均盈利/平均亏损	2.03	2.28	2.33	3.14	1.7	1.99

续表

测试条件：2500个交易日，起始资金100万，交易头寸固定为1手							
2% Turnover (20)	测试项/市场	铜	铝	橡胶	大豆	豆粕	强麦
	净盈利	478190	96705	457630	−4830	84830	−640
	总盈利/总亏损	1.82	1.93	1.82	0.93	2.77	0.98
	胜率	34.50%	38.73%	35.29%	33.78%	42.28%	33.82
	交易次数	171	142	177	148	13	136
	最大回撤比例	12.57%	3.00%	6.90%	2.76%	1.17%	1.10%
	收益风险比	0.29	0.24	0.46	−0.02	0.68	−0.01
	夏普比率	0.0479	0.0448	0.0482	−0.0001	0.0718	−0.0021
	平均盈利/平均亏损	3.45	3.05	3.3	1.82	3.75	1.86
随机入市（10次平均）	测试项/市场	铜	铝	橡胶	大豆	豆粕	强麦
	净盈利	430813	60736	179437	20932	25351	−1615
	总盈利/总亏损	1.826	1.621	1.327	1.511	1.43	0.977
	胜率	43.55%	37.18%	28.41%	38.05%	32.59%	34.10%
	交易次数	129.76	102.2	147.3	105.6	125.7	103.9
	最大回撤比例	14.20%	2.96%	15.14%	4.70%	2.17%	1.08%
	收益风险比	0.244	0.2	0.122	0.156	0.125	−0.006
	夏普比率	0.049	0.0266	0.01939	0.0251	0.0256	−0.00369
	平均盈利/平均亏损	3.536	2.694	3.332	2.394	2.917	1.847

通过对比这些交易策略的测试结果，可以看出：

(1) 从适应性来看，SMA（5，20）移动双平均线交叉交易策略和海龟策略表现最好，6个交易品种都是获利的。随机入市策略（10次平均）排在随后，共在5种商品交易中获利。MACD（12，26，9）以及2% Turnover (20) 系统则有4个交易品种获利，排在第三位。统计如表2-3所示。

表 2-3 交易策略测试适应性排名

统计项：适应性（所有商品期货）			
交易策略	盈利市场个数	盈利市场百分比	排名
SMA（5，20）	6	100%	1
MACD（12，26）	4	66.67%	3
Turtle（20，55）	6	100.00%	1
2% Turnover	4	66.67%	3
随机入市（10 次平均）	5	83.33%	2

（2）从盈利来看，在这里仅做简单对比，以铜为例，如下表 2-4 所示，所有的交易策略都是盈利的。

表 2-4 交易策略测试盈利排名（以铜为例）

统计项：盈利性		
交易策略	盈利	排名
SMA 双均线（5，20）	516830	1
MACD（12，26）	166300	5
Turtle（20，55）	325020	4
2% Turnover（20）	478190	2
随机入市（10 次平均）	430813	3

（3）从最大回撤比例来看，以铜为例，SMA（5，20）移动双平均线交叉交易策略又排在第一位，MACD（12，26）和随机入市场（10 次平均）排在了最后两位。如表 2-5 所示。

表 2-5 交易策略测试最大回撤排名（以铜为例）

统计项：风险性		
交易策略	最大回撤比例	排名
SMA 双均线（5，20）	8.77%	1
MACD（12，26）	12.68%	4
Turtle（20，55）	10.10%	2
2% Turnover（20）	12.57%	3
随机入市（10 次平均）	14.207	5

（4）从收益风险比与夏普比率指标来看，以铜为例，SMA（5，20）移动双平均线交叉交易策略排在第一位，随机入市（5，20）和 Turtle（20，10）排在了第二、第三位。如表 2-6 所示。

表 2-6 交易策略测试收益风险比与夏普比率排名（以铜为例）

统计项：收益风险比与夏普比率			
交易策略	收益风险比	夏普比率	排名
SMA 双均线（5，20）	0.4	0.0455	1
MACD（12，26）	0.11	0.0139	5
Turtle（20，55）	0.24	0.0499	3
2% Turnover（20）	0.29	0.0479	4
随机入市（10 次平均）	0.244	0.049	2

（5）从前面 4 个指标综合来看，如表 2-7 所示。

表 2-7 交易策略测试综合排名（以铜为例）

统计项：综合排名					
交易策略	适应性	盈利	最大回撤	性能指标	综合排名
SMA（5，20）	1	1	1	1	4
MACD（12，26）	3	5	4	5	17
Turtle（20，55）	1	4	2	3	10

续表

统计项：综合排名					
交易策略	适应性	盈利	最大回撤	性能指标	综合排名
2% Turnover（20）	3	2	3	4	12
随机入市（10次平均）	2	3	5	2	12

综合来看，双均线交叉交易策略非常简单，测试结果表现最好。海龟交易策略虽然盈利较差，但因为过滤了价格运动中没有明显趋势时间段的交易，在最大回撤、性能指标方面表现不错，从而排名第二。2%反转交易策略和随机入市交易策略表现排在随后，并列第三。而MACD交易策略表现最差。MACD是在市场价格基础上进行二次计算得到的，可能过度反映了价格趋势，但其表现居然连随机入市都不如，另人吃惊。

市面上有大量的技术分析书籍介绍趋势判断、入场方向和时机选择，但是其重要性并不如读者想象的那么重要。随机入市交易策略的测试结果表明，即使是胡乱入场，只要控制好出场，且性能表现并不是最差的。因此，我们更应该从系统角度来思考交易，如思考风险控制、出场规则等，而不要将时间浪费在行情预测上。

如果以小麦为例，则综合排名如表2-8所示。

表2-8 交易策略测试综合排名（以小麦为例）

统计项：综合排名					
交易策略	适应性	盈利	最大回撤	性能指标	综合排名
SMA双均线（5，20）	1	1	2	1	5
MACD（12，26）	3	5	5	5	18
Turtle（20，10）	1	2	1	2	6
2% Turnover（20）	3	3	4	3	13
随机入市（10次平均）	2	4	3	4	13

双均线交叉交易策略和海龟交易策略继续排在第一、第二位。2%反转交易策略和随机入市并列第三，MACD交易策略最差。各策略综合分数略有变

化，但排名不变。

显然，不同交易策略在不同品种上的测试结果差异显著。本节只是罗列出两个品种的排名情况，更好或者更公平的办法是在相同投资组合下进行统一比较。参见下一节。

需要指出的是，由于 SMA（5，20）双移动平均线交叉交易策略的性能表现较好，后续将作为交易策略筛选和比较的基准，读者在开发自己的交易策略时，也可以将自己的策略与 SMA（5，20）进行对比，看看自己苦思冥想出来的策略是否真的那么好。同时，为了节省精力，下一节将不再测试随机入市交易策略。

2.6.2 不同交易策略的投资组合长期测试数据对比

由于单一品种测试结果无法公平衡量不同策略的性能（不同交易策略，不同测试时段测试结果的差异很大），因此有必要考虑在投资组合下比较不同交易策略的性能（投资组合也有降低风险的好处，这将在第四章专门讨论）。上面的测试中使用固定 1 手作为头寸规模，同是 100 万的资金，对于 1 手价值比较大的品种，资金利用率较高，对于像小麦 1 手价值比较低的品种，显然资金利用率太低了，无法有效组合起来。如要进行投资组合下的性能对比，则考虑将 100 万资金按照 2.5 倍的杠杆率开足头寸进行测试，否则固定 1 手，不同品种每手交易额不同，会导致有些品种权重过高，从而厚此薄彼，无法公平体现各品种对交易策略性能的影响。

测试设定具有 10 年历史数据的所有商品期货品种（分别为铜、铝、橡胶、大豆、豆粕和强麦），每一品种起始资金为 100 万，交易头寸规模为 2.5 倍资金杠杆/单位商品价值，止损为 2%的价格不利变动。佣金设置为每笔 5 元（佣金对交易策略的影响肯定是负面的，简单起见统一设置为每笔 5 元）。测试结果如表 2－9 所示。

表 2-9 交易策略测试数据（品种组合）

测试条件：2500 个交易日，起始资金 100 万，交易头寸为 2.5 倍资金杠杆，2%的止损								
SMA (5，20)	测试项/市场	铜	铝	橡胶	大豆	豆粕	强麦	综合
	净盈利	9300990	2234655	31997580	1110920	8906390	92020	10728511
	总盈利/总亏损	1.26	1.26	1.45	1.26	1.52	1.01	1.552
	胜率	32.89%	33.72%	32.17%	43.59%	34.09%	33.45%	0.41982
	交易手数	8111	10692	19067	11786	42213	32017	24777.2
	最大回撤比例	70.59%	60.95%	62.14%	60.03%	79.79%	74.66%	0.81632
	收益风险比	0.09	0.06	0.17	0.06	0.1	0	0.096
	夏普比率	0.0192	0.0071	0.0207	0.0149	0.0224	0.0006	0.01698
	平均盈利/平均亏损	2.57	2.47	3.07	1.61	2.91	2.01	2.928
MACD (12，26，9)	测试项/市场	铜	铝	橡胶	大豆	豆粕	强麦	综合
	净盈利	524370	−176830	14756500	−590430	10071180	−931650	4730628
	总盈利/总亏损	1.07	0.96	1.15	0.84	1.26	0.56	1.168
	胜率	32.09%	37.05%	32.29%	27.62%	37.17%	27.11	5.75444
	交易次数	2153	5738	25110	8829	86562	6755	27029.4
	最大回撤比例	75.80%	65.62%	69.60%	77.48%	66.52%	94.39%	0.89882
	收益风险比	0.04	−0.01	0.06	−0.05	0.11	−0.09	0.012
	夏普比率	0.0059	−0.0038	0.0088	−0.0059	0.0194	−0.038	−0.00272
	平均盈利/平均亏损	2.27	1.64	2.41	2.16	2.13	1.51	2.424
Turtle (20，55)	测试项/市场	铜	铝	橡胶	大豆	豆粕	强麦	综合
	净盈利	1339760	2914135	12335430	145610	1185430	−287260	3526621
	总盈利/总亏损	2.33	1.62	1.28	1.05	1.24	0.83	1.67
	胜率	45.76%	40.38%	31.58%	26.25%	37.00%	29.94%	0.42182
	交易次数	3444	5694	9942	6503	11508	6158	8649.8
	最大回撤比例	70.87%	40.90%	67.64%	64.43%	58.46%	46.32%	0.69724
	收益风险比	0.33	0.09	0.05	0.01	0.08	−0.06	0.1
	夏普比率	0.0441	0.0193	0.0178	0.0065	0.0093	−0.0113	0.01714
	平均盈利/平均亏损	2.76	2.39	2.78	2.86	2.11	1.94	2.968
2% Turnover (20)	测试项/市场	铜	铝	橡胶	大豆	豆粕	强麦	综合
	净盈利	1.2E+07	6015900	15969110	−706840	1.6E+08	−531480	38506486
	总盈利/总亏损	1.37	1.47	1.22	0.83	2.65	0.86	1.68
	胜率	29.43%	33.38%	30.37%	31.07%	38.83%	31.62	6.65016
	交易次数	8619	17385	20644	8593	277298	13764	69260.6
	最大回撤比例	72.86%	56.02%	58.78%	86.17%	62.88%	80.42%	0.83426
	收益风险比	0.1	0.14	0.08	−0.04	0.39	−0.04	0.126
	夏普比率	0.0221	0.0234	0.0101	−0.0098	0.0408	−0.0106	0.0152
	平均盈利/平均亏损	3.28	2.93	2.79	1.85	4.17	1.78	3.36

说明：表中最后一列的综合数据是将前面 6 种商品测试数据加总后求平均值。

通过对比这些交易策略的综合测试结果，可以看出：

（1）从适应性来看，双均线交叉交易策略表现最好，6个品种都是获利的；海龟交易策略排在第二，2%反转交易策略则排在第三，共在4种商品交易中获利。如表2－10所示。

表2－10　交易策略测试适应性排名（品种综合）

统计项：适应性			
交易策略	盈利市场个数	盈利市场百分比	排名
SMA双均线（5，20）	6	100%	1
MACD（12，26）	3	50.00%	4
Turtle（20，55）	5	83.33%	2
2% Turnover（20）	4	66.67%	3

（2）不同交易策略的投资组合盈利排名情况如表2－11所示，2%反转交易策略排在第一位，双均线交叉交易策略则排在第二位，MACD和海龟交易策略分别排在第三和第四位。

表2－11　交易策略测试盈利性排名（品种综合）

统计项：盈利性		
交易策略	盈利	排名
SMA双均线（5，20）	10728511	2
MACD（12，26）	4730628	3
Turtle（20，55）	3526621	4
2% Turnover（20）	38506486	1

（3）不同交易策略的投资组合的最大回撤比例排名情况如表2－12所示，海龟交易策略博得头筹，排名第一。

表 2－12 交易策略测试最大回撤排名（品种综合）

统计项：最大回撤		
交易策略	最大回撤	排名
SMA 双均线（5，20）	0.81632	2
MACD（12，26）	0.89882	4
Turtle（20，55）	0.69724	1
2% Turnover（20）	0.83426	3

（4）不同交易策略的投资组合的收益风险比与夏普比率指标，如表 2－13 所示。

表 2－13 交易策略测试收益风险比与夏普比率排名（品种综合）

统计项：收益风险比与夏普比率			
交易策略	收益风险比	夏普比率	排名
SMA 双均线（5，20）	0.4	0.01698	1
MACD（12，26）	0.11	－0.00272	4
Turtle（20，55）	0.24	0.01714	3
2% Turnover（20）	0.29	0.0152	2

（5）综合以上 4 个指标，如表 2－14 所示。

表 2－14 交易策略测试综合排名（品种综合）

统计项：综合排名					
交易策略	适应性	盈利	最大回撤	性能指标	综合排名
SMA 双均线（5，20）	1	2	2	1	6
MACD（12，26，9）	4	3	4	4	15
Turtle（20，55）	2	4	1	3	10
2% Turnover（20）	3	1	3	2	9

综合来看，双均线交叉交易策略在品种组合测试中各项指标都非常靠前，

表现最好，综合排名第一。2%反转交易策略盈利最多，回撤也比较大，从而排在第二位，海龟交易策略和2%反转交易策略接近，虽然盈利较差，但是因为该策略排除了价格运动中没有明显趋势的交易时间，同时在最大回撤、性能指标等方面表现不错，所以排在第三位。MACD交易策略各项指标基本都倒数，因此排在最后一位。

与单一品种时不同交易策略测试对比结论有差别的是，2%反转交易策略超过海龟交易策略，排名升了一位。可见，采用不同的对比方法、测试品种、测试时间段都可能对判断交易策略的性能形成干扰，这一点请读者注意。

2.7 总结

本章选择作为对比测试的交易策略一共有五种，分别为双移动平均线交叉交易策略、MACD交易策略、海龟交易策略、2%反转策略和随机入市策略（10次平均）。首先使用排名打分的方法对各交易策略的单品种测试数据进行了对比，初步结果显示，双移动平均线交叉交易策略和海龟交易策略相对较好。然后继续对交易策略的投资组合测试数据使用加总平均的方法进行评估，和单品种测试结论不一致的是，2%反转交易策略超过海龟交易策略，排名升了一位。可见，采用不同的对比方法、测试品种组合、测试时间段都可能对判断或选择交易策略形成干扰。

需要说明的是，这种评估方式是初步的，在第四章我们将进一步分析和讨论投资组合测试结果。

虽然本章内容是对交易策略进行简单初步测试对比，但也能基本反映出不同交易策略的性能表现。根据本章的初步测试情况，后续章节将选择SMA（5，20）双均线交叉交易策略作为重点研究对象。

第三章 双均线交叉交易系统（Trade Blazer）性能测试

郁郁河边树，青青田野草。

——谢灵运《折杨柳行》

本章介绍使用交易开拓者（Trade Blazer）平台软件测试双移动平均线交叉交易策略 SMA（5，20）在期货品种铜上的表现，重点对交易开拓者的测试过程数据进行分析。

交易开拓者有比较详细的使用指南，读者如果对编写代码测试交易策略等细节内容感兴趣，可以关注交易开拓者官网或者联系客服，本书不予以介绍。

测试时选择具有 10 年历史数据的商品期货品种铜作为样本，起始资金为 100 万，交易头寸规模为 2.5 倍资金杠杆/单位商品价值，止损为 2%的价格不利变动，佣金设置为成交金额的 3%，测试时间为 2002 年 9 月 11 日至 2013 年 7 月 31 日。

在交易开拓者中编写编译好交易策略后，点击性能测试。运行后呈现计算结果，分为五部分。

3.1 性能概要

表 3－1 交易策略测试性能概要（铜）（1）

统计指标	全部交易	多头	空头
净盈利	7357030.65	9717216.46	－2360185.81

续表

统计指标	全部交易	多头	空头
总盈利	39350786.55	24337653.1	15013133.45
总亏损	−31993755.9	−14620436.63	−17373319.26
总盈利/总亏损	1.23	1.66	0.86
交易手数	7135	3511	3624
盈利比率	32.43%	34.01%	30.91%
盈利手数	2314	1194	1120
亏损手数	4821	2317	2504
持平手数	0	0	0
平均盈利	1031.12	2767.65	−651.27
平均盈利	17005.53	20383.29	13404.58
平均亏损	−6636.33	−6310.07	−6938.23
平均盈利/平均亏损	2.56	3.23	1.93
最大盈利	2734103.35	2734103.35	2215950.05
最大亏损	−2428240.19	−1017403.16	−2428240.19
最大盈利/总盈利	0.07	0.11	0.15
最大亏损/总亏损	0.08	0.07	0.14
净盈利/最大亏损	3.03	9.55	0.97
最大连续盈利手数	226	222	116
最大连续亏损手数	327	342	553
平均持仓周期	13	15	11
平均盈利周期	27	30	24
平均亏损周期	6	7	5
平均持平周期	0	0	0
最大使用资金	312018	274312.5	312018
佣金合计	1098819.35	535683.54	563135.8

表 3-1 交易策略测试性能概要（铜）（2）

收益率	735.70%
年度收益率	216.40%
有效收益率	2357.89%
月度平均盈利	56421.78
收益曲线斜率	167.1857
收益曲线截距	43069.39
收益曲线 R 平方值	0.8115
夏普比率	0.0179
总交易时间	3977 天
持仓时间比率	77.54%
持仓时间	3083 天
最大空仓时间	125 天
持仓周期	1861
资产最大升水	11434209.47
发生时间	2011-1-4
最大升水/前期低点	1169.02%
最大资产回撤值（按 Bar 收盘计算）	
回撤值	−8625775.79
发生时间	2009-7-15
回撤值/前期高点	71.01%
净盈利/回撤值	85.29%
最大资产回撤比例（按 Bar 收盘计算）	
回撤值	−8625775.79
发生时间	2009-7-15
回撤值/前期高点	71.01%
净盈利/回撤值	85.29%

如表 3-1 所示，总盈利 39350786.55 元，但净盈利只有 7357030.65 元，净盈利只占总盈利的 18%多一点儿，不是不赚钱，只是大部分盈利（约为

82%）都返还给了市场。从多空总体来看，多单是赚钱的，空单是赔钱的，可能与铜在测试时期总体趋势上升有关。

由于本策略是典型的趋势跟踪系统，胜率只有 32.43%，符合预期。但是这么低的胜率对于交易者心理是个巨大的考验，一般交易者可能更喜欢高胜率的交易策略。

平均盈利等于净盈利/平均手数，注意这里是手数，不是次数。交易次数可以将头寸固定设置为 1 手进行测试获得。由于交易头寸随着资金变化而变化，因此这里统计的是交易手数累计值。同样可以计算平均盈利和平均亏损，而平均盈利/平均亏损，即盈亏比，它是计算破产概率的重要数据，计算结果为 2.56，比较理想。

极值部分需要关注最大盈利和最大亏损，特别是最大亏损，但这里是绝对值，计算出相对值则更有意义。

下一个比较重要的数据是，平均盈利周期和平均亏损周期，分别为 27 天和 6 天。如果入市方向正确且波动稳定的话，则在盈利头寸上持有足够长的时间是盈利的主要根源，因此说趋势是我们的朋友。平均亏损周期为 6 天，这个信息可以用来设置时间止损，如果入市 6 天仍然不能盈利，则退出交易。

佣金也是非常关键的数据，显示为 1098819.35 元，占净盈利的 14.94%。经纪公司的盈利就是我们的损失，应尽量降低这部分费用。3%的佣金看起来不贵，但累计起来成本不低，而且双均线交叉还是交易频率比较低的中线策略。

收益率为 735.70%，这是近 11 年（实际为 10 年 10 个月）的总体收益。年化收益率为 19.88%，收益非常一般，注意这里的年度收益率是根据保证金计算的，如根据本金计算则相差较大。

收益曲线 R 平方值和夏普比率，是反映策略性能的基本指标。

持仓时间比率为 77.54%。SMA（5，20）双均线交叉策略是典型的反转策略，理论上应该 100%时间持有交易头寸，但因入市止损后趋势未改又没有再入市策略从而导致空仓，因此持仓时间比率为 77.54%，低于 100%。

最大资产回撤和最大资产回撤比例是关键数据，反映交易策略的最大回撤情况。测试结果显示，最大资产回撤比例高达 71.01%，远大于一般交易者可以承受的范围。

3.2　交易分析

如表 3 - 2 所示，交易分析部分统计交易手数、盈亏分析、连续盈亏分析等内容，用处不大。

表 3 - 2　交易分析

交易分析			
统计指标	全部交易	盈利交易	亏损交易
交易手数	7135	2314	4821
平均盈利	1031.12	17005.53	—6636.33
平均持仓周期	13	27	6
盈亏分析			
统计指标		盈利	亏损
平均浮动盈亏		11745.41	—6195.92
最大单次浮动盈亏		6170572.1	—2428240.19
发生时间		2009-4-28	2009-5-4
最大交易盈亏		2734103.35	—2428240.19
最大交易盈亏/总盈亏		6.95%	7.59%
最大连续盈亏		3782208.22	—2986606.97
最大连续盈亏/总盈亏		9.61%	9.33%
连续盈亏分析			
连续盈利手数	出现次数	平均盈利	下一笔平均亏损
13	1	27633.22	—9627.95
17	1	188.89	—1910.48
24	1	7089.84	—8614.87
27	1	471.87	—2527.24
28	1	48181.22	—3834.38
32	1	1498.47	—1902.55
33	1	6902.76	—2950.19

续表

连续盈亏分析			
连续盈利手数	出现次数	平均盈利	下一笔平均亏损
35	1	86506.65	−21994.01
37	2	9144.04	−805.14
45	1	4411.72	−1236.59
46	1	11357.23	−4053.82
47	1	14868.25	−7025.18
53	1	26012.62	−179.52
56	1	20078.08	−6930.02
61	1	36327.05	−11058.73
71	2	32465.3	−9775.6
73	1	20034.01	−5173.55
74	1	29566.03	−12096.47
75	1	30240.83	−14222.51
82	1	6747.18	−6898.73
83	1	3889.66	−12615.29
87	1	20771.39	−5943.81
93	1	20972.54	−12073.07
114	1	11056.1	−5938.63
141	1	1651.22	−3452.43
150	1	25214.72	−9169.35
175	1	9513.25	−6562.54
208	1	11231.65	−7124.82
226	1	12826.91	−18257.45
连续亏损手数	出现次数	平均亏损	下一笔平均盈利
16	1	−9627.95	160071.58
17	1	−1910.48	38401.61
27	1	−4053.82	7089.84

续表

连续亏损手数	出现次数	平均亏损	下一笔平均盈利
28	1	−2527.24	660.44
37	1	−2950.19	1498.47
48	1	−1236.59	14868.25
65	2	−10441.83	31980.14
75	1	−10414.1	471.87
79	1	−3718.74	12620.35
81	1	−5173.55	29566.03
87	1	−12096.47	30240.83
90	1	−6898.73	0
95	1	−9516.3	31957.51
121	1	−14837.95	188.89
125	1	−4850.65	3223.36
149	1	−6561.71	4411.72
154	1	−5827.81	23432.72
155	1	−1048.93	48181.22
177	1	−8068.22	7003.11
225	1	−4786.51	13473.11
228	1	−1776.75	1420.5
267	1	−5877.58	6747.18
269	1	−7367.95	20078.08
277	2	−3016.84	12073.76
300	1	−8913.75	1395.82
313	1	−9541.88	3889.66
320	1	−8979.34	26012.62
327	2	−7528.25	30398.57

3.3 交易明细

表 3-3 交易明细

序号	类型	建仓时间	建仓价格	平仓时间	平仓价格	数量	佣金	净利	累计净利
1	多头	2002-10-21	15050	2003-4-28	16440	33	1559	227791.25	227791.25
2	空头	2003-4-28	16440	2003-5-14	17020	37	1857	-109157	118634.22
3	多头	2003-5-14	17020	2003-6-27	17330	32	1649	47951.2	166585.41
4	空头	2003-6-27	17330	2003-7-15	17700	33	1734	-62783.99	103801.43
5	多头	2003-7-15	17700	2003-8-18	17710	31	1647	-96.56	103704.86
6	空头	2003-8-18	17710	2003-8-22	17780	31	1650	-12500.29	91204.58
7	多头	2003-8-22	17780	2003-8-28	17660	30	1595	-19594.8	71609.78

说明：为节省版面，本节只列出部分交易明细，交易策略开发者应该仔细逐笔核对交易记录，确保记录完整性、正确性和一致性。

3.4 平仓分析

如表 3-4 所示，平仓分析部分试图抓住最佳平仓价位和平仓时点来改善平仓对于交易系统性能的提升。实际上，因为价格不可预测，预测最优平仓是不可能的，因此这部分数据没有任何意义。

表 3-4 平仓分析

序号	类型	建仓时间	建仓价格	平仓时间	平仓价格	数量	最佳平仓价	最佳平仓时间	最差平仓价	最差平仓时间	浮动盈利	浮动亏损
1	多头	2002-10-21	15050	2003-4-28	16440	33	17710	2003-3-7	15030	2002-10-24	437278.4	-4788.96
2	空头	2003-4-28	16440	2003-5-14	17020	37	16440	2003-4-28	17080	2003-5-14	-1824.84	-120260
3	多头	2003-5-14	17020	2003-6-27	17330	32	17710	2003-6-18	17000	2003-5-15	108733	-4832.96
4	空头	2003-6-27	17330	2003-7-15	17700	33	17090	2003-7-1	17700	2003-6-27	37896.21	-62784
5	多头	2003-7-15	17700	2003-8-18	17710	31	18050	2003-8-8	17370	2003-7-22	52587.63	-52780.8
6	空头	2003-8-18	17710	2003-8-22	17780	31	17710	2003-8-18	17860	2003-8-20	-1647.03	-24904
7	多头	2003-8-22	17780	2003-8-28	17660	30	17800	2003-8-26	17590	2003-8-27	1398.9	-30091.7

3.5 阶段分析

3.5.1 年度总结

表 3－5 为交易开拓者生成的年度总结。

表 3－5 年度总结

时间区间	净盈利	收益率	手续费	最大浮盈	最大浮亏
2002 年	74250	7.42％	744.97	74250	0
2003 年	670350.6	62.40％	13314.64	671750.6	－87049.4
2004 年	－262083	－15.02％	44714.28	1211944	－400208
2005 年	－393554	－26.55％	18617.19	570816.8	－504414
2006 年	1889659	173.53％	43221.15	4238315	0
2007 年	2497422	83.84％	69259.74	3786367	0
2008 年	762952.6	13.93％	102631.4	1982339	－509048
2009 年	458174.1	7.34％	154775.9	5908072	－2717703
2010 年	5531393	82.59％	159608.7	5649900	－22400
2011 年	－5892438	－48.19％	223436	183750	－6000047
2012 年	2523595	39.83％	168614.3	3252030	－241443
2013 年	－502691	－5.67％	99880.95	2704567	－1387816

年度收益不稳定，从－48.19％～173.53％不等。对于交易者来说，这会是一个非常大的考验。

3.5.2 年度总结统计分析

使用统计分析工具将年度收益率进行初步统计分析，如图 3－1 所示。

平均值为 31.287（这里没有写成百分比，下同），标准差为 0.61263，年收益率还不错，但是标准差反映年收益率不稳定。除掉测试周期中的 2002 年和 2013 年（这两年时间未满一年），则发生亏损的年份一共有三个，占比

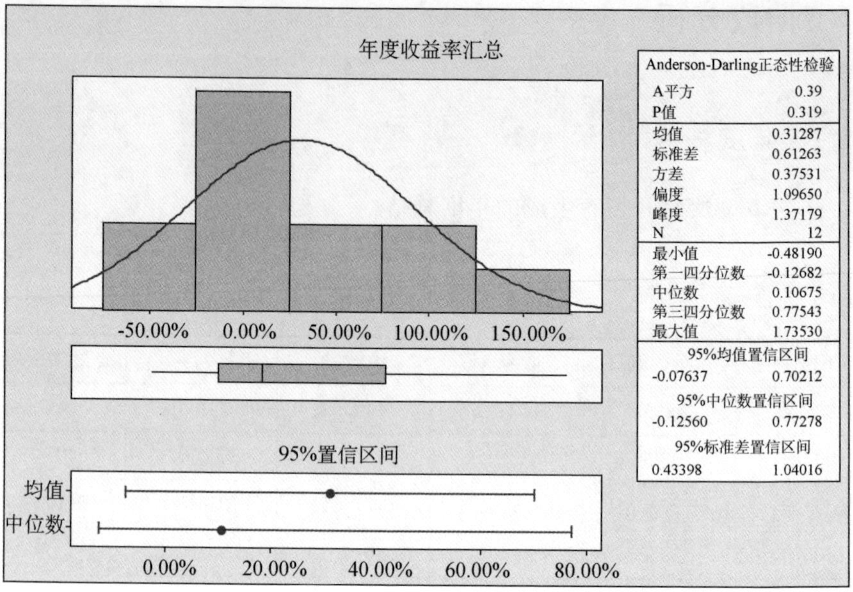

图 3-1　年度收益率统计分析

30%。亏损年份的资金回撤比例较大，比如 2005 年的－26.55%和 2011 年的－48.18%，因此，有必要引入资金管理将年度亏损控制在合理范围内。

3.5.3　月度盈亏分析

表 3-6 为交易开拓者测试生成的月度盈亏分析。

表 3-6　月度盈亏分析

月份	平均净盈利	平均收益率	平均手续费	平均最大浮盈	平均最大浮亏
1 月	216990.9	6.25%	6350.46	366101.4	－198813.99
2 月	－118234	4.69%	7491.59	408712.8	－412487.9
3 月	345273.5	4.31%	6769.17	612984.5	－227521.78
4 月	231953.6	12.05%	8163.82	1002479	－276844.84
5 月	190394.4	7.46%	11214.92	680557.5	－383717
6 月	－381267	－4.85%	16078.82	494806	－664683.6

续表

月份	平均净盈利	平均收益率	平均手续费	平均最大浮盈	平均最大浮亏
7月	－313884	－5.54％	14131.98	216713.5	－643507.91
8月	12796.93	2.44％	7605.93	512160.3	－247126.13
9月	383651.1	5.17％	6240.6	625702.8	－273031.56
10月	46544.11	3.50％	5095.28	422761.6	－262688.54
11月	357505.9	2.67％	4153.48	701875.2	－230089.13
12月	－322040	－2.59％	9401.08	238485.7	－628660.87

月度盈亏分析是将所有交易年份中的相同月份数据加总而来的，可能对研究商品季节性规律有点作用。除此之外，没有太大的意义，此处不予以说明。

3.5.4 月度总结

表3－7为交易开拓者生成的月度总结。

表3－7 月度总结

时间区间	净盈利	收益率	手续费	最大浮盈	最大浮亏
2002年9月	0	0.00％	0	0	0
2002年10月	9900	0.99％	744.97	19800	0
2002年11月	64350	6.37％	0	64350	0
2003年1月	16500	1.54％	0	16500	0
2003年2月	297000	27.23％	0	330000	0
2003年3月	－123750	－8.92％	0	49500	－123750
2003年4月	－71358.8	－5.65％	1726.2	57750	－71358.75
2003年5月	－13207	－1.11％	1761.57	4392.97	－77700
2003年6月	3651.2	0.31％	1689.67	48000	－24000
2003年7月	－76184	－6.44％	1699.2	14850	－122683.99
2003年8月	－36791.7	－3.32％	4863.3	46500	－44196.85
2003年9月	－25509.2	－2.38％	1574.7	0	－82909.2

续表

时间区间	净盈利	收益率	手续费	最大浮盈	最大浮亏
2003年10月	355600	34.04%	0	355600	0
2003年11月	16800	1.20%	0	81200	−2800
2003年12月	327600	23.12%	0	329000	0
2004年1月	264600	15.17%	0	278600	0
2004年2月	536200	26.69%	0	536200	0
2004年3月	−486106	−19.10%	7946.01	121800	−486569.45
2004年4月	682650	33.15%	1544.01	784400	0
2004年5月	−219565	−8.01%	5270.88	214600	−219564.89
2004年6月	−167624	−6.65%	3824.34	0	−167624.34
2004年7月	−258606	−10.98%	7156.45	0	−258606.45
2004年8月	−3220.8	−0.15%	3220.8	0	−3220.8
2004年9月	470101.4	22.46%	4688.77	475651.4	−90000
2004年10月	−401437	−15.66%	4846.96	283050	−493694.17
2004年11月	−694215	−32.12%	4071.87	430200	−817200
2004年12月	15140.35	1.03%	2144.17	171450	−15659.65
2005年1月	−100163	−6.76%	1071	0	−130200
2005年2月	0	0.00%	0	0	0
2005年3月	0	0.00%	0	0	0
2005年4月	0	0.00%	0	0	0
2005年5月	267950	19.38%	1032.58	267950	0
2005年6月	−84860	−5.14%	2054.82	0	−294160
2005年7月	266800	17.04%	0	266800	−110400
2005年8月	161000	8.79%	0	161000	−55200
2005年9月	−181111	−9.09%	5279.25	12650	−215910.66
2005年10月	128400	7.09%	0	241200	0
2005年11月	−824027	−42.46%	7584.66	47056.16	−962430.46
2005年12月	−27543.7	−2.47%	1594.88	0	−130243.69

续表

时间区间	净盈利	收益率	手续费	最大浮盈	最大浮亏
2006 年 1 月	260650	23.94%	0	260650	0
2006 年 2 月	41600	3.08%	0	228150	0
2006 年 3 月	155784.7	11.20%	3707.62	155784.7	−191965.27
2006 年 4 月	1172600	75.80%	0	1267500	−20800
2006 年 5 月	846580.5	31.13%	3963.75	1013350	0
2006 年 6 月	1214400	34.05%	0	1761100	0
2006 年 7 月	−1754357	−36.70%	13965.51	456002.5	−1754357.01
2006 年 8 月	91522.3	3.02%	6518.07	240450	−136500
2006 年 9 月	−715905	−22.96%	7909.87	0	−715904.79
2006 年 10 月	482.97	0.02%	7156.32	208911.1	0
2006 年 11 月	576300	23.99%	0	782850	−13600
2006 年 12 月	0	0.00%	0	177650	0
2007 年 3 月	81600	2.74%	0	421600	0
2007 年 4 月	892527.4	29.17%	3829.6	1384527	−5072.63
2007 年 5 月	1460643	36.95%	5884.65	2062143	0
2007 年 6 月	−1282092	−23.68%	27823.2	37500	−1282092.2
2007 年 7 月	−210703	−5.10%	9202.8	39715.35	−303784.65
2007 年 8 月	105850	2.70%	2886.22	684400	0
2007 年 9 月	545190.2	13.54%	5841.9	566890.2	−3509.81
2007 年 10 月	312352.2	6.83%	6460.8	340402.2	−266600
2007 年 11 月	1433850	29.36%	0	1796850	0
2007 年 12 月	−841796	−13.32%	7330.56	447150	−841795.91
2008 年 1 月	−509048	−9.30%	12132.3	0	−509048.3
2008 年 2 月	1363250	27.45%	3748.42	1467800	0
2008 年 3 月	386307.7	6.10%	8793.09	1122308	−328000
2008 年 4 月	−428498	−6.38%	28790.5	384100	−500581.21
2008 年 5 月	100106.6	1.59%	8819.19	100106.6	−491643.36

续表

时间区间	净盈利	收益率	手续费	最大浮盈	最大浮亏
2008年6月	－177223	－2.77％	8690.85	256500	－513222.6
2008年7月	－160206	－2.58％	8847.82	228000	－371706.08
2008年8月	470907.5	7.78％	9039.24	1407650	0
2008年9月	－282644	－4.33％	13770.01	0	－376750
2008年10月	0	0.00％	0	0	0
2008年11月	0	0.00％	0	0	0
2008年12月	0	0.00％	0	0	0
2009年1月	－9705.6	－0.16％	9705.6	0	－9705.6
2009年2月	164778	2.65％	9222	164778	－371200
2009年3月	2167000	33.89％	4786.65	2403500	－280500
2009年4月	－663147	－7.75％	12393	3586000	－663146.65
2009年5月	－1433515	－18.15％	41739.95	0	－1925833.39
2009年6月	－1972947	－30.52％	20488.9	0	－1972946.66
2009年7月	－205767	－4.58％	15533.68	0	－970167.29
2009年8月	879900	20.53％	0	1161300	0
2009年9月	428151.9	8.29％	7083.67	1050902	－413700
2009年10月	494616.9	8.84％	7908.84	607366.9	－225250
2009年11月	1311750	21.55％	0	1454750	－167750
2009年12月	－702941	－9.50％	25913.63	242000	－702941.27
2010年1月	1072400	16.01％	4974.48	1072400	0
2010年2月	－981792	－12.64％	10010.34	949200	－1094800
2010年3月	1257537	18.53％	11494.35	1257537	0
2010年4月	221639.4	2.75％	11795.32	313139.4	－644560.63
2010年5月	1189500	14.39％	0	1747650	0
2010年6月	－686353	－7.26％	19544.16	1723250	－686353.11
2010年7月	121093.3	1.38％	43244.13	121093.3	－1072713.38
2010年8月	－40624.8	－0.46％	26814.22	730000	－423467.27

续表

时间区间	净盈利	收益率	手续费	最大浮盈	最大浮亏
2010 年 9 月	821400	9.28%	0	891700	0
2010 年 10 月	751100	7.77%	0	1428200	0
2010 年 11 月	1189586	11.41%	15528.45	1924000	−492100
2010 年 12 月	615907.1	5.30%	16203.24	615907.1	−1881592.89
2011 年 1 月	−612838	−5.01%	17355.64	183750	−930000
2011 年 2 月	−1023691	−8.81%	17899.68	0	−1023690.84
2011 年 3 月	−62509.6	−0.59%	8531.76	30400	−155800
2011 年 4 月	−949523	−9.02%	29723.43	160600	−949523.43
2011 年 5 月	10350	0.11%	7027.65	10350	0
2011 年 6 月	−949103	−9.90%	43477	309161.6	−949103.18
2011 年 7 月	939375.5	10.87%	13905.15	995175.5	0
2011 年 8 月	−1772376	−18.50%	12182.4	260400	−1772376.34
2011 年 9 月	1855387	23.76%	22498.41	2372137	−1104662.71
2011 年 10 月	−1358277	−14.06%	17503.2	848000	−1358277.06
2011 年 11 月	310800	3.74%	6153.84	592000	−3700
2011 年 12 月	−2280032	−26.46%	27177.87	0	−2387640.77
2012 年 1 月	1534400	24.22%	4643.52	1596000	0
2012 年 2 月	−839688	−10.67%	21394.35	344400	−839688.17
2012 年 3 月	−649955	−9.24%	29201.4	108300	−936154.86
2012 年 4 月	487600	7.64%	0	969900	−119250
2012 年 5 月	1317440	19.18%	20336.94	1323640	−74200
2012 年 6 月	−616637	−7.53%	22749.18	561100	−626671.8
2012 年 7 月	−726352	−9.60%	22331.01	262212.2	−726351.7
2012 年 8 月	271803.1	3.97%	10535.04	429903.1	−36300
2012 年 9 月	1305100	18.34%	0	1512800	0
2012 年 10 月	219247.3	2.60%	11427	317847.3	−545752.71
2012 年 11 月	547371	6.34%	12349.41	547371	−71400

续表

时间区间	净盈利	收益率	手续费	最大浮盈	最大浮亏
2012 年 12 月	－326734	－3.56％	13646.46	401700	－326734.49
2013 年 1 月	253114	2.86％	13622.07	253114	－409186
2013 年 2 月	－739997	－8.12％	12641.1	66600	－795500
2013 年 3 月	1072100	12.80％	0	1072100	0
2013 年 4 月	1207000	12.78％	0	2119350	－71000
2013 年 5 月	－1431945	－13.44％	27526.92	741950	－1431945.33
2013 年 6 月	524854.3	5.69％	26524.86	746254.3	－795345.74
2013 年 7 月	－1387816	－14.24％	19566	0	－1387816.49

数据较多，统计分析是个好方法，详见下节内容。

3.5.5 月度总结统计分析

使用统计分析工具将月度收益率进行初步的统计分析，如图 3－2 所示。

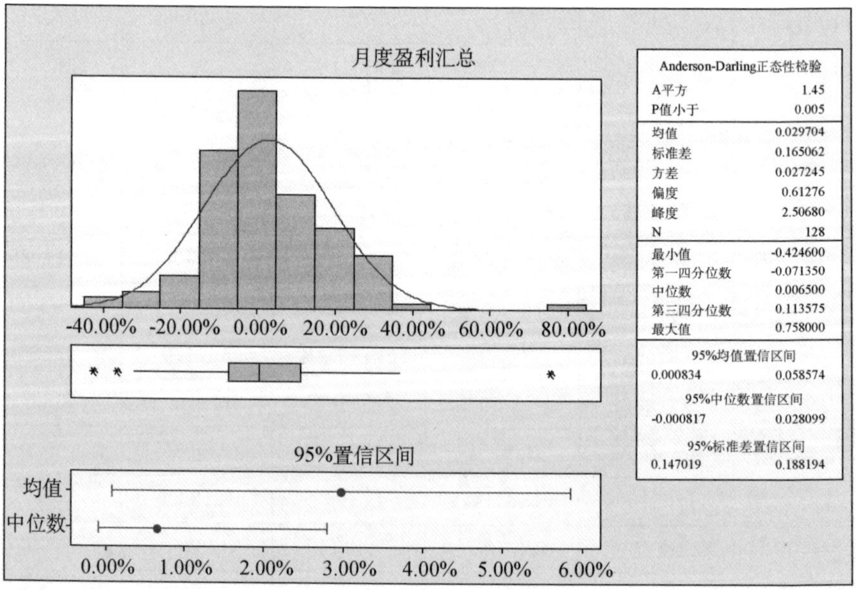

图 3－2 月度收益率统计分析

月收益率的最大值为 0.758，最小值为－0.4246，平均值为 0.029704，标准差为 0.165062。月盈利效率计算为 p＝0.18，小于第二章中 2.3 节的目标值 0.25。看来 0.25 是个较难达到的性能值。

也可以对月收益率进行累计概率分布统计，如图 3－3 所示。

从图中可以看到：

（1）均值为 0.02970，标准差为 0.1651，反映月收益率不稳定。

（2）约 50％的月度收益率是负的，精确比例是 47.659％。

（3）收益率为－0.109216 的比例为 20％，但同时我们也要看到，约 20％的月收益率大于 0.168624。

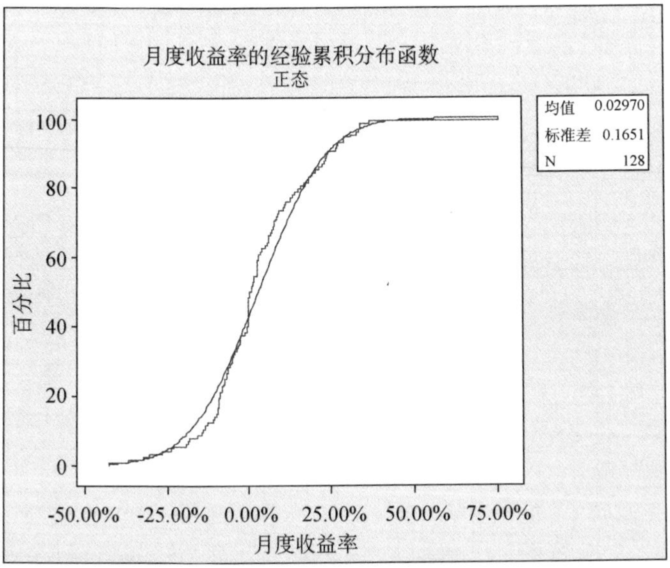

百分比	C1
1	-0.354288
2	-0.309292
3	-0.280743
4	-0.259268
5	-0.241799
6	-0.226930
7	-0.213893
8	-0.202220
9	-0.191604
10	-0.181831
20	-0.109216
30	-0.0568546
40	-0.0121141
50	0.0297039
60	0.0715219
70	0.116262
80	0.168624
90	0.241239
91	0.251011
92	0.261628
93	0.273301
94	0.286338
95	0.301207
96	0.318675
97	0.340151
98	0.368700
99	0.413695
99.9	0.539784
99.99	0.643572
99.999	0.733675

图 3－3　月度收益率累计概率分布图

3.6　资产分析

3.6.1　资产概要

表 3－8 为交易开拓者生成的资产概要，列出了测试期间的资产变化、交易盈亏和佣金情况。

表 3-8　资产概要

期初资产	期末资产	交易盈亏	最大资产	最小资产	佣金合计
1000000	8357031	7357031	12412313	978104	1098819

3.6.2　资产变化明细

表 3-9 为交易开拓者生成的资产变化明细。

表 3-9　资产变化明细

Bar#	时间	多头保证金	空头保证金	可用资金	动态权益	佣金	静态权益	累计收益率
2399	2013-7-31	0	0	8357030.7	8357030.7	0	8357030.7	362936.11
2398	2013-7-30	0	0	8357030.7	8357030.7	6601.5	8357030.7	362936.11
2397	2013-7-29	220950	0	8239465.9	8460415.9	0	8977915.9	367050.95
2396	2013-7-26	225180	0	8658235.9	8883415.9	0	8977915.9	383886.77
2395	2013-7-25	227205	0	8858710.9	9085915.9	0	8977915.9	391946.47
2394	2013-7-24	227385	0	8876530.9	9103915.9	0	8977915.9	392662.89
2393	2013-7-23	226170	0	8756245.9	8982415.9	0	8977915.9	387827.07
2392	2013-7-22	226575	0	8796340.9	9022915.9	0	8977915.9	389439.01
2391	2013-7-19	222930	0	8435485.9	8658415.9	0	8977915.9	374931.54
2390	2013-7-18	223605	0	8502310.9	8725915.9	0	8977915.9	377618.11
2389	2013-7-17	224505	0	8591410.9	8815915.9	0	8977915.9	381200.2
2388	2013-7-16	226125	0	8751790.9	8977915.9	12964.5	8977915.9	387647.96
2387	2013-7-15	0	204549	8933498.1	9138047.1	0	8424647.1	393850.99
…	…	…	…	…	…	…	…	…

说明：资产变化明细列出从交易策略测试第一天到最后一天的每日资产变化情况。因为数据较大，此处只列出部分数据。

3.6.3　资产变化明细统计分析

资产变化明细表是非常重要的数据，直接对应交易者账户中的资金曲线，是风险控制和资金管理的直接输入，后续测试重点将重点研究资产变化明细。

使用资产变化明细表的动态权益一栏（表 3-9），计算日收益率：

$$\frac{今日动态权益-前一日动态权益}{前一日动态权益}=日收益率$$

将计算后的结果导入统计软件，可得出如下统计量，如图 3-4 所示。

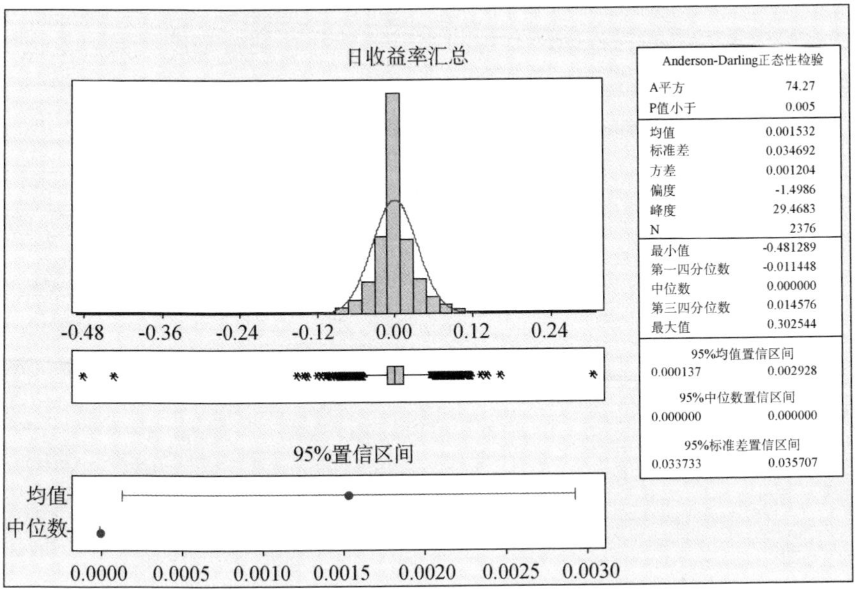

图 3-4　日收益率统计分析

日收益率的最大值为 0.302544，最小值为 -0.481289，平均值为 0.001532，标准差为 0.034692。

从图中收益统计分析来看：

（1）每日资金变动基本符合正态分布，从而说明市场的主要变化是随机的，交易者不要试图预测市场走势，也不应该太关注短期资金变动。某一日大赚次日可能大亏，没有必要为之恐惧；某一日大亏次日可能大赚，也无需欣喜。

（2）任何试图只要盈利不要亏损的心态是不健康和自欺欺人的，亏损和盈利是交易者每天都要面对的现实，没有必要为之恐惧和贪婪。交易者所追求的长期、稳定和持续的盈利能力，也就是亏损和盈利中和后的一点优势，即平均值 0.001532（0.1532%）。这种优势非常难以把握，因为我们常常目光短浅，只看到每天的盈利和亏损而心生贪婪和恐惧，而不能长期坚持和注重系统交易带给我们的微弱优势。

（3）大多数交易天数都是没有盈利的，交易者需要面对这种平淡无奇。交易盈利的天数和亏损的天数接近对等，盈利的大部分也被系统亏掉，交易者每天看到资金沉沉浮浮，犹如流水。需要注意的是，必须控制亏损不超过自己可以承受的范围，因为一旦亏损，再去扳回，则需要更多的时间和成本。

这里引入一个问题，如何有效和实时评估和控制资金风险？VaR 或许是个办法，这里先不进行讨论，放入第十一章中说明。

也可以对日收益率进行累计概率分布统计，如图 3－5 所示。

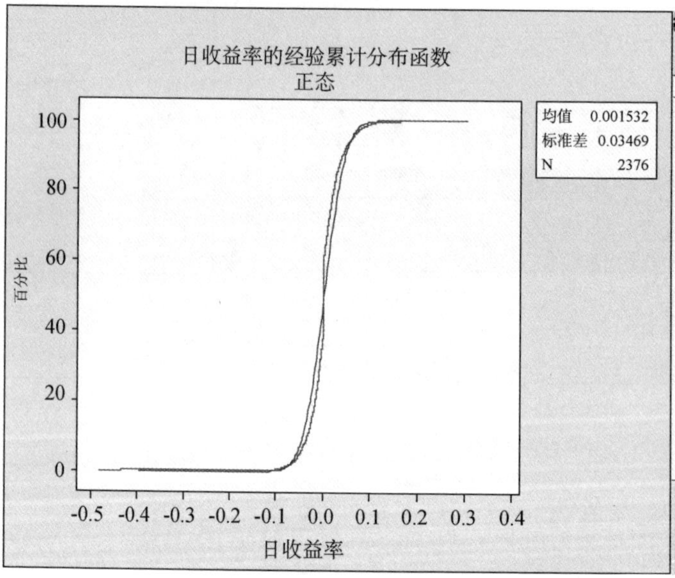

百分比	C1
0	−0.206543
0	−0.193158
0.00001	−0.178842
0.0001	−0.163373
0.001	−0.146425
0.01	−0.127487
0.1	−0.105673
1	−0.0791729
2	−0.0697159
3	−0.0637158
4	−0.0592021
5	−0.0555306
6	−0.0524056
7	−0.0496655
8	−0.0472121
9	−0.0449809
10	−0.0429270
20	−0.0276650
30	−0.0166600
40	−0.0072567
50	0.0015324
60	0.0103215
70	0.0197248
80	0.0307298
90	0.0459918
91	0.0480456
92	0.0502769
93	0.0527303
94	0.0554703
95	0.0585954
96	0.0622669
97	0.0667806
98	0.0727807
99	0.0822377
99.9	0.108738
99.99	0.130552
99.999	0.149489
100.000	0.166437
100.000	0.181907
100	0.196223
100	0.209607
100	0.222219
100	0.234177

图 3－5　日收益率累计概率分布图

从图中可以看出，约 50％的日收益率是负的，日收益率低于－0.0697159（即一日亏损约为 7％）的概率为 2％。根据图 3－6 正态分布规则，则有 2.5％的概率小于 2δ＝2×0.034692＝0.068。测试结果证明 SMA（5，20）日收益率（实际是铜每日的价格变动乘上杠杆）基本符合正态分布。

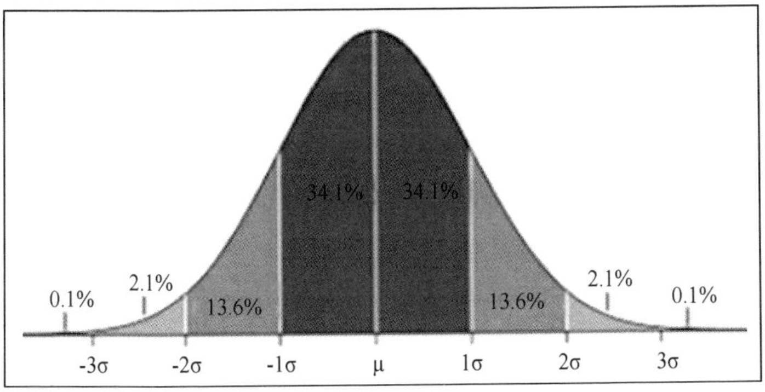

图 3－6 正态分布

图中深蓝区域是距平均值 u 一个标准差（δ）之内的数值范围，在正态分布中此范围所占比例为 68％，两个标准差（δ）之内（深蓝和蓝色）的比例为 95％，三个标准差（δ）之内（深蓝、蓝色和浅蓝）的比例为 99.7％。

说明，正态分布规则在第十一章将用来实时控制交易风险，是非常重要的统计工具。

注意，年度标准方差为 0.61263，月度为 0.165062，日标准方差为 0.034692。根据统计比例转换关系，年/月/日方差比例为 0.61263/0.165062/0.034692＝17.659/4.757/1。理论上各时间周期的方差比例计算为 $\sqrt{22\times 12}$/$\sqrt{22}$/1＝16.248/4.69/1，与实际计算相当。

3.7 图表分析

图表分析分为两个部分：性能图标和交易图标，用处不大。此处仅列出性能图标，即交易盈亏曲线图，从该图我们可以目测出盈利的波动情况，以及最大回撤比例、最大回撤时间等。如图 3－7 所示。

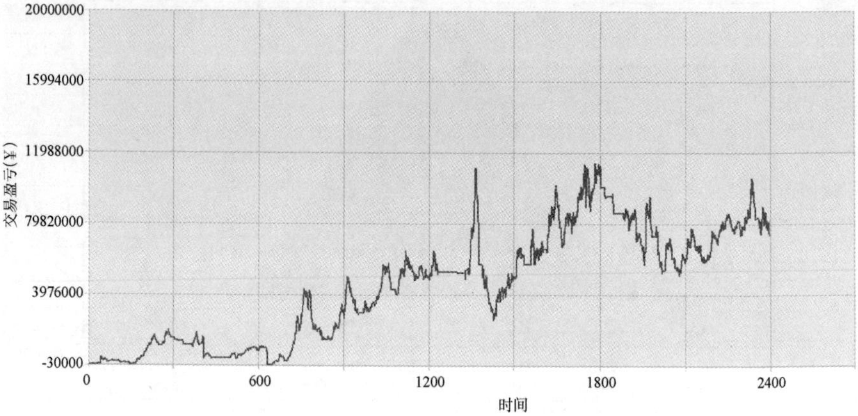

图 3－7　交易盈亏曲线（资金曲线）

3.8　总结

本章以双移动平均交叉策略为例，说明交易开拓者（Trade Blazer）性能测试的各部分数据内容并给出相应的统计分析，仅供可能使用 Trade Blazer 进行系统测试的交易者参考。当然，读者也可以选择其他测试软件或平台，但分析方法是一样的。

第四章 投资组合

不要把鸡蛋放在一个篮子里。

——华尔街谚语

投资者把资金按一定比例分别投资于不同种类的有价证券或同一种类有价证券的多个品种上，这种分散的投资方式就是投资组合。通过资产组合可以分散风险，即“不要把鸡蛋放在一个篮子里”，但是投资组合真的能有效降低交易风险吗？本章通过双移动平均线交叉交易策略的单品种和资产组合的测试结果来验证是否有必要在交易时使用多个品种，即是否有必要使用投资组合。

4.1 投资组合简介

在 Zvi Bodie 等著作的《投资学精要》中，其资产组合理论提到投资组合的两个关键问题：

（1）如何在不同的投资资产间分配资金？是否存在解决资产分配的最好方法？

（2）投资组合是否能有效降低风险？投资组合的风险与收益之间如何平衡？

对于第一个问题，该书已经进行了论述，这里不再赘述。投资者拿多少资金进入期货市场，应提前做好家庭财务规划，避免在某一类投资资产上大幅亏损造成不可挽回的后果。

第二个问题是本章的重点，在《投资学精要》中列出了两种风险资产组合的三个规则：

规则一：两种风险资产组合的收益率是组成风险资产收益率的加权平均，

权重是投资组合中风险资产的占比。

规则二：两种风险资产组合的预期收益率是组成风险资产预期收益率的加权平均，权重是投资组合中风险资产的占比。

规则三：两种风险资产组合的方差是：

$$\delta_P^2 = (W_B\delta_B)^2 + (W_S\delta_S)^2 + 2(W_B\delta_B)(W_S\delta_S)\rho_{BS}$$

其中，风险资产 B 的占比是 W_B；方差是 δ_B；风险资产 S 的占比是 W_S；方差是 δ_S；风险资产 B 和 S 的相关系数是 ρ_{BS}。

如果假定 $\rho_{BS}=0$，也即两个风险资产完全独立，并且再假定 $\delta_B=\delta_S$，则公式则简化为在约瑟夫 E. 墨菲的著作《股票市场与概率》中提及的公式：

$$\delta_{PS} = \delta/\sqrt{N}$$

其中，δ 是假定的平均标准差；N 为风险资产的数目。

表 4-1 是公式 $\delta_{PS}=\delta/\sqrt{N}$ 的试算结果，起始风险（标准差）设置为 1。

表 4-1　风险（标准差）随投资组合数目变化而逐渐减小

投资组合数目	投资组合风险（标准差）
1	1
2	0.707106781
3	0.577350269
4	0.5
5	0.447213595
6	0.40824829
7	0.377964473
8	0.353553391
9	0.333333333
10	0.316227766

如图 4-1 所示，随着投资组合数目 N 增加的投资组合风险逐渐减小，即随着资产组合的数目增多，其标准差（风险）也随着逐渐降低；第二个风险资产增加减少了投资组合中的最大风险；每一种新增加的风险资产都比前一种风险资产的增加减少了较小的风险（风险曲线趋向平坦）；当数目增加到 10 时，风险只有以前的 31.62%。

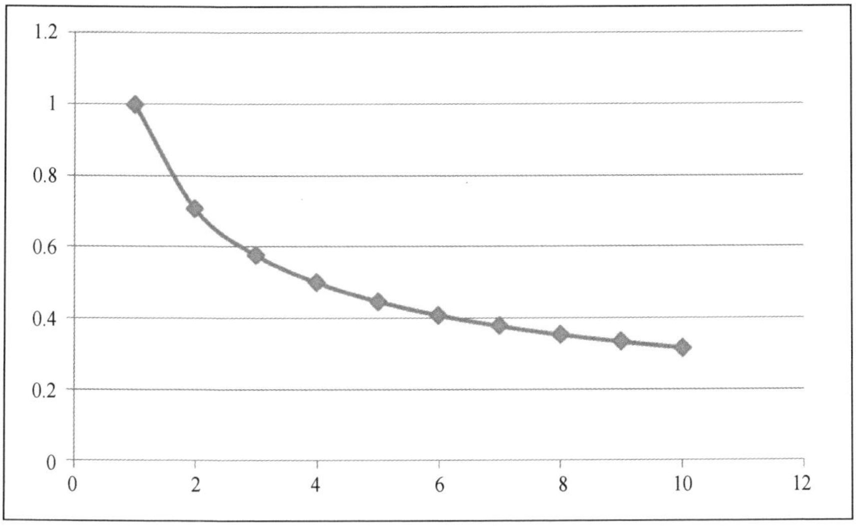

图 4-1 投资组合风险（标准差）随投资组合数目变化而逐渐减小

这是理论部分，实际情况如何呢？本章以 SMA（5，20）双移动平均线交叉交易策略为例，首先测试投资组合风险与投资品种数目的关系，其次再研究交易策略在资产组合下的测试对比。

4.2 SMA（5，20）双移动平均线交叉交易策略资产组合测试

投资组合测试选择的品种是所具有 5 年交易历史数据的品种，测试时间从 2008 年 8 月 1 日至 2013 年 8 月 1 日，起始资金 50 万/品种，2.5 倍杠杆，没有止损。

测试结果显示，PTA 盈利最多，而铝最少，本节只列出了这两种情况。

4.2.1 平均盈利与投资组合数目

以盈利最多的PTA为基础，平均盈利与投资组合数目的关系如图4-2所示。

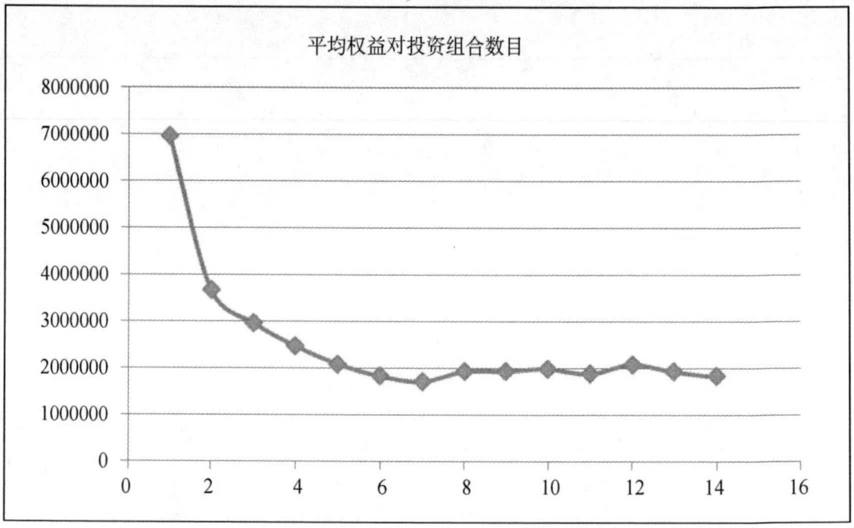

图4-2 平均权益对投资组合数目（以PTA为例）

以盈利最少的铝为基础，平均盈利与投资组合数目的关系如图4-3所示。

从图4-2和图4-3来看，随着投资组合数目的增加并大于8后，平均盈利趋向稳定并维持在160万左右。相对于起始资金50万，年度收益率为26%。注意，此处PTA的收益最大，铝的收益最小。平均权益是各交易品种测试时段累计利润求和再求平均后的值，是基于单品种的测试结果。图4-2和图4-3显示以不同品种为起点的平均权益随投资数目增加的曲线图差异很大，因此有必要考虑采用何种统一标准来测试研究投资组合的风险和数目之间的关系。

需要说明的是，本节的投资组合测试采用各品种单独测试，然后加总平均的方式进行，但单品种测试结果除了权益部分可以加总平均外，其他交易策略性能指标，比如胜率、最大回撤等都不能简单地加总平均，因此必须考虑其他可以一致性评估投资组合测试结果的方法。

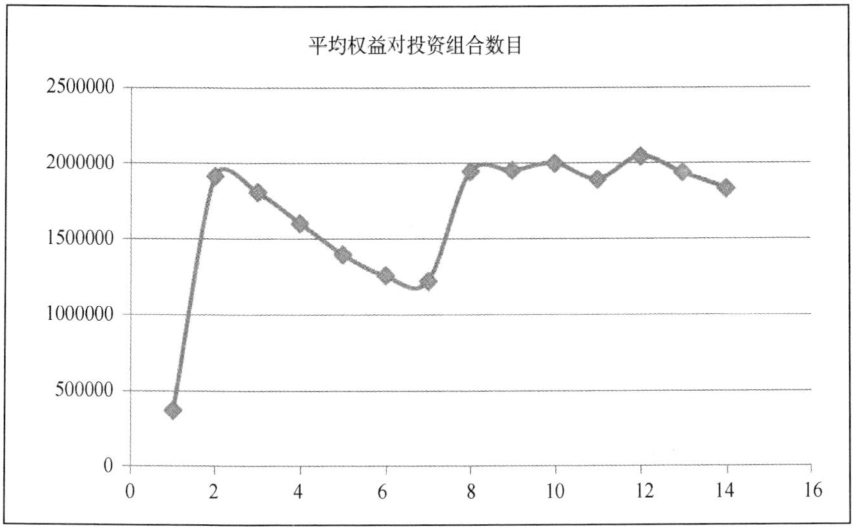

图 4－3 平均权益对投资组合数目（以铝为例）

为此，笔者将所有测试品种的每日资产变化明细进行加总平均，然后除以交易品种数目，得出投资组合的每日近似资金变化明细，再根据该变化明细求出日资金变动均值和标准差，最后计算出投资组合的盈利效率（盈利效率$=\frac{平均值}{方差}$，$\rho=\frac{u}{\delta}$），进行统一比较。

如果测试周期比较长，某一交易品种由于运气好，测试盈利很多，可能导致其在投资组合的盈利总额中比例较高，测试结论可能有失偏颇。解决方法是将长测试时间周期（如 5 年）分段，比如逐年测试，再进行计算，但这样做工作量较大，本书没有采纳。

本书抛弃了一些单品种的交易策略测试指标，如胜率等。这些指标无法在投资组合上测得，因此无法使用（实际上这些指标也不重要）。通过关注资金曲线，采用加总平均投资组合的资产变化明细，求得盈利效率，统一进行比较的方法简单可行。量化测试只是通过历史数据回测研究市场一般性规律和验证交易策略可用性的方法，是手段，不是目的。

4.2.2 日资金变动均值、标准差与投资组合数目关系

以盈利最多的 PTA 开始为第一个交易品种，逐渐扩大投资组合的数目，

日资金变动平均值、方差与品种数目的数据如表 4-2 所示。

表 4-2 风险（标准差）随投资组合数目变化而逐渐减小

（以盈利最多的 PTA 开始为第一个交易品种）

投资组合品种数目	日资金变动平均值	日资金变动方差
1	0.002725	0.032665
2	0.002101	0.029694
3	0.001828	0.026182
4	0.001636	0.024586
5	0.001453	0.022704
6	0.001316	0.021435
7	0.001243	0.020561
8	0.001309	0.018941
9	0.001289	0.017539
10	0.00129	0.016415
11	0.001236	0.015896
12	0.001286	0.014974
13	0.001233	0.014561
14	0.001185	0.014371

如图 4-4 所示，随着投资组合数目的增多，日资金变动的平均值下降的速率开始很快，投资组合的数目达到 6 以后，盈利趋向稳定。

如图 4-5 所示，随着投资组合数目的增多，日资金变动的方差也在下降，但是下降的速度远比平均盈利下降得快，在数目达到 6 以后，方差仍在下降。

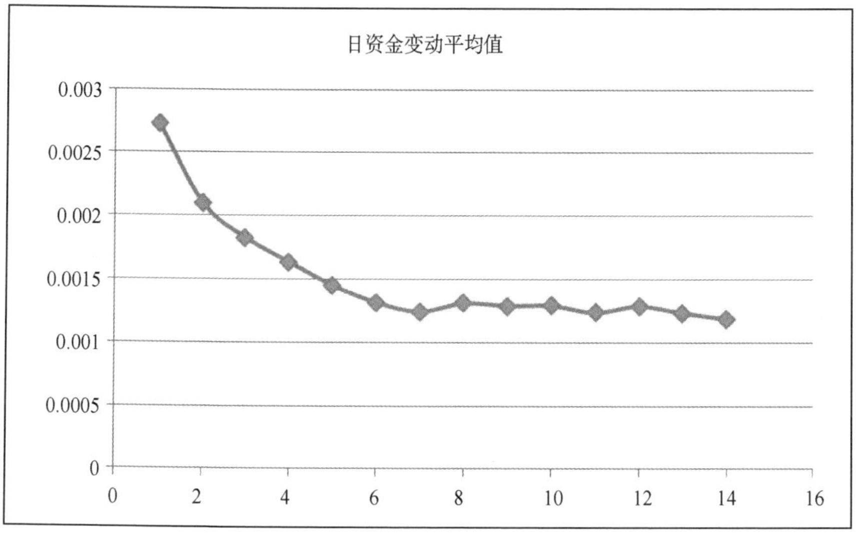

图 4-4 日资金变动平均值对投资组合数目

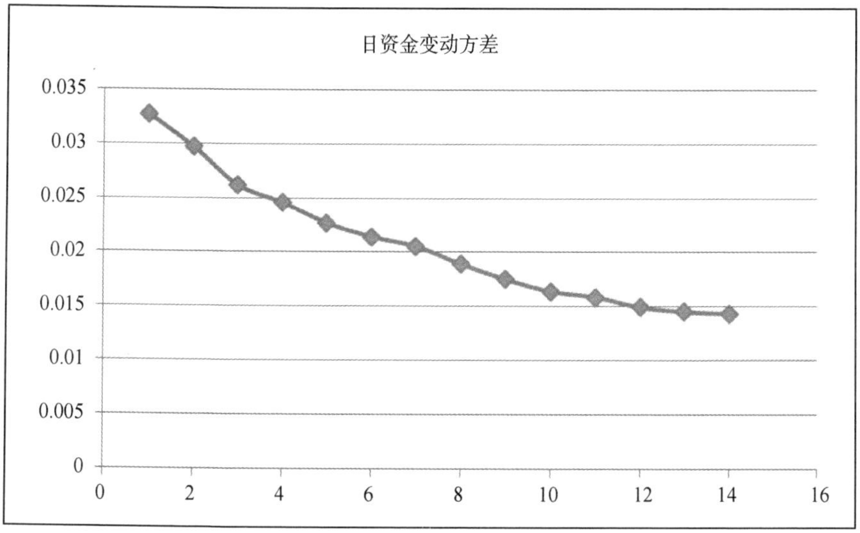

图 4-5 日资金变动方差对投资组合数目

如图 4-6 所示，如果从盈利效率$=\frac{\text{平均值}}{\text{方差}}$来看，随着交易数目的增多，盈利效率先是稳步降低，数目达到 7 后逐渐上升。

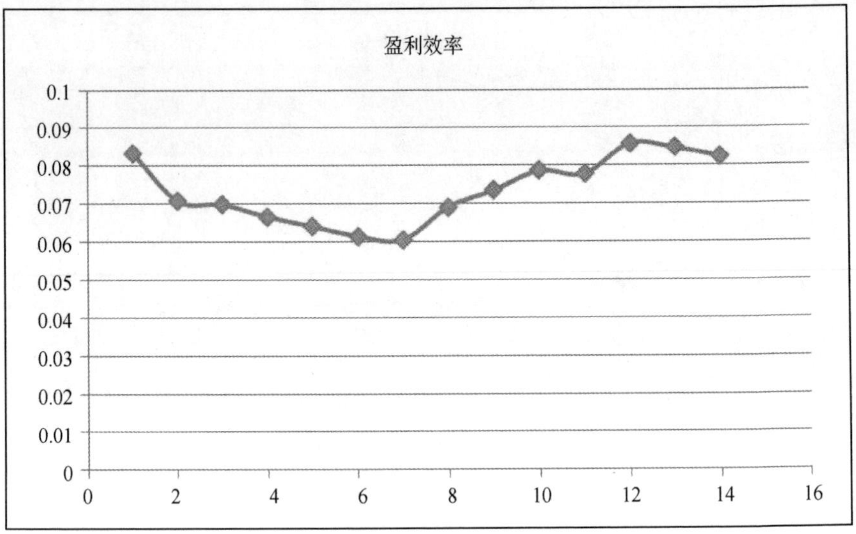

图 4-6 盈利效率对投资组合数目

以盈利最少的铝为第一个交易品种，逐渐扩大投资组合数目，则日资金变动平均值、方差与投资组数目的数据如表 4-3 所示。

表 4-3 风险（标准差）随投资组合数目变化而逐渐减小

（以盈利最少的铝开始为第一个交易品种）

投资组合品种数目	日资金变动平均值	日资金变动方差
1	0.000014	0.022506
2	0.000549	0.023156
3	0.000903	0.025582
4	0.000813	0.021879
5	0.000668	0.018291
6	0.000579	0.016385
7	0.001243	0.020561
8	0.001309	0.018941
9	0.001289	0.017539
10	0.001291	0.016415

续表

投资组合品种数目	日资金变动平均值	日资金变动方差
11	0.001236	0.015896
12	0.001286	0.014974
13	0.001233	0.014561
14	0.001185	0.014371

随着交易数目的增多，日资金变动的平均值上升速率开始上升很快，后在数目达到8以后，盈利趋向稳定。如图4-7所示。

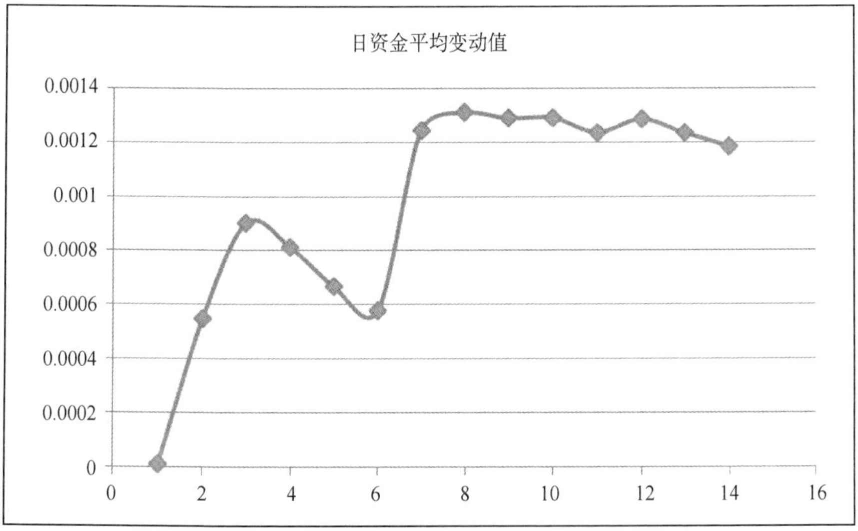

图4-7 日资金变动对投资组合数目（以盈利最少的铝开始为第一个交易品种）

随着交易数目的增多，日资金变动的方差也在下降，在数目达到10以后，方差仍在下降。如图4-8所示。

如果从盈利效率$=\frac{\text{平均值}}{\text{方差}}$来看，随着交易数目的增多，盈利效率在逐渐增加。如图4-9所示。

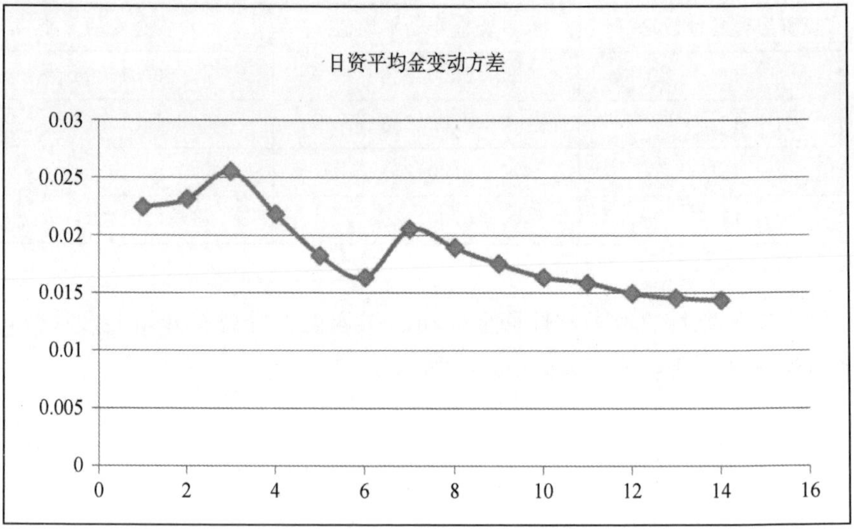

图 4-8　日资金变动方差对投资组合数目

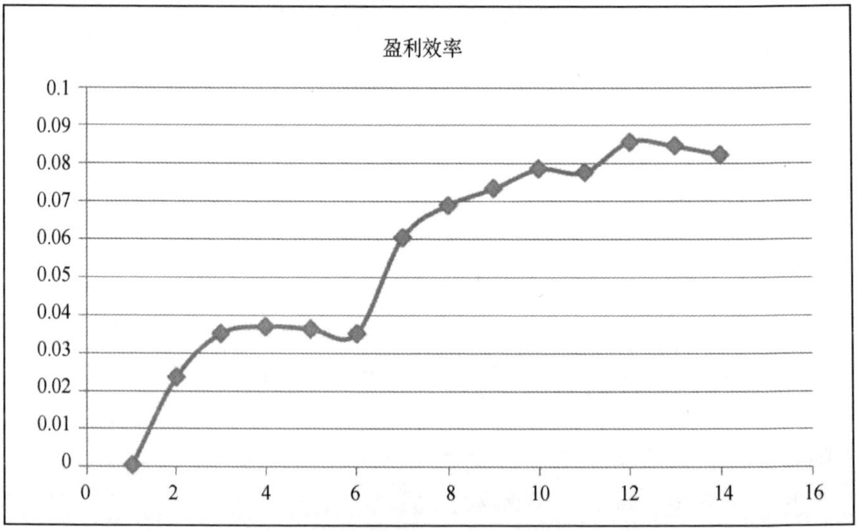

图 4-9　盈利效率对投资组合数目

如图 4-10 所示，如果综合平均以上两个例子，将盈利效率求平均值，再绘制在一张图表上，其结果是交易数目小于 7 时，盈利效率变动很大，投资组合的交易风险与交易品种的选择有相当关系。当交易品种超过 7 后，盈利效率稳定上升并趋向稳定，风险更多倾向于市场固有的系统风险。

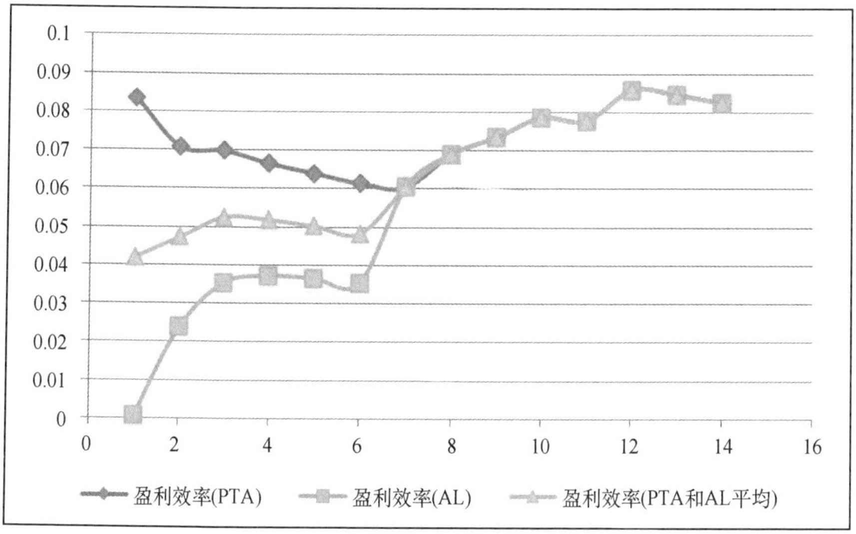

图 4－10 盈利效率对比（PTA、铝和平均）

4.2.3 最大回撤比例、最大回撤时间与投资组合数目关系

以盈利最多的 PTA 开始为第一个交易品种，逐渐加大投资组合的数目，则最大回撤时间、最大回撤比例与交易数目的关系如表 4－4 所示。

表 4－4 最大回撤时间、最大回撤比例对投资组合数目

（以盈利最多的 PTA 开始为第一个交易品种）

数目	最大回撤时间（月）	最高权益	最低权益	最大回撤比例
1	14	16989970	6058070	－0.643432566
2	14	8643782	3326695	－0.615134324
3	14	6426421	2655556	－0.586775283
4	14	4952025	2244965	－0.546657176
5	14	4132804	1937702	－0.531141085
6	14	3473960	1704388	－0.509381801
7	14	3066674	1644367	－0.463794652

续表

数目	最大回撤时间（月）	最高权益	最低权益	最大回撤比例
8	13	2959733	1792610	−0.394333881
9	13	2885758	1806528	−0.373984929
10	13	3089359	1851686	−0.400624531
11	13	2880238	1771969	−0.384783827
12	13	2878202	1891731	−0.342738626
13	13	2761147	1713509	−0.379421306
14	13	2602026	1677915	−0.355150563

从图 4－11 和图 4－12 来看，很显然，最大回撤时间没有发生明显的变化，但是最大回撤比例在逐渐减少。

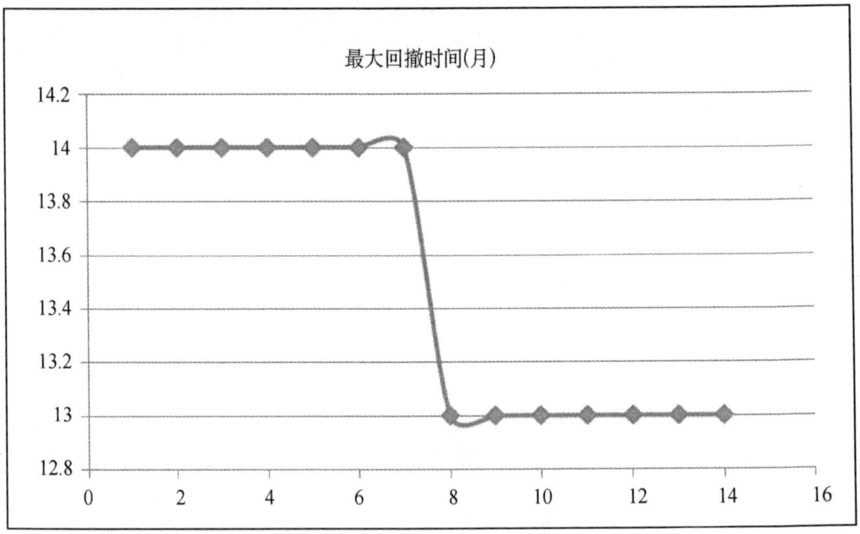

图 4－11　最大回撤时间对投资组合数目

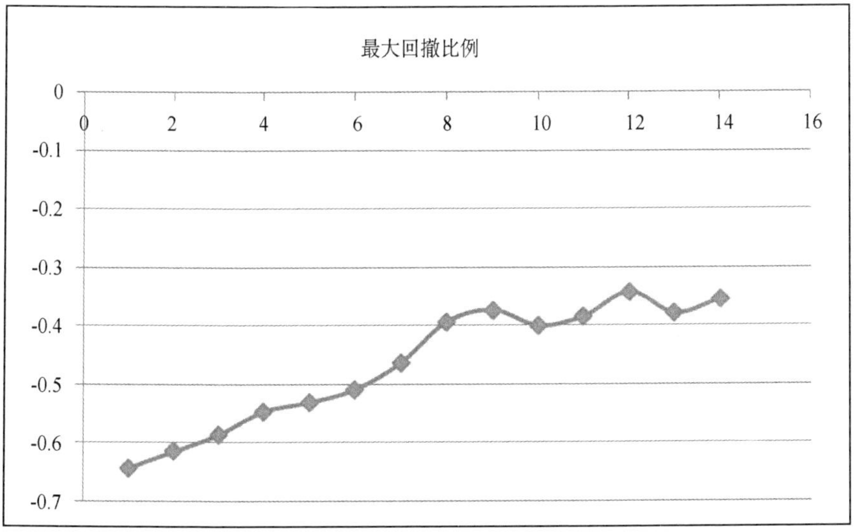

图 4－12 最大回撤比例对投资组合数目

以盈利最少的铝为第一个交易品种，逐渐加大投资组合的数目，则最大回撤时间、最大回撤比例与投资组合数目的数据如表 4－5 所示。

表 4－5 最大回撤时间、最大回撤比例对投资组合数目

（以盈利最少的铝开始为第一个交易品种）

数目	最大回撤时间（月）	最高权益	最低权益	最大回撤比例
1	31	499830	231705	－0.536432387
2	56	864605	323817	－0.62547406
3	27	834616	451426	－0.45912132
4	16	706667	440217	－0.377051709
5	16	701285	476484	－0.320555837
6	25	665265	514342	－0.226861476
7	14	3079339	1644367	－0.466000008
8	13	2959733	1792610	－0.394333881
9	14	2902179	1754198	－0.395558303
10	14	3057065	1830838	－0.401112505

续表

数目	最大回撤时间（月）	最高权益	最低权益	最大回撤比例
11	14	2862248	1800931	－0.370798407
12	13	2878202	1867365	－0.351204328
13	13	2761147	1796939	－0.349205602
14	13	2538817	1677915	－0.339095728

最大回撤比例趋势性减少，最大回撤时间明显改善。如图 4－13 和图 4－14 所示。

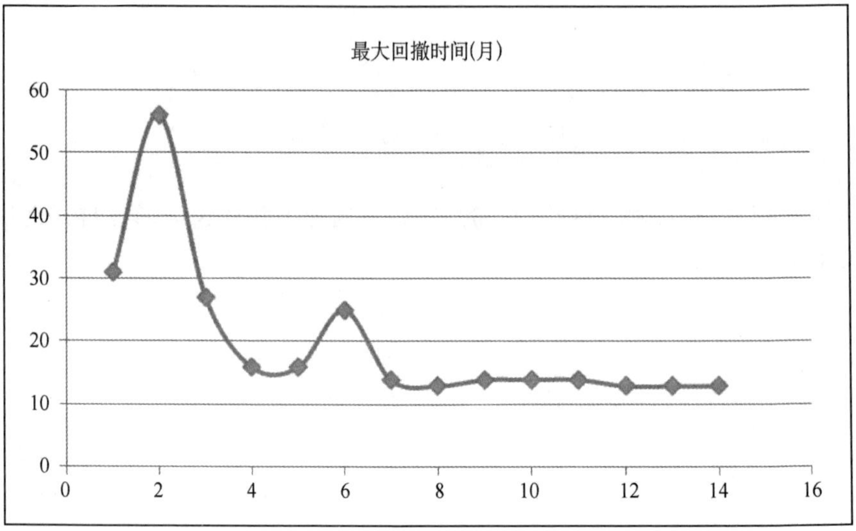

图 4－13　最大回撤时间对投资组合数目

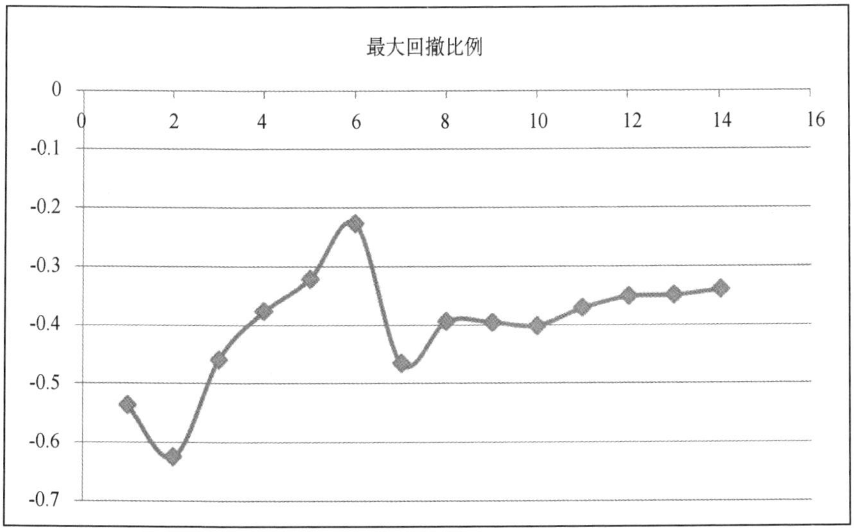

图 4－14　最大回撤比例对投资组合数目

4.2.4　资产组合测试总结

以 SMA（5，20）双移动平均线交叉交易策略为例，随着投资组合数目增多，其测试结果为：

（1）日资金变动的平均值趋于一个稳定值，投资组合的意义在于获得一个稳定的盈利与风险比，以较低风险获取平均盈利。

（2）日资金变动的方差趋于下降。

（3）日资金变动的盈利效率，即$\frac{\text{平均值}}{\text{方差}}$，趋于改善。

（4）最大回撤比例，趋于下降。

（5）最大回撤时间，也趋于下降。

资产组合平滑了收益，有效降低了风险，并改善了最大回撤比例和最大回撤时间。交易数目小于 7 时，盈利效率变动很大，交易风险与交易品种的选择有相当关系。当交易品种超过 7 后，盈利效率稳定上升并趋向稳定，风险更多倾向于市场固有的系统风险。强烈建议资金许可的情况下使用较多数目的投资组合，且大于 7 为宜。

4.3 交易策略的资产组合测试

交易策略在单一品种某段时间上的表现，可能显示出某种不公平的倾向，比如某种交易策略可能更适合某一时期的某一品种的价格走势，从而可能得出该交易策略较优的错误结论。因此，只有使用投资组合才能更真实反映交易策略的性能。

在第二章开始时，我们使用简单排名打分的方法对五种选定的交易策略在单一品种上的测试结果进行了对比，而在投资组合测试环节则运用加总平均的方法，试图在投资组合的基础上对交易策略的性能进行对比。评估指标分别为适应性、盈利性、最大回撤比例和收益风险比与夏普比率，选择上具有很大的随意性，而其中收益风险比与夏普比率，实际是盈利性和最大回撤比例的组合，因此也重复了。

本节将重新测试不同交易策略在投资组合上的性能表现，将所有测试品种的资产变化明细进行加总平均，然后除以交易品种数目，得出投资组合的相似资金变化明细，再根据资金变化明细求日资金变动均值、标准差，最后计算出投资组合的盈利效率（盈利效率$=\frac{平均值}{方差}$，$\rho=\frac{u}{\delta}$），进行统一对比。

4.3.1 测试周期为 5 年的数据对比

投资组合测试选择所具有 5 年交易历史数据的品种，测试时间从 2008 年 8 月 1 日至 2013 年 8 月 1 日，起始资金为 50 万/品种，2.5 倍杠杆率，2%入场止损。

如果按照第二章的简单排名打分方法进行比较，可以得出，2%反转交易策略和双移动均线交叉交易策略在投资组合表现中最优。如表 4 - 6 所示。

表 4-6 交易策略投资组合测试结果的简单排名

统计项：综合排名（14 个投资品种）					
交易策略	适应性	盈利	最大回撤	性能指标	综合排名
SMA 双均线（5，20）	1	2	2	2	7
MACD（12，26）	4	4	4	4	16
Turtle（20，55）	3	3	1	3	10
2% Turnover（20）	1	1	3	1	6

如果根据盈利效率进行排名（第二章的性能指标采用加总平均的办法，现使用投资组合资产明细加总平均后的 u，δ 来衡量），从而得出综合排名。如表 4-7 所示。

表 4-7 投资组合资金明细加总平均后的交易策略排名

交易策略	u	δ	u/δ	综合排名
SMA（5，20）	0.001185	0.014371	0.0825	2
MACD（12，26）	0.000094	0.012962	0.0073	4
Turtle（20，55）	0.000332	0.007641	0.0434	3
2% Turnover（20）	0.001331	0.014093	0.0944	1

使用投资组合资金明细加总平均后的盈利效率（u/δ）对交易策略性能评估和使用简单排名打分方法，对交易策略性能进行评估，结果是一致的，这也互相验证了第二章的简单排名打分方法，虽然粗糙，但也基本有效。

需要注意的是，采用时间长度为 5 年的测试周期、共计 14 个交易品种的投资组合对比测试结论和第二章采用的时间长度为 10 年、共计 6 个交易品种的投资组合测试结论不一致。在第二章的测试中 SMA（5，20）双均线交叉交易策略和海龟交易策略领先，而在本章测试中 2%反转交易策略和 SMA（5，20）双均线交叉交易策略领先。究竟是 2%反转交易策略在短期表现中不佳，还是海龟交易策略在投资组合情况下不太给力呢？测试周期长短对交易策略的性能评估有多大的影响？在下一节将测试周期为 10 年和 1 年的数据，再进行对比研究。

由于MACD交易策略效果较差，此后不再测试。

4.3.2 测试周期为10年的数据对比

投资组合测试选择的品种是所具有10年交易数据的品种，测试时间从2003年8月1日至2013年8月1日，起始资金为50万/品种，2.5倍杠杆率，2%入场止损。

根据盈利效率u/δ进行排名，从而得出综合排名。如表4-8所示。

表4-8 投资组合资金明细加总平均后的交易策略排名（10年数据）

交易策略	u	δ	u/δ	综合排名
SMA双均线（5，20）	0.00164	0.03048	0.05381	2
Turtle（20，10）	0.000764	0.015277	0.05001	3
2% Turnover（20）	0.001527	0.022083	0.06912	1

4.3.3 测试周期为1年的数据对比

投资组合测试选择的品种是所具有1年交易数据的品种，测试时间从2012年8月1日至2013年8月1日，起始资金为50万元/品种，2.5倍杠杆率，2%入场止损。

根据盈利效率u/δ进行排名，从而得出综合排名。如表4-9所示。

表4-9 投资组合资金明细加总平均后的交易策略排名（1年数据）

交易策略	u	δ	u/δ	综合排名
SMA双均线（5，20）	0.000201	0.008490	0.02367	1
Turtle（20，10）	−0.000323	0.000418	—	3
2% Turnover（20）	0.000029	0.008772	0.00331	2

为什么交易策略在不同测试时间长度上回测的性能对比结果不一致？2%反转交易策略的短期表现（1年数据）较差只是一个偶然，还是更长期的性能对比才合理，还是该交易策略对特定时段的价格走势非常敏感？为回答这些

疑问，本节采用另一种方法，即研究对比 SMA（5，20）双移动平均线交叉策略、2%反转交易策略和海龟交易策略的测试数据，计算 3 年滑动窗口的盈利 u 和盈利效率 u/δ，以及测试周期逐年累加的盈利 u 和盈利效率 u/δ，以便观察这三种交易策略的盈利和盈利效率随时间平滑和累计变化情况。

4.3.4 3 年滑动窗口的日平均盈利和盈利效率 u/δ

测试设定具有 10 年历史数据的所有商品期货品种，每一交易品种起始资金为 50 万元，交易头寸规模为 2.5 倍资金杠杆/单位商品价值，止损为 2%的价格不利变动，佣金设置为成交金额的 3%，测试时间从 2004 年 3 月 18 日至 2014 年 3 月 18 日。

各交易策略 3 年滑动窗口的日资金变动平均值、标准差等信息如表 4-10 所示。

表 4-10 各交易策略 3 年滑动的日平均变动的平均值、标准差和盈利效率

交易策略	平均值	标准差	平均值/标准差
2% Turnover (20)	0.0013	0.000794	1.637279597
SMA	0.000906	0.000247	3.668016194
Turtle	0.000812	0.000269	3.018587361
综合	0.001006	0.000437	2.303815035

图 4-15 为各交易策略 3 年滑动窗口的日资金变动平均值曲线图。

从数据来看：

(1) 如表 4-10 所示，2%反转交易策略的盈利平均值最大，但同时标准差也最大，导致其盈利效率最低。2%反转交易策略盈利状态非常不稳定，如图 4-15 所示，呈明显下降趋势，可能与不同时间段的价格运动形态密切相关。

(2) 其他两种交易策略，如 SMA（5，20）和 Turtle（20，55）日资金变动平均值曲线图比较平滑，就表 4-10 中统计的平均值而言，SMA（5，20）比 Turtle（20，55）的盈利稍强。

(3) 三种交易策略组合后的综合交易策略比海龟交易策略的盈利能力稍强，但还是比双移动平均线交叉交易策略要差。

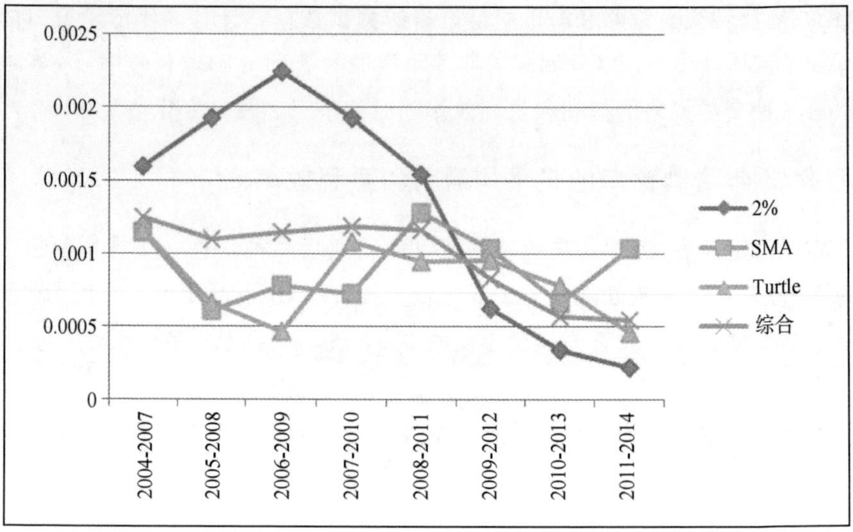

图 4－15　交易策略 3 年滑动窗口的每日盈利平均值曲线图

（4）仅考虑盈利能力，稳定性最好的是 SMA（5，20）双移动平均线交叉交易策略，其次是海龟交易策略，最后是 2%反转交易策略。

各交易策略 3 年滑动窗口的盈利效率平均值、标准差等信息如表 4－11 所示。

表 4－11　各交易策略 3 年滑动窗口的盈利效率的平均值、标准差

交易策略	平均值	标准差	平均值/标准差
2% Turnover（20）	0.066047	0.032687	2.020589225
SMA	0.062476	0.021671	2.882931106
Turtle	0.067242	0.018656	3.604309605
综合	0.065225	0.024388	2.674471051

图 4－16 为各交易策略 3 年滑动窗口的盈利效率 u/δ 曲线图。

从数据来看：

（1）2%反转交易策略的盈利效率呈明显下降趋势，而其他两种交易策略 SMA（5，20）和 Turtle（20，55）更多的是震荡形态，与图 4－12 的形状类似。

（2）三种交易策略综合后的系统盈利效率升高，受2%反转交易策略的影响明显，组合策略的盈利效率比单个策略要好。

（3）盈利效率稳定性最好的是海龟交易策略，与双移动平均线交叉交易策略相差不大。

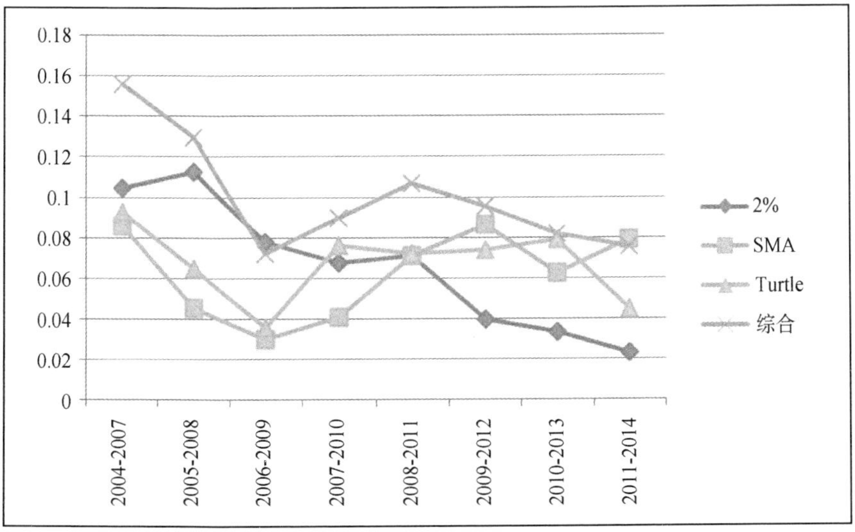

图 4-16 各交易策略 3 年滑动窗口的盈利效率曲线图

4.3.5 逐年累计日平均盈利和盈利效率 u/δ

上一节测试了交易策略 3 年滑动窗口的性能表现，重点关注的是系统交易策略在不同时间段的性能表现及连续性。这一节我们再测试一下逐年累计测试时段的交易策略表现。

各交易策略逐年累计测试时段的日资金变动的平均值、标准差等信息如表 4-12 所示。

表 4-12　各交易策略逐年累计盈利效率的平均值、标准差

交易策略	平均值	标准差	平均值/标准差
2% Turnover (20)	0.001762	0.000566	3.113074
SMA	0.000911	0.000273	3.336996
Turtle	0.000956	0.000358	2.670391

图 4-17 为各交易策略逐年累计测试时段的盈利效率 u/δ 曲线图。

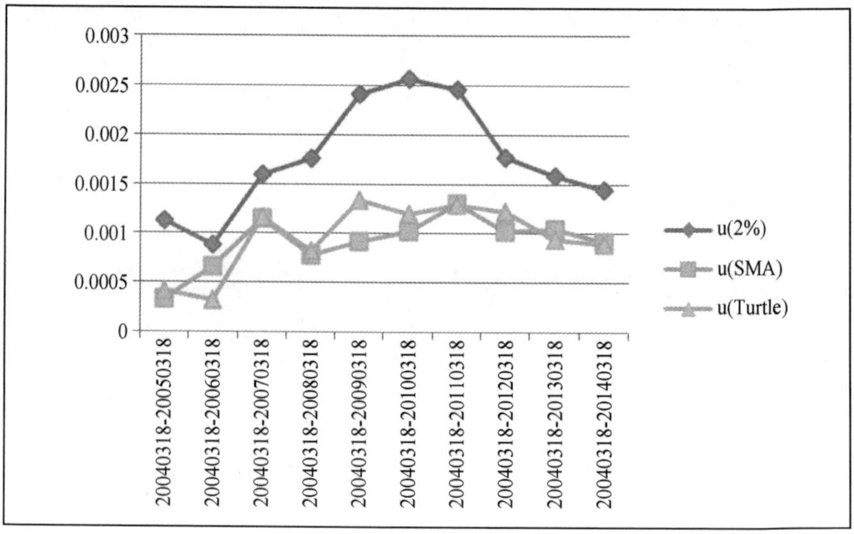

图 4-17　各交易策略逐年累计每日平均盈利曲线图

从数据来看，不同交易策略逐年累计的日平均盈利的测试结果与 3 年滑动窗口的日平均盈利测试结果有所不同。

(1) 如表 4-12 所示，2%反转交易策略盈利的平均值最大，但相比 3 年滑动窗口测试结果，盈利的标准差有所下降，导致其盈利效率非常接近双移动平均线交叉交易策略。2%反转交易策略盈利状态非常不稳定，如图 4-17 所示，呈倒"U"字形，但是其盈利一直高于其他两种交易策略。

(2) 其他两种交易策略，如 SMA (5, 20) 和 Turtle (20, 55) 日资金变动平均值曲线图比较平滑，就表 4-12 中统计的平均值而言，SMA (5, 20) 比 Turtle (20, 55) 的盈利稍强。

(3) 仅考虑盈利能力，稳定性最好的是 SMA (5, 20) 双移动平均线交叉交易策略，其次是 2%反转交易策略，最后是海龟交易策略 2%反转交易策略。

各交易策略逐年累计测试时长的盈利效率的平均值、标准差等信息如表 4-13 所示。

表 4-13 各交易策略逐年累计盈利效率的平均值、标准差

交易策略	平均值	标准差	平均值/标准差
2% Turnover (20)	0.068811	0.022903	3.004454
SMA	0.052565	0.015564	3.377345
Turtle	0.063978	0.017922	3.569802

图 4-18 为各交易策略逐年累计测试时长的盈利效率 u/δ 曲线图。

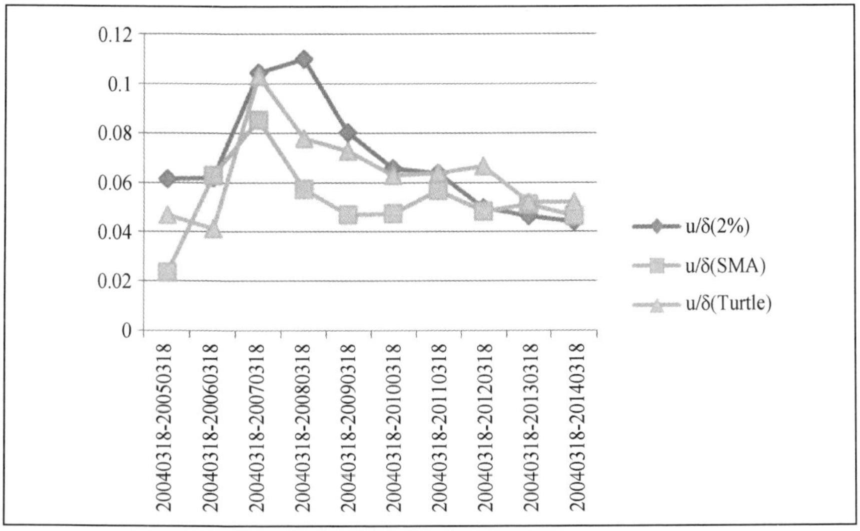

图 4-18 各交易策略逐年累计盈利效率曲线图

由此看出盈利效率的变化情况：海龟交易策略在盈利效率的表现上占优，其次为双移动平均线交叉交易策略，最后是 2%反转交易策略。

长期交易目标和短期利益存在冲突，究竟选择短期盈利比较平滑、但风险较小的交易策略，还是选择长期盈利最大、但风险也相对较大的交易策略，取决于交易者对收益和风险的权衡。

4.3.6 交易策略的资产组合测试总结

综合 4.3.2 和 4.3.3 两小节的内容可以看出，不同测试时段的选择对测试策略的评估对比的影响。如果仅仅选择 2004—2011 年的测试时间段，2% 反转交易策略要明显比其他两种交易策路的盈利要高。交易者不能随意测试一点数据，就轻率地下结论。交易策略的回测必须全面、充分，避免马虎大意。

交易策略在不同测试时间长度上回测结论不一致，因此需要计算 3 年平滑窗口的盈利 u 和盈利效率，以便观察不同时段交易策略的性能变化和连续性，以及需要计算测试周期逐年累加的盈利 u 和盈利效率，以便观察交易策略的性能累计变化及长期表现。

如果交易者追求长期、稳定、持续的盈利目标，SMA（5，20）双移动平均线交叉交易策略显然比其他两种交易策略相对容易实现。交易者根据利润和风险的权衡、短期目标和长期利益的权衡，偏向选择不同的交易策略。

4.4 总结

从双移动平均线交叉交易策略投资组合的测试结果来看，随着投资组合中数目增多，资金变动趋向稳定，方差也逐渐变小。投资组合平滑了收益曲线，有效降低了风险，并改善了最大回撤比例和最大回撤时间两个性能指标。交易品种数目小于 7 时，盈利效率变动很大，交易风险与交易品种的选择有相当关系。当交易品种超过 7 后，盈利效率稳定上升并趋向稳定，风险更多倾向于市场固有的总体风险。强烈建议尽量使用资产组合，且数目大于 7 为宜。4.2 节的测试结果验证了投资学的投资组合风险理论。

交易策略在单一品种上的表现可能表现出某种不公平的倾向，比如某种交易策略可能更适合某一时期某一品种的价格走势，因此只有在投资组合情况下才能真实反映交易策略的性能。4.3 节对第二章的各交易策略重新进行了测试，通过将所有测试品种的资产变化明细进行加总平均，然后除以交易品种数目，得出投资组合的近似资金变化明细，再根据资金变化明细求出每日资金变动均值、标准差，最后计算出盈利效率，统一进行了对比。测试发现，SMA（5，20）双平均线交叉策略表现出一贯的稳定性，2%反转交易策略表现次之，海龟交易策略最差。

测试时段的选择对于交易策略的评估影响也很大，不同的测试时段可能得出不同的结论，因此提出使用3年滑动窗口和逐年累计的不同测试时长来考量各交易策略性能的稳定性、连续性和长期表现。测试结果表明，双移动平均线交叉交易策略的长期稳定性相比其他两种交易策略要好，2%反转交易策略虽然盈利最高，但风险也最大。因此，双平均线交叉交易策略对于追求长期、稳定、持续盈利目标的交易者来说，可能是相对较好的选择。出于对利润和风险、短期目标和长期利益的权衡，交易者也可能偏向其他交易策略，读者请自行分辨。

在投资组合测试过程中，还将多种交易策略组合成一种综合交易策略并与其组成策略的性能进行对比。综合后的交易策略的盈利是其他交易策略的折中，但其盈利效率比其他交易策略要高。显然，如果资金充足，使用多个账户采用不同交易策略进行交易，也是一个改善交易成绩的办法。

4.5　附录：客观技术分析、数据挖掘及偏差

数据挖掘一般指从大量的数据中通过算法搜索信息的过程。数据挖掘通常与计算机科学有关，并通过统计、在线分析处理、情报检索、机器学习、专家系统和模式识别等诸多方法来搜索信息。数据挖掘在技术分析应用中则指在规模较大的金融市场历史数据中寻找形态、模型并寻找有盈利潜力的交易规则的过程。我们可以将数据挖掘技术的应用分为两种，一种是主观的技术分析，另外一种是客观的技术分析。主观的技术分析包含不能明确定义的分析方法和图形形态，如传统的形态分析、趋势线、艾略特波浪理论、江恩理论和K线理论等。客观的技术分析是一种定义清晰、能够给出明确的市场交易信号并可对其进行检验的分析方法。这种分析方法可以作为对历史数据进行回溯测试的工具，并运用缜密的量化方法对回溯测试结果进行评估。

技术分析的数据挖掘过程主要包含两个部分：

（1）规则参数最优化，即搜索一组最佳绩效的参数值，见第五章对双移动均线交叉交易策略的交易周期参数的优化。

(2) 寻找最佳交易规则。使用对比的方法，对不同的交易规则进行回测，挑选出最佳绩效的交易规则。这里有两个前提：①回测时是最好绩效的交易规则，其未来表现可能最好；②交易规则的历史绩效是未来绩效的可靠估值。

在数据挖掘的过程，由于随机性等因数的存在，挑选出来的交易规则和最优化参数可能并不是最优的，这种系统性误差称为数据挖掘偏差。

交易策略在不同测试时间长度上回测的性能对比结果不一致这个问题可能来自于数据挖掘偏差（图 4-19）。假设 SMA（5，20）双均线交易策略的性能比 2%反转策略要好（u2>u1），但是由于抽样的随机性，SMA（5，20）双均线交易策略的回测结果可能比 2%反转交易策略的要差，导致我们可能得出错误结论，即 2%反转策略要比 SMA（5，20）双均线交易策略的绩效要好。

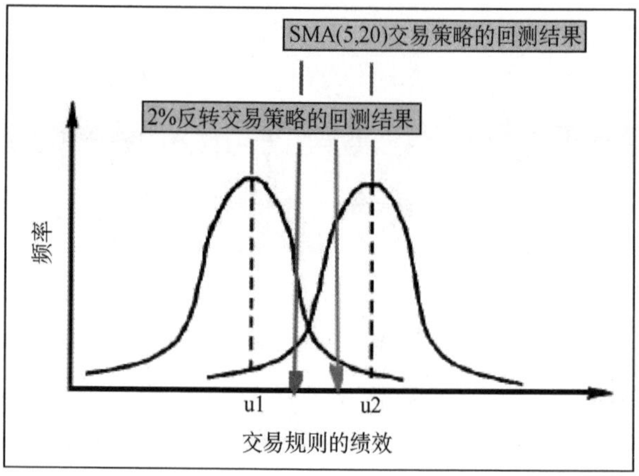

图 4-19　交易规则的数据挖掘和偏差

解决数据挖掘的方法有三种：样本外测试（前向测试）、数据挖掘矫正因子以及随机化的方法。在 4.3.4 和 4.3.5 节中计算的 3 年滑动窗口的盈利 u 和盈利效率 u/δ，以及测试周期逐年累加的盈利 u 和盈利效率 u/δ 的不同方法，从不同角度考察交易策略的稳定性。采用更多的历史数据样本，可以避免单一回测数据引起的偏差。

关于客观技术分析或称为实证技术分析的概念、方法和统计学、数据挖掘等方面的知识，请参考戴维·阿伦森所著的《实证技术分析》一书。

第五章　交易周期和时间框架

小知不及大知，小年不及大年。

——庄子《逍遥游》

双移动均线交叉交易策略是中期交易系统，5 日线、20 日线的时间周期参数实际上是交易者主观假定的商品价格运行周期，如果能准确估计价格运行周期，无疑能大幅提高交易策略的盈利能力。但是，价格运行的不可预测性，价格运行周期的预测会非常困难甚至根本不可能。本章将对双移动平均线交叉交易策略的时间参数进行优化测试，分析其对交易策略性能的影响、研究在何种时间框架下交易更有利，以及验证自适应周期是否真的名副其实等重要问题。

交易策略确定过程中一项重要工作就是对交易策略的参数进行计算、对比、优化和设置，这涉及大量计算。目前主要有两种方法，即纯数据型的寻索方法和纯市场型的寻索方法（这里不予以介绍，请参考波涛所著的《系统交易方法》一书）。

在纯数据型的寻索方法中，常用的是网点法和单点法。

（1）网点法，是指对交易策略的参数值按预先设置的区间和大小，将所有可能的值组合起来统一进行检验比对。网点法的优点是寻索到全局优化点的概率很高，缺点是计算量比较大，当参数数目较大组合数目则成倍增长，导致一般计算机无法承担。另外，网点法寻索出来的优化点缺少理论指导，可能寻索的结果脱离市场实际和不符合操作条件。

（2）单点法，是指在参数值寻索过程中，每次先固定其他参数值，只对一个参数值做步进式的寻索。当某一个参数值寻索过程结束后，固化其寻索结果，按同样的方法对第二个参数开始同样的过程，直到全部参数寻索过程结束。在单点法参数值寻索过程中，参数寻索顺序可以按照主观认定的在交易策略中的重要性，从最重要的参数开始。单点法的优点是计算量相对网点法大为减少，但是单点法可能只能寻索局部优化点，遗漏掉全局优化点。同样，其寻索的结果可能脱离市场实际和不符合操作条件。

本章以双移动均线交叉交易策略为例，对单品种的交易周期进行单点法优化测试，先固定双移动均线交叉交易策略短时间周期，即 5 日均线，然后遍历长时间周期参数，比如从 5 日一直逐日增加到 80 日，根据测试结果选择最优参数，然后固定长时间周期为最优参数，再遍历短时间周期参数，最后得出最优短、长时间周期参数组合。

5.1 单个品种与交易周期优化测试

以铜为例，起始资金为 50 万/品种，2.5 倍杠杆率，测试时间为 2008 年 8 月 1 日至 2013 年 8 月 1 日。双移动均线交叉交易策略对于长周期参数进行优化的曲线如图 5－1 所示。

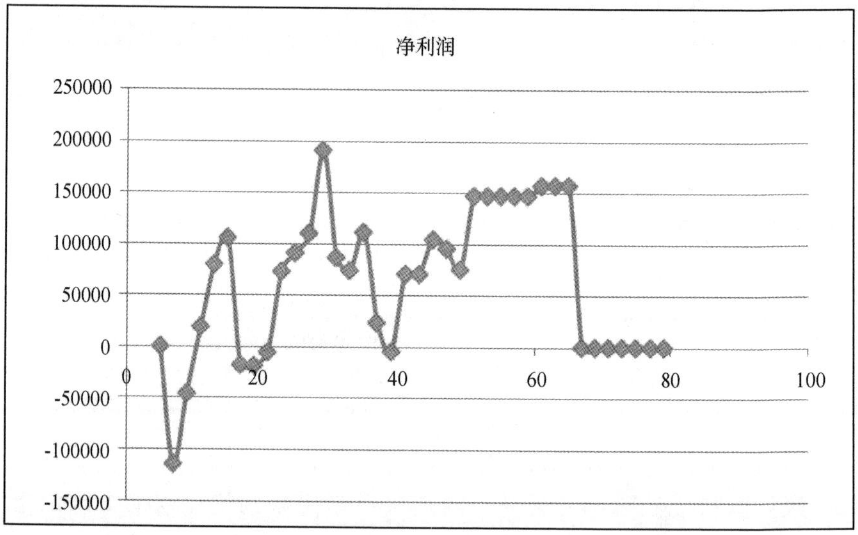

图 5－1　双移动均线交叉交易策略的净盈利与长时间周期参数优化曲线图（以铜为例）

图 5－1 是双移动均线交叉交易策略的净盈利与长时间周期参数的优化曲线图，纵轴是净盈利，横轴是长时间周期，从 5 日开始，步长为 1 日，一直

增加到 80 日。

图 5-2 是双移动均线交叉交易策略的最大回撤比例与长周期参数的优化曲线图。

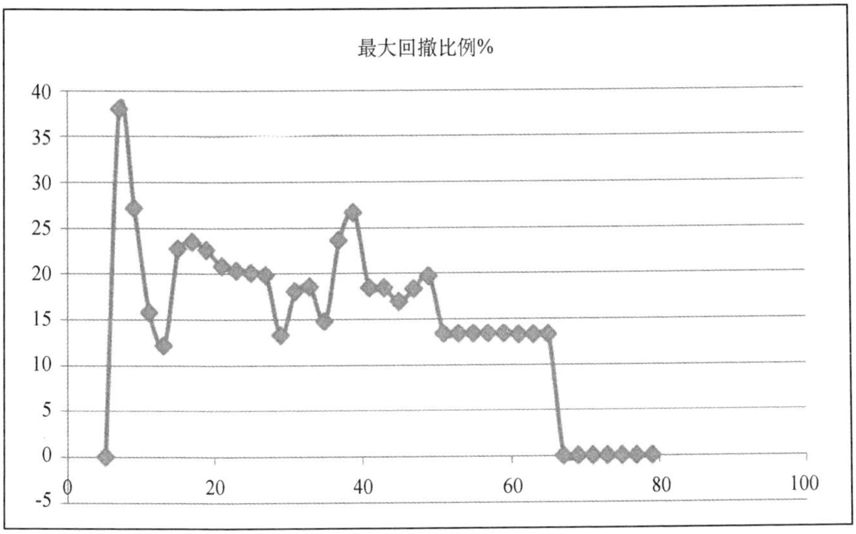

图 5-2 双移动均线交叉交易策略最大回撤和长周期参数优化曲线图（以铜为例）

图 5-3 为双移动均线交叉交易策略的夏普比率与长周期参数的优化曲线图。

从图 5-1 至图 5-3 铜的测试结果来看，双移动均线交叉交易策略的正收益区间在 20～60 日之间。30～50 日为比较理想的时间周期，因为在这部分区间中盈利基本为正。

若以 PTA 为例，则双移动均线交叉交易策略的净盈利、最大回撤比例和夏普比率对应长周期参数优化的曲线。如图 5-4 至图 5-6 所示。

从 PTA 的测试结果来看，双移动均线交叉交易策略的正收益的区间在 20～60 日之间。综合铜和 PTA 看来，一般商品价格运行周期选择 20～60 日比较适合。

说明，本结论是在日 K 线测试所得，在其他时间框架下表现如何，详见 5.5 节内容。

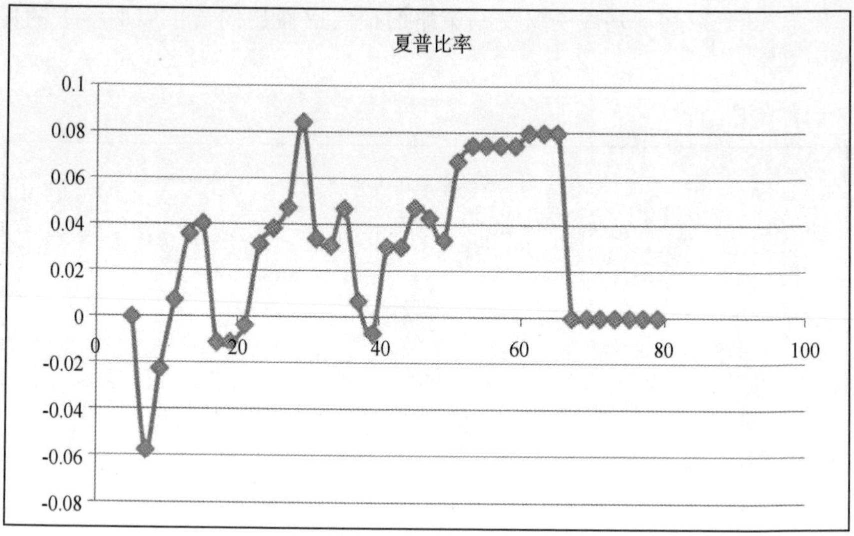

图 5-3 双移动均线交叉交易策略夏普比率和长周期参数优化曲线图（以铜为例）

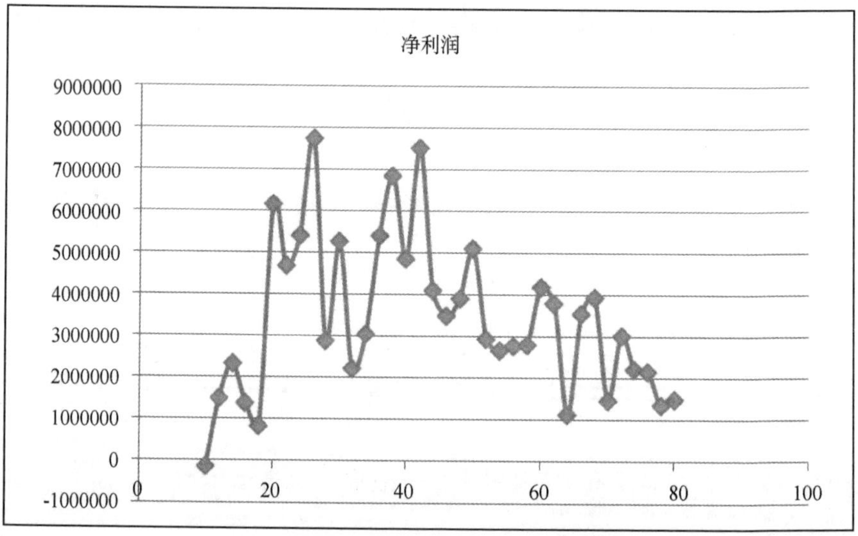

图 5-4 双移动均线交叉交易策略净盈利与长周期参数的优化曲线图
（以 PTA 为例）

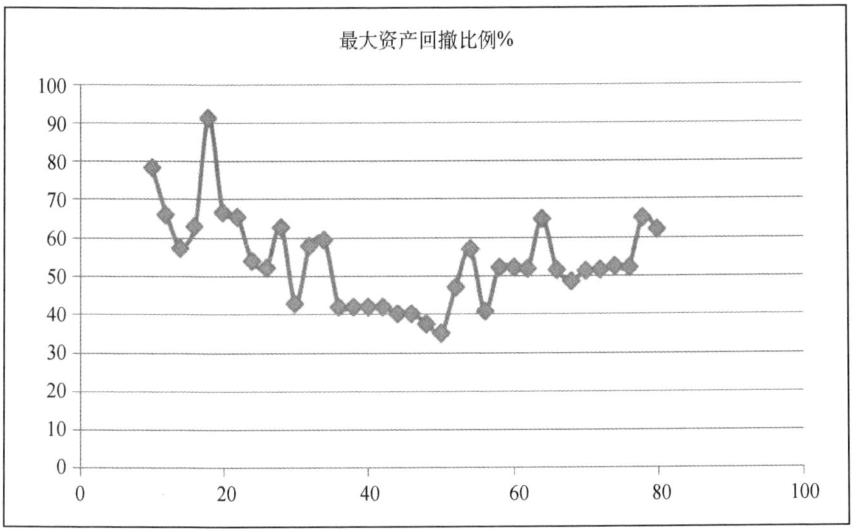

图 5-5　双移动均线交叉交易策略最大回撤与长周期参数的优化曲线图
（以 PTA 为例）

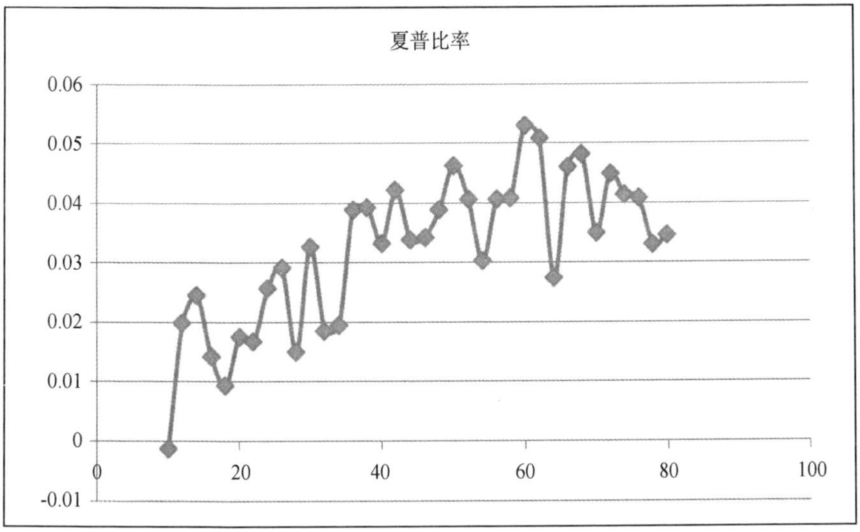

图 5-6　双移动均线交叉交易策略夏普比率与长周期参数的优化曲线图
（以 PTA 为例）

5.2 投资组合净盈利与交易周期优化测试

单品种测试结果无法分辨出清晰的商品总体运行时间周期，或者说不同品种有不同的时间周期，单一品种无法反映市场整体价格运行周期。因此，有必要在投资组合下，测试期货市场在整体上是否有比较适合的时间周期（实际交易时可以针对不同交易品种设置不同的时间周期参数，但存在过度优化嫌疑）。

投资组合测试选择的品种是所有 5 年交易数据的品种，测试时间从 2008 年 8 月 1 日至 2013 年 8 月 1 日，起始资金为 50 万/品种，2.5 倍杠杆率，没有止损。

图 5 - 7 为双移动均线交叉交易策略的投资组合净盈利与长周期参数优化的曲线图。

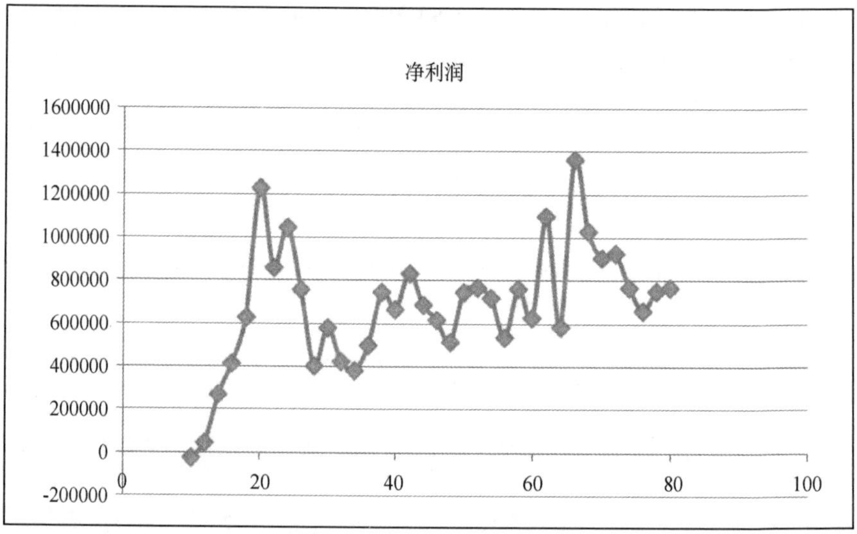

图 5 - 7　双移动均线交叉交易策略投资组合净盈利和长交易周期参数优化曲线图

双移动均线交叉交易策略的投资组合盈利在长时间周期为 20～80 日区间内表现都还不错。仅从盈利的角度来看，并不存在所谓精确的价格运行周期。

2%反转交易策略的测试情况，其投资组合盈利与长周期参数优化的曲线图如图 5 - 8 所示。

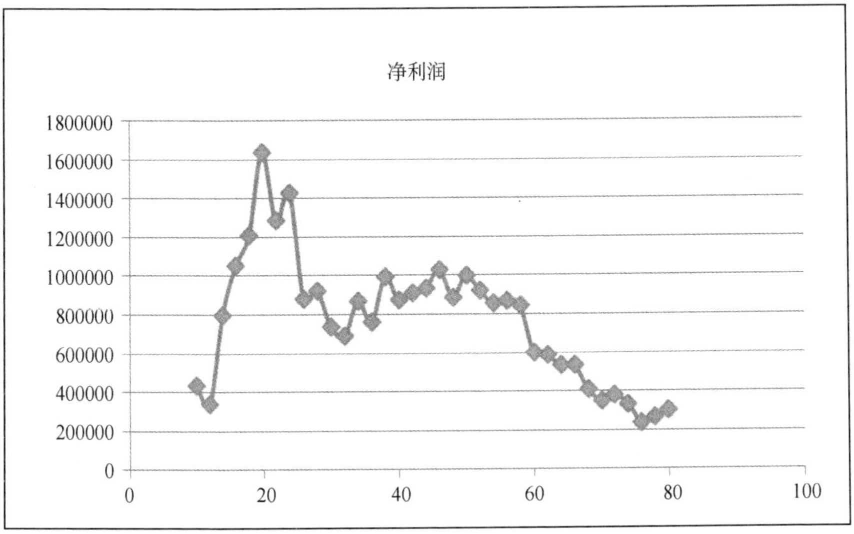

图 5-8 2%反转交易策略的投资组合净盈利与长周期参数优化曲线图

仅从净盈利来考察，2%反转交易策略在长时间周期范围为 20～60 日之间表现较好。长时间周期 60～80 日之间时，收益明显下降。而 SMA（5，20）双均线交叉交易策略仍然保持稳定，仅从这一点来看，2%反转交易策略的盈利稳定性也比 SMA（5，20）双均线交叉交易策差。

通过对双移动均线交叉交易策略与 2%反转交易策略的比较，得出不同的交易策略的时间周期优化表现各有特点，这是由时间参数在交易策略中的不同作用造成的。

5.3 投资组合盈利效率与交易周期优化测试

从 5.1 和 5.2 两节的测试结果来看，双移动均线交叉交易策略对于日 K 来说，10～80 日为重点测试周期区域，小于 10 日与短周期太接近，大于 80 日的最优周期也有可能存在，但已经落入到更大的时间框架中，这里不予讨论。关于时间框架将在 5.5 节进行研究。

下面来测试研究投资组合盈利效率和交易周期的关系。

投资测试选择具有 10 年历史交易数据的所有商品期货品种，测试时间从 2004 年 4 月 9 日至 2014 年 4 月 9 日，起始资金为 50 万/品种，2.5 倍杠杆率，2%价格不利变动止损。

双移动均线交叉交易策略的长周期优化测试结果如图 5 - 9 和图 5 - 10 所示，曲线为各时间周期与盈利效率的散点连线，黑色线为 3 个数据的平均移动线。

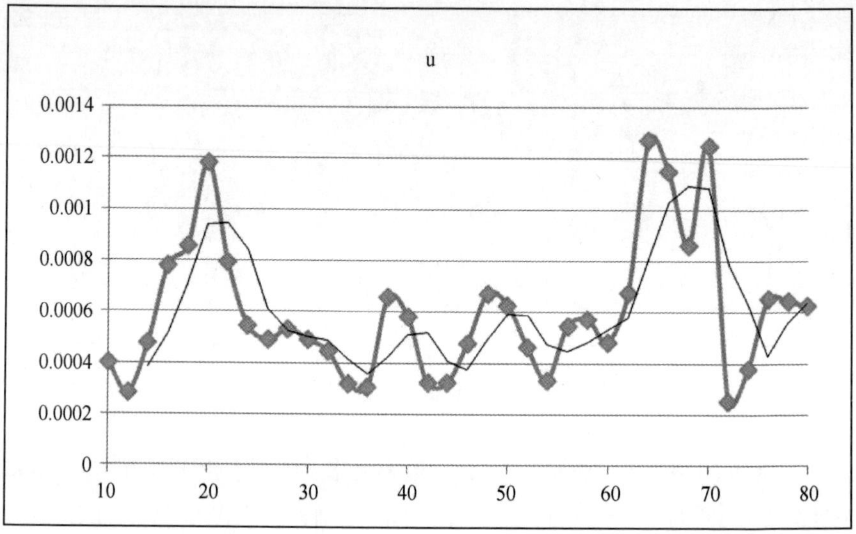

图 5 - 9　双移动均线交叉交易策略的投资组合平均收益和长周期参数优化曲线图

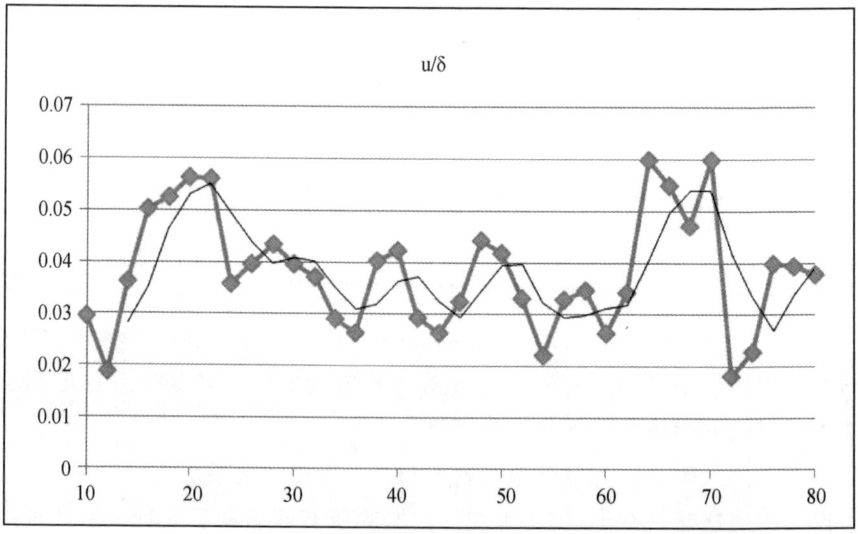

图 5 - 10　双移动均线交叉交易策略的投资组合盈利效率和长周期参数优化曲线图

通过测试可以得出以下结果：

(1) 存在两个盈利效率较高的时间周期参数点，盈利或盈利效率比其他周期要高，分别是20日和66日。

(2) 盈利和盈利效率的曲线表现基本一致。

(3) 双移动均线交叉交易策略在所有测试周期上都是盈利的，且最高和最低相差并不是太大，相对稳定。

(4) 应该选择长周期，还是短周期呢？这个可能与个人选择有关，由于66日线已经落入季K的时间框架内，对于普通交易者来说显得过长。更长的时间周期价格不利变动范围就越大，交易者可能难以忍受，因此选择短周期(20日)似乎是更好的选择。

将长时间周期固定为20日均线，优化短周期参数，测试结果如图5-11和图5-12所示。

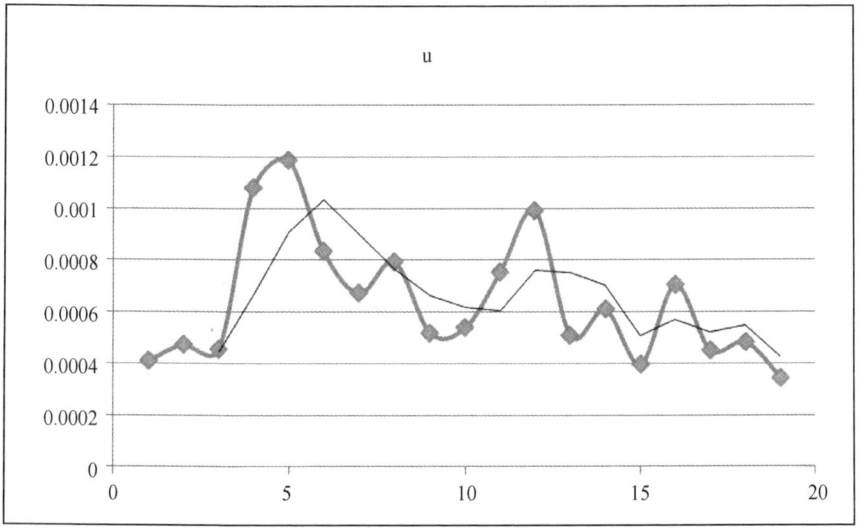

图5-11 双移动均线交叉交易策略投资组合的每日平均收益和短时间周期参数优化曲线图

通过测试可以得出以下结果：

(1) 短周期5日为明显较优的短时间周期参数。

(2) 盈利和盈利效率的曲线表现基本一致。

(3) 双移动均线交叉交易策略在所有测试周期上都是盈利的，且相对

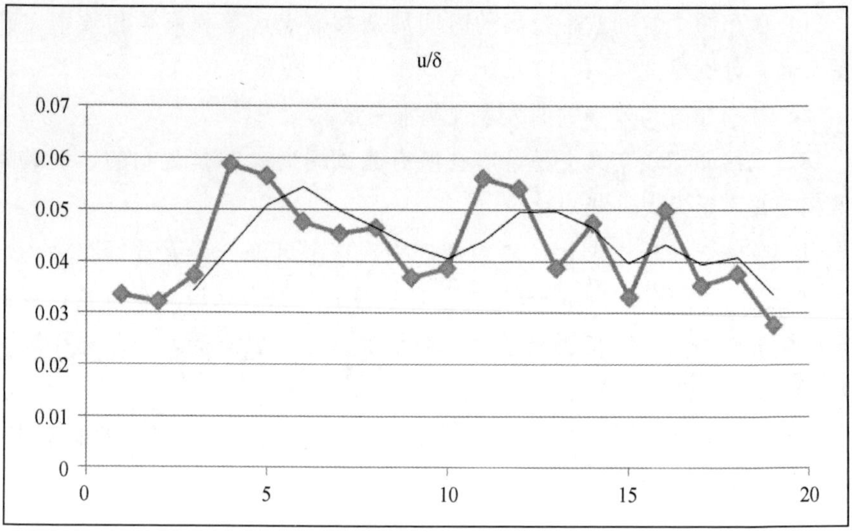

图 5-12　双移动均线交叉交易策略投资组合的盈利效率和短时间周期参数优化曲线图

稳定。

综合长、短周期的优化测试结果，对于双移动均线交叉交易策略来说，短和长时间周期参数组合（5 日、20 日）可能是最优的时间参数选择。当然，这里的测试结果只表示过去 10 年历史数据中部分品种所组成的投资组合的最优结果，在实际系统中运行是否最优，不得而知。

目前为止，时间参数优化采用的是先单独优化长周期参数后再优化短周期参数的办法，这是一种线性的处理方法（即单点法），优点是方便计算。如果两个时间参数同时进行优化，则短周期有 20（1～19）个值、长周期有 71（10～80）个值，一共 19×71 个参数组合（此处需要考虑长时间周期参数小于短时间周期参数的组合），需要对每一个组合进行测试，而且每个参数组合都需要测试投资组合中的多个品种，计算工作量非常巨大（对于笔者的计算机能力而言），呈现的结果也难以评估。另外，遗憾的是 Trade Blazer 只显示 100 个最优参数组合，因此必须对参数做适当的裁减，将参数优化组合的数目缩减到 100 以下。本节在下面的测试中选择短周期时间参数为（3，5，7，9，11，都是奇数）和长周期时间参数（12～60，以 3 递增，即 12，15，…，60）为参数组合，投资组合选择（A，Al，C，CF，CU，M，RU）7 个品种，再进行测试，看使用网格法的时间周期优化效果是否和单点法的测试结论一致。

下面我们来试一下两个时间参数排列组合的测试结果，因为盈利和盈利效率表现基本一致，这里只看盈利的表现情况。测试结果用曲面图呈现，如图 5-13 所示。

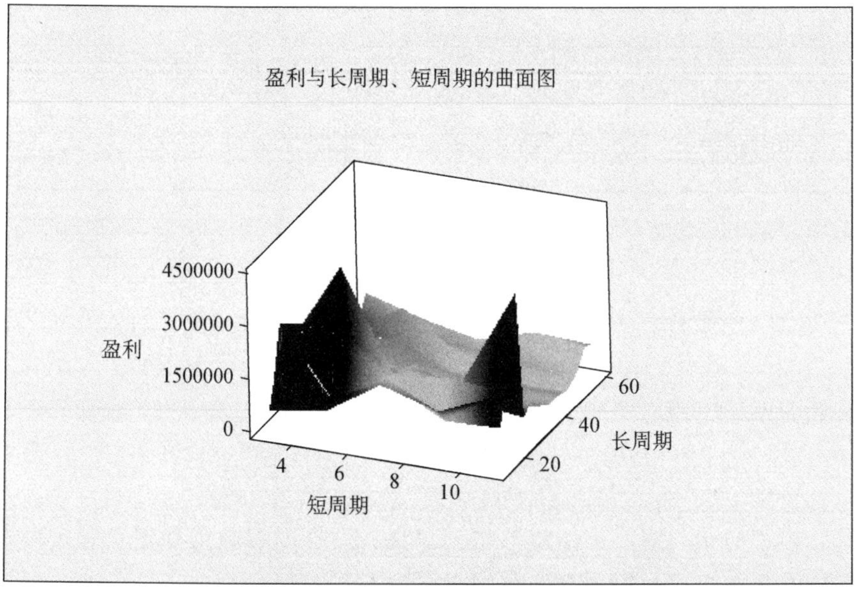

图 5-13 双移动均线交叉交易策略投资组合的盈利与长、短周期参数组合的曲面图

测试结果用等值线图呈现，如图 5-14 所示。

从等曲线与等值线图非常容易看出，最优参数集中在（5，20）附近，与单点法测试结果一致。

需要注意的是，在参数优化时要防止对参数优化的过度拟合。

参数优化中一个重要的原则就是要争取参数高原而不是参数孤岛。

参数高原，是指存在着一个较宽的参数范围，模型在这个参数范围内都能取得较好的效果，一般会以高原的中心形成近似正态分布状。

参数孤岛，是指只有在参数值处于某个很小的范围内时，模型才有较好的表现，而当参数偏离该值时，模型的表现便会显著变差。

以图 5-12 为例，参数高原集中在（5，20）附近，而右上侧则存在两个数据孤岛。好的参数分布应当是参数高原分布形态，即使当参数的设置有所

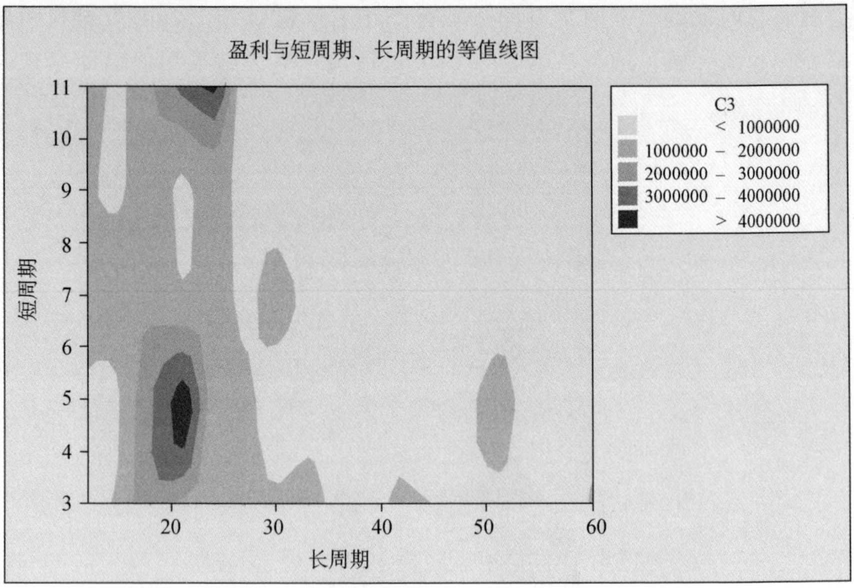

图 5-14　双移动均线交叉交易策略投资组合盈利与长、短周期参数组合的等值线图

偏移，模型的获利绩效依然能够得到保证。这样的参数因稳定性强，可以使得模型在未来实战中遇到各类行情时，具有较强的应变能力。但是，如果遍历参数后的绩效结果，如参数孤岛示意图，当参数发生小的偏移时，模型的获利绩效就发生较大变动，那么这样的参数因适应性能差，往往难以应对实际交易中变化多端的市场环境。一般来说，如果附近参数的性能远差于最优参数的性能，那么这个最优参数很有可能是一个过度拟合的结果，在数学上认为是奇点解，而不是所要寻找的极大值解。从数学角度来说，奇点是不稳定的，在未来的不确定行情中，一旦市场特征发生变化，最优参数可能会变为最差参数。

过度拟合与选取的样本有关系，如果选取的样本不能代表市场总体特征，只是为了使测试结果达到正的期望值而去调整参数，这种做法无疑是自欺欺人，所得到的参数值是过度拟合的无效参数值。过度拟合与参数优化的主要矛盾在于模型参数优化得到的最优参数只是建立在已经发生过的历史数据样本上，而未来的行情是动态变化的，与历史行情相比既有相似性，也有变异性。模型设计者可以找到模型在历史上表现最好的参数，但是这个参数在未来模型实际应用中未必表现最好，更有甚者历史上表现最好的模型参数，在未来模型实战中可能是表现很糟糕的参数，甚至带来大幅亏损。比如，筛选出了一个能抓住历史上一波大行情的一个参数，但设置这样参数值的模型，并不意味着模型在未来实战中也能有如此好的表现，这个历史上较佳的参数值可能在未来模型的应用中没有起到任何作用。

此外，参数高原与参数孤岛往往还与交易次数存在较大关系。如果模型的交易次数较少，往往能找到一个合适的参数点，使得模型在这几次交易中都盈利，这种参数优化后的模型获利体现出较强的偶然性。如果模型的交易次数较多，模型获利的偶然性就会下降，更多地体现出获利的必然性和规律性，也就会存在一个参数高原。而这种参数优化模型才是进行参数优化的目的所在。

总之，在构建程序化交易模型时，一方面可以通过参数优化改进模型，让模型更好地适应价格波动的模式，提高投资收益，另一方面又要防止对参数优化的过度拟合，导致模型对行情变化适用性的大幅降低。

5.4 自适应周期

在 Perry J. Kaufman 著、江宁译的《精明交易者》一书中提到一种更聪明的趋势跟踪，即时间周期是变化的。在价格快速变动时选择较短周期，以便跟上价格快速变动的节奏；价格变动缓慢时，选择较长周期，这样可以避免不必要的虚假交易信号。该书中考虑两种价格运动特征，即价格变化的速度以及关联的躁声变量。定义了一个值，即效率系数，并使用效率系数来调整周期值。时间周期随着价格变化速度的变化而变化，因而是自适应的。

效率系数定义为净价格变动/总的价格运动。可以认为是价格的方向和波动性的比率。值越大，变动越快，取值的范围是 0～1.0，0 表示价格运动非常嘈杂，没有趋势。数值 1 表示价格变动方向高度一致（单边行情）。

计算方法如下：

步骤 1：价格方向，例如使用 n 天的间隔。

Direction＝price［0］－price［n］；

步骤 2：计算波动性，反映价格在这一段时间内的取值程度。

Volatility＝abs（price［n］－price［n－1］）＋abs（price［n－1］－

price [n−2])

+…+abs (price [1] −price [0]), //abs 为求绝对值

即这计算时间段内所有价格变化绝对值的总和；

步骤 3：效率系统为方向除以躁声。

(Effiency _ Ration) =Direction/Volatility,

步骤 4：计算趋势时长，选择 2、30 作为交易周期范围，则

Fastest=2/ (N _ shortest−1) =2/ (30+1) =0.0645

Slowest=2/ (N _ longest+1) =2/ (2+1) =0.6667

Smooth=ER * (Fastest−slowest) +slowest

c=smooth * smooth=

AMA=AMA [1] +c * (price−AMA [1])

可以理解 c 是一个系数，在 slowest 和 fastest 周期范围内对时间周期进行调整。

实际效果如何？图 5－15 是品种铜的双移动均线交叉交易策略的交易信号 K 线图，图 5－16 是品种铜的自适应周期交易策略的交易信号 K 线图。单从图形和交易信号来看，若自适应周期弄乱了长周期流畅稳重的趋势曲线，则测试结果适得其反。

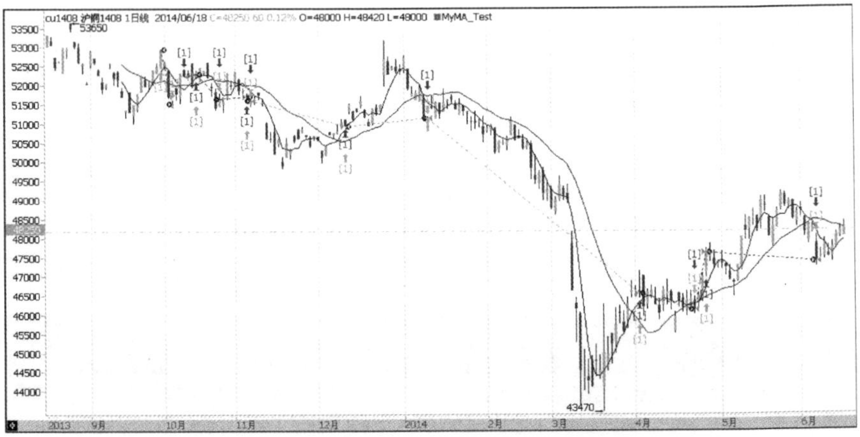

图 5－15 双移动均线交叉交易策略的交易信号 K 线图

图 5-16 自适应周期交易策略的交易信号 K 线图

下面以铜为例进行品种测试，测试时间从 2004 年 4 月 9 日至 2014 年 4 月 9 日，起始资金为 50 万，2.5 倍杠杆率，2%的价格不利变动止损，为了减少手续费对系统结果的影响，将手续费设置为 0。测试结果如表 5-1 所示。

表 5-1 自适应周期交易策略与双移动均线交叉交易策略对比（以铜为例）

交易策略	平均值	标准差	平均值/标准差
双移动均线交叉交易策略	0.001711	0.031765	0.054
自适应周期交易策略	−0.000941	0.029751	−0.032

很遗憾，本来以铜为例双移动均线交叉交易策略是盈利的，但采用自适应周期后反而亏损了。是因为随意选择作为单品种测试的铜很特殊，不合适自适应周期吗？

我们再看看投资组合的测试情况。测试设定具有 10 年历史数据的所有商品期货品种，每一交易品种起始资金为 50 万，交易头寸规模为 2.5 倍资金杠杆/单位商品价值，止损为 2%的价格不利变动，佣金设置为成交金额的 3%，测试时间从 2004 年 3 月 18 日至 2014 年 3 月 18 日。测试结果如表 5-2 所示。

表 5-2 自适应周期交易策略与双移动均线交叉交易策略对比（投资组合）

交易策略	平均值	标准差	平均值/标准差
双移动均线交叉交易策略	0.000840	0.020491	0.041
自适应周期交易策略	−0.000528	0.010887	−0.048

投资组合情况下，自适应周期交易策略也是亏损的，因此简单才是最好，所谓的自适应周期还不如简简单单的移动均线。

5.5 时间框架（日内、短线、中线或长线）

时间框架是交易者非常关注，也是非常重要的一个问题，应该选择高频、日内、短线、中线或长线中哪一个时间框架进行交易涉及相当多因素的考量，这里我们进行一个简单的测试。

考虑到笔者电脑性能以及有效历史数据可用性等因素，测试时间框架选择为 5 分钟 K、15 分钟 K、30 分钟 K、时 K、日 K、周 K 进行测试，对于短于 5 分钟 K 和长于周 K 的时间框架不予考虑。

测试品种是所有 10 年交易数据的品种，测试时间 2004 年 4 月 9 日至 2014 年 4 月 9 日，起始资金为 50 万/品种，2.5 倍杠杆率，2%价格不利变动止损。为了减少手续费对系统结果的影响，将手续费设置为 0。

图 5-17 为双移动均线交叉交易策略在不同时间框架上的累计盈利柱状图。

图 5-18 为 SMA 双均线交叉交易策略在不同时间框架上盈利效率柱状图。

同样的 10 年测试时间，不同的时间框架对于盈利和盈利效率的影响，表现出明显的规律（时 K 是个例外），大概来说：

（1）时间框架越短，盈利越少。

（2）时间框架太长，如周 K，可能因为交易机会的减少，盈利有所下降，但盈利效率上升。

（3）除了时 K 这一特殊情况外，无论盈利和盈利效率都有随时间框架增大呈增长的趋势。

（4）这里还没有考虑任何手续费，如增加手续费，则越短时间框架交易

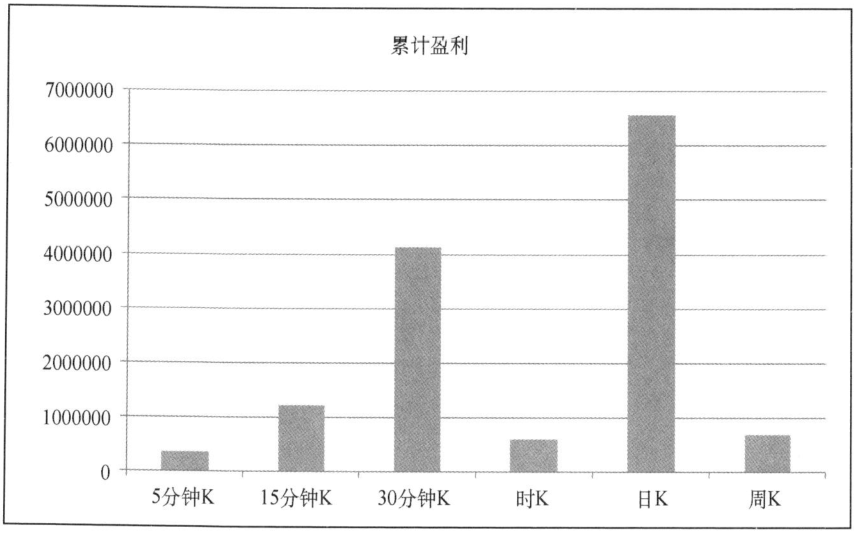

图 5-17 不同时间框架的盈利对比

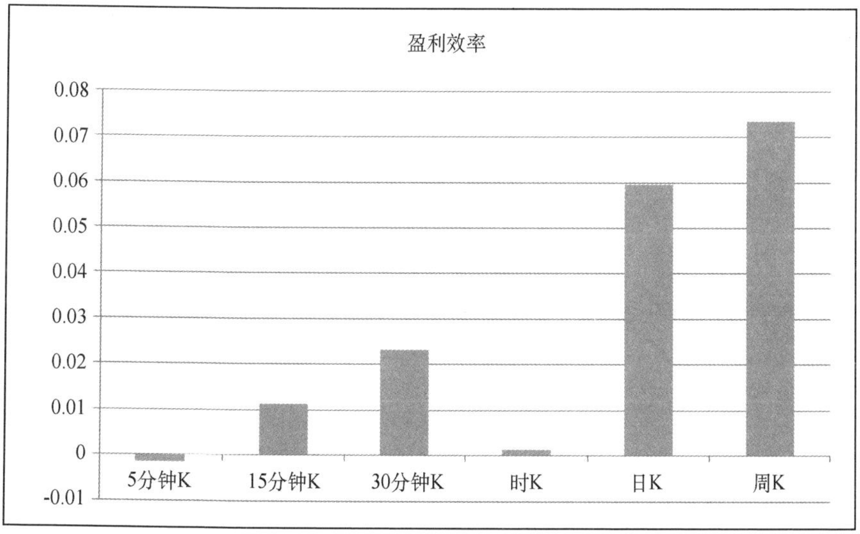

图 5-18 不同时间框架的盈利效率对比

次数越多，盈利情况则越不利。

很多交易者喜欢日内交易，从时间框架的测试结果来看，并不支持这么做。散户不愿意持仓过夜主要原因可能是担心价格隔夜跳变，其实日内交易也存在大量的跳变，价格变动的不确定性在任何时间维度上都存在，通过在日内短时间框架下交易，甚或采取盯盘的方式来避免价格突变是不可能的。降低风险的正确方式是降低杠杆或必要的控制手段（见第七章）以及使用VaR实时控制交易风险（见第十章）。

这里引入一个话题，交易者是根据自己个性选择交易策略，还是根据交易策略改变自己的交易行为？在交易领域，这类话题可能没有唯一的答案。但正确的做法是，这种适合自己的交易方法应该能禁得起各种各样的回测。

5.6 总结

无论采用时间参数先单独优化长周期参数后优化短周期参数的办法（单点法），还是采用不同时间参数组合的方法（网点法），双均线交叉交易系统的优化测试结果表明，参数（5，20）是比较好的选择。

所谓的自适应周期，测试结果并不好。交易策略应该坚持简单就是美。

时间框架的测试结果表明，交易者应该选择在日K时间框架上进行交易，较短的时间框架并不一定带来更多的交易机会，相反，更多是的佣金成本。

第六章 止 损

截断亏损，让盈利奔跑！

——华尔街谚语

交易者入场交易时被市场震出的概率很高，作为控制交易风险的重要手段，本章专门讨论入场止损，包括是否需要止损，什么时候止损，采用什么止损方法，不同交易策略是否有更适合的止损方法以及止损对交易策略的影响等，所有这些问题通过本章的量化测试来寻找答案。

本章考虑两种止损计算方法：①百分比止损，无论价格变动方向如何，只要与交易方向相反，不利变动达到2%即止损，比较机械；②采用ATR的计算方法，希望能根据市场价格的实时变动来设置止损点位。

不同交易策略配合不同的止损方法效果可能不同，因此本章测试了双移动均线交叉交易策略和2%反转交易策略搭配百分比止损和ATR止损方法。

6.1 单个品种止损测试

6.1.1 SMA（5，20）双移动均线交叉交易策略与百分比止损

以铜为例，这里先测试双移动均线交叉交易策略，测试时间从2008年8月1日至2013年8月1日，通过调整优化百分比止损的比例，观察与交易策略性能之间的变化关系。

根据经验，百分比止损优化测试的比例取值范围为0%～10%。

（1）百分比止损与盈利。

图6-1是SMA（5，20）双移动均线交叉交易策略逐渐增加百分比止损比例的盈利曲线图。

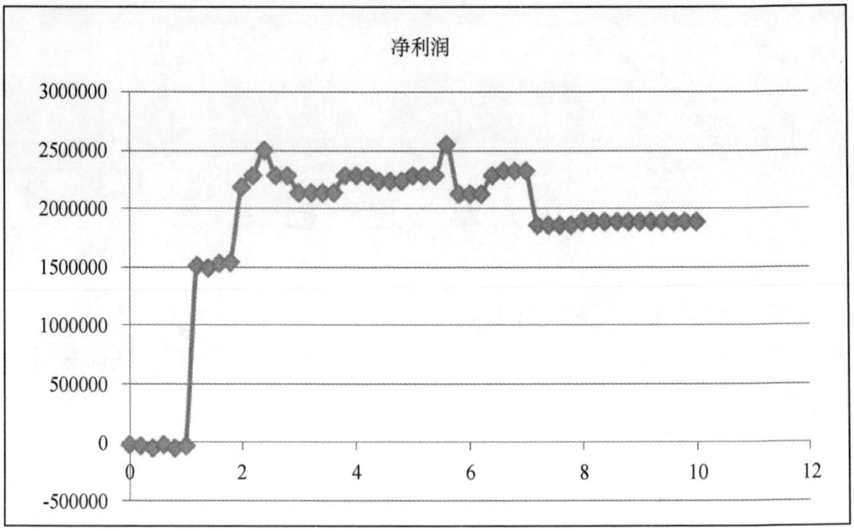

图 6-1　SMA（5，20）双均线交叉交易策略增加百分比入场止损后盈利曲线图

横轴为百分比止损的比例，纵轴为盈利。从图中可以看出，百分比止损比例大于 7%以后，再扩大止损比例已经失去意义，等同没有止损。而止损比例小于 1%时，交易策略总体是亏损的，显然止损不应该设置太紧。总体来看，设置范围 2%～4%为宜。但是也要看到，对于 SMA（5，20）系统来说，即使不止损，其盈利上也不会有明显的后果。

（2）百分比止损与胜率。

图 6-2 是 SMA（5，20）双移动均线交叉交易策略逐渐增加百分比止损比例的胜率曲线图。

显然在 0%～2%的区间，扩大百分比止损比例，胜率先降后升，大约 2.4%后，胜率趋向水平，再扩大百分比止损比例对于胜率没有影响。

（3）百分比止损与夏普比率。

图 6-3 是 SMA（5，20）双移动均线交叉交易策略逐渐增加百分比止损的夏普比率曲线图。

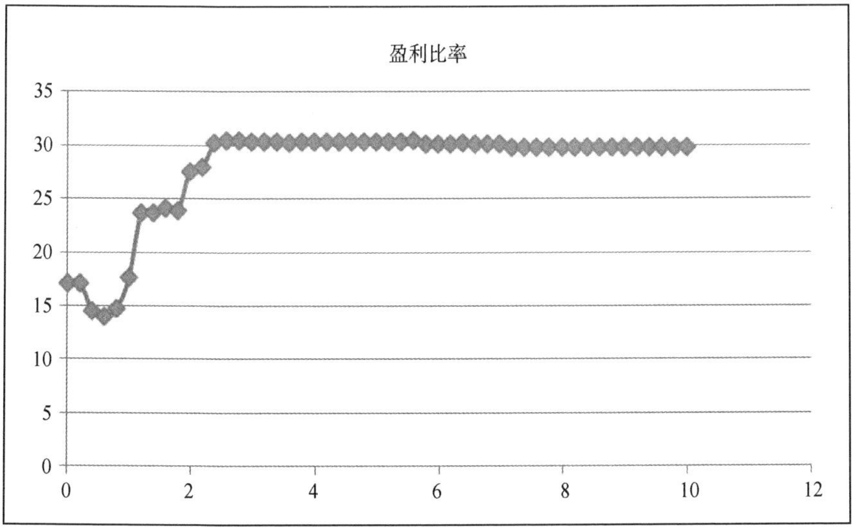

图 6-2 SMA（5，20）双均线交叉交易策略增加百分比入场止损后盈利比率曲线图

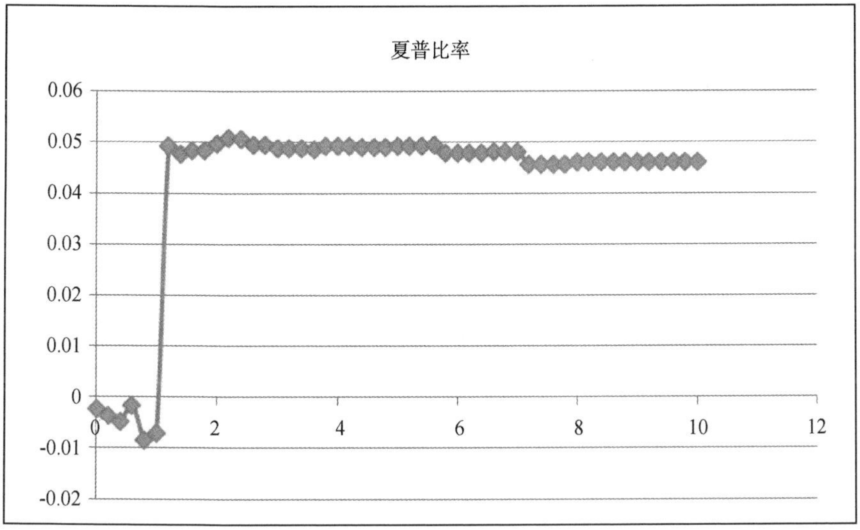

图 6-3 SMA（5，20）双均线交叉交易策略增加百分比入场止损后夏普比率曲线图

百分比止损比例在1%左右时，夏普比率有个跳变，随后略微下降并趋于平稳。因此，百分比止损设置不能太紧，否则可能会破坏系统的盈利能力。

（4）百分比止损与最大回撤比率。

图6-4是SMA（5，20）双移动均线交叉交易策略逐渐增加百分比止损比例的最大回撤比率曲线图。

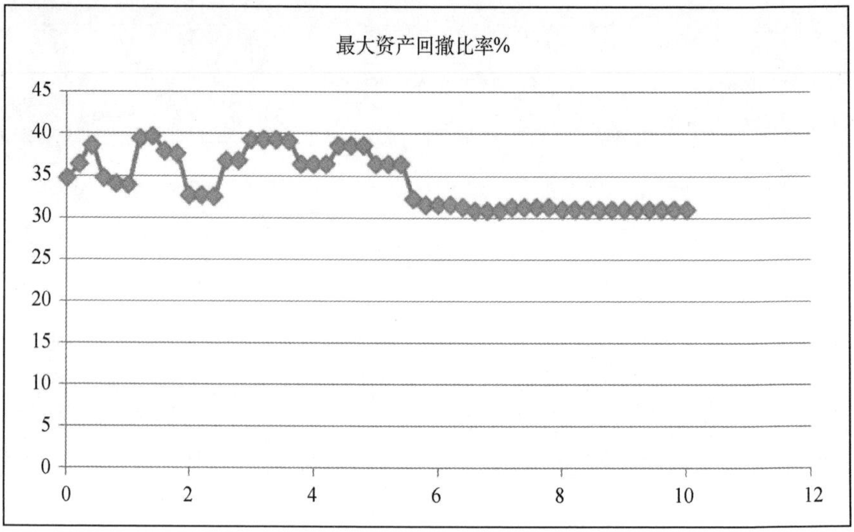

图6-4　SMA（5，20）双均线交叉交易策略增加百分比入场止损后最大回撤比率曲线图

从测试结果来看，百分比止损比例在0%～6%时对于最大回撤比率没有明显的影响。大约6%以后，似乎略有改善。

6.1.2　2%反转交易策略与百分比止损

以铜为例测试2%反转交易策略，测试时间从2008年8月1日至2013年8月1日，通过调整百分比的价格不利变动止损的比例，观察百分比止损比例与交易策略性能之间的变化关系。

（1）百分比止损与盈利。

图6-5是2%反转交易策略逐渐增加百分比止损比例的盈利曲线图。

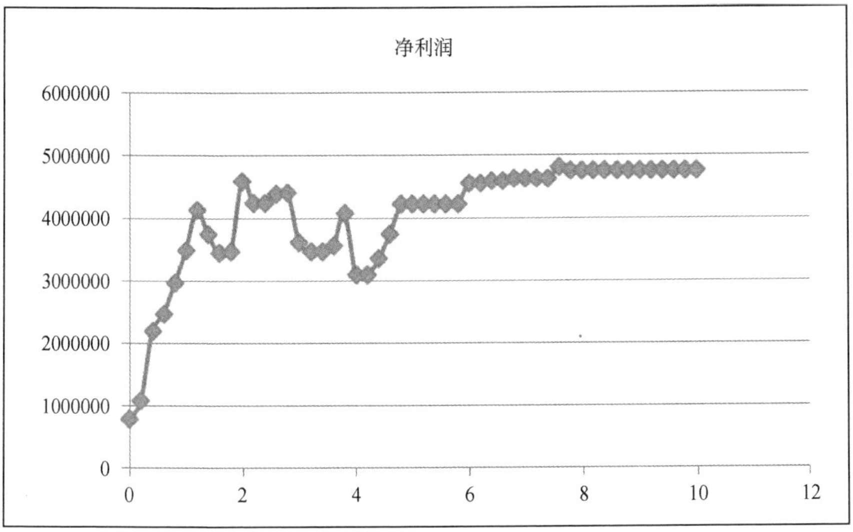

图 6-5 2%反转交易策略逐渐增加百分比入场止损后盈利曲线图

横轴为止损百分比比例，纵轴为盈利。止损百分比大于 8%以后，盈利趋于平稳，扩大止损比例已经基本失效，等同没有止损。止损比例在 0%～2%区间时，止损比例越小，盈利也越小，显然止损不应该设置太紧。综合考虑，设置为 2%比较适合。但是我们也看到，对于 2%反转交易策略，不止损也不会带来盈利的减少。

（2）百分比止损与胜率。

图 6-6 是 2%反转交易策略逐渐增加百分比止损比例的胜率曲线图。

扩大百分比止损比例可以提高盈利比率，大约在 4%以后基本失效。

（3）百分比止损与夏普比率。

图 6-7 是 2%反转交易策略逐渐增加百分比入场止损比例的夏普比率曲线图。

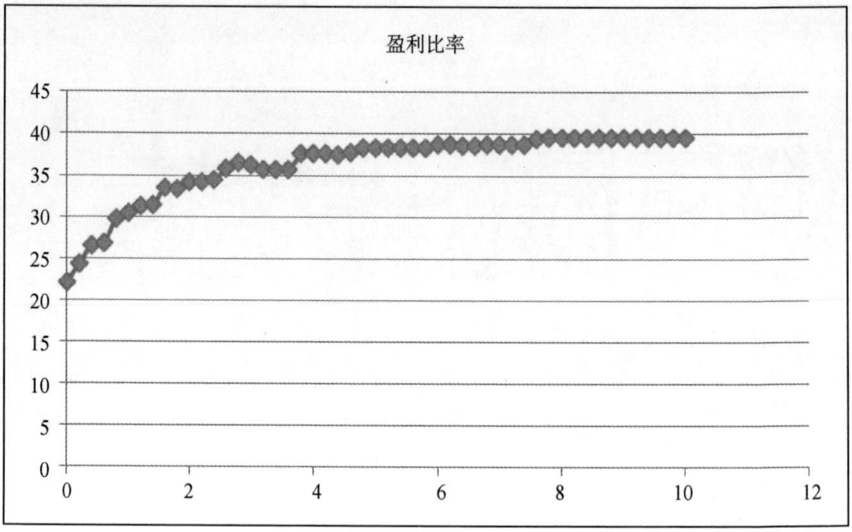

图 6－6　2％反转交易策略增加百分比入场止损后盈利比率曲线图

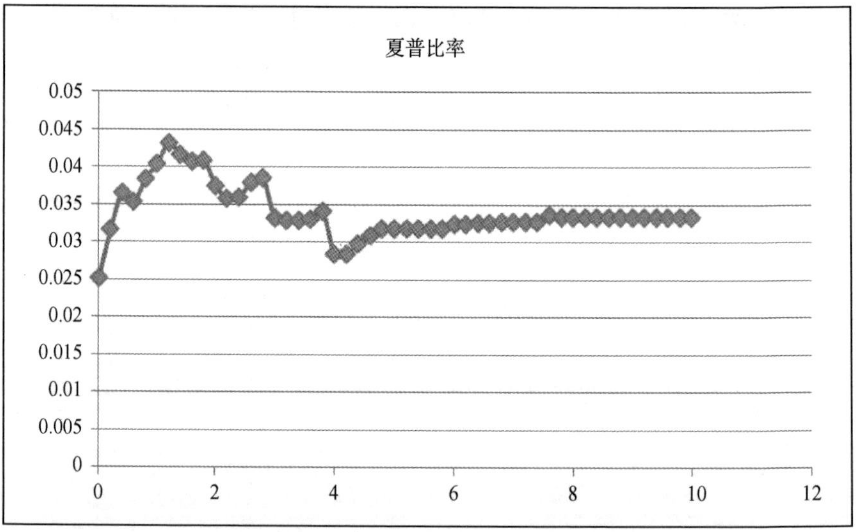

图 6－7　2％反转交易策略增加百分比入场止损后夏普比率曲线图

随着止损比例的增大，夏普比率开始逐渐上升，在1.2%时达到最大值，后逐渐下降。4%以后基本失效。

（4）百分比止损与最大回撤比率。

图6-8是2%反转交易策略逐渐增加百分比入场止损比例的最大回撤比率曲线图。

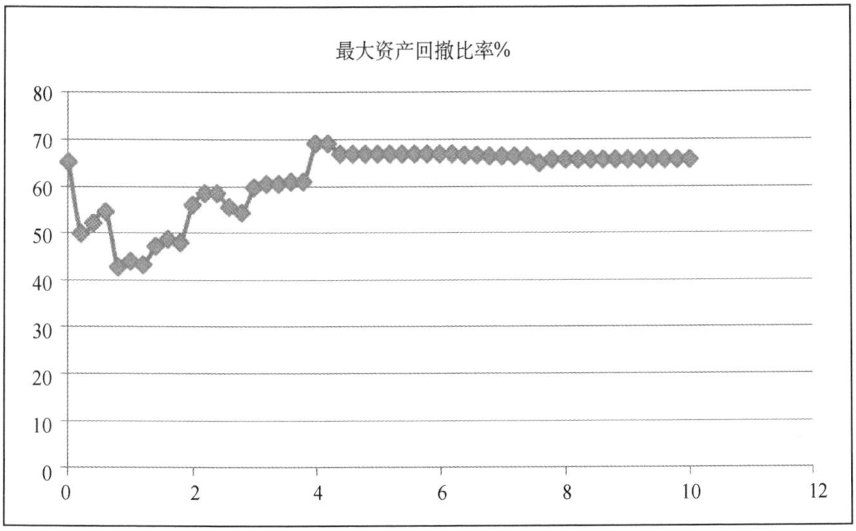

图6-8 2%反转交易策略增加百分比入场止损后最大资产回撤比率曲线图

从2%反转交易策略在铜上的测试表现来看，止损意义比较明显，虽然降低了盈利，但是最大回撤有所下降，且夏普比例有所提高。

6.1.3 SMA（5，20）交易策略与波动性止损

（1）波动性止损与盈利。

图6-9是SMA（5，20）双均线交叉交易策略逐渐增加波动性止损比例的盈利曲线图。

横轴为止损N×ATR，其中N为倍数。纵轴为盈利，从上图来看，增加波动性止损对于净盈利的影响是不确定。

（2）波动性止损与胜率。

图6-10是SMA（5，20）双均线交叉交易策略逐渐增加波动性入场止损比例的胜率曲线图。

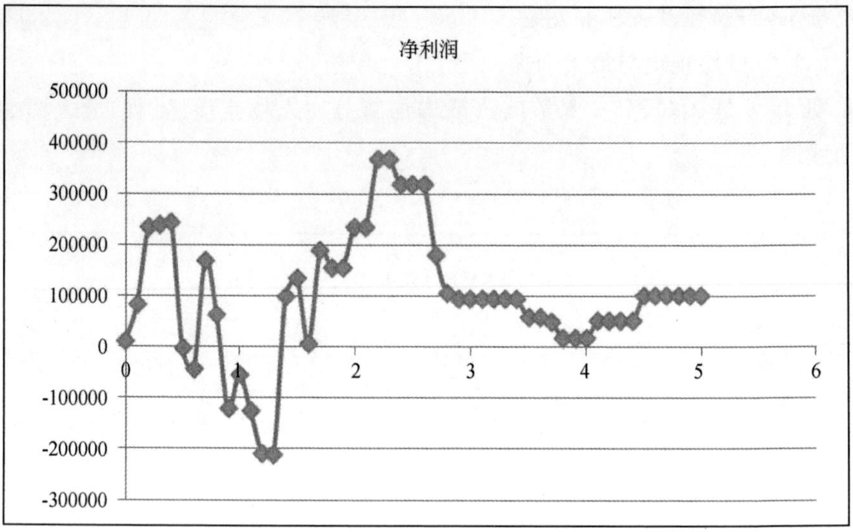

图 6-9　SMA（5，20）双均线交叉交易策略增加波动性入场止损后盈利曲线图

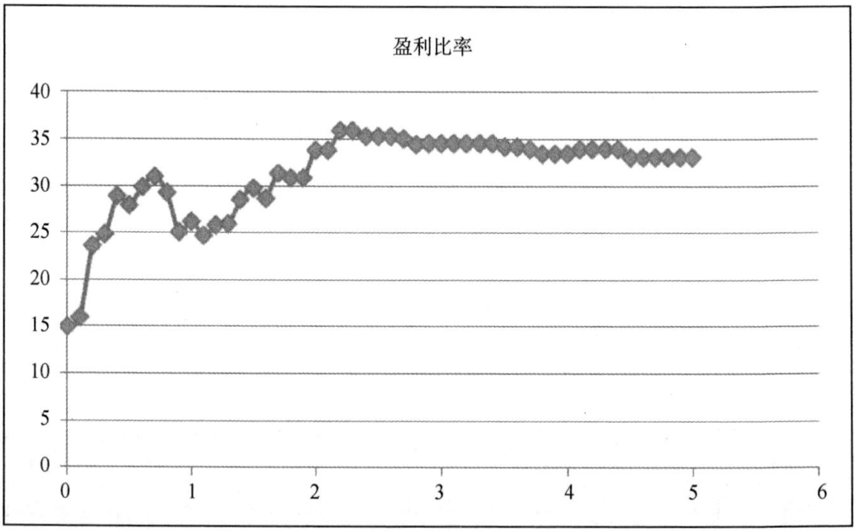

图 6-10　SMA（5，20）双均线交叉交易策略增加波动性入场止损后盈利比率曲线图

显然，在0～2×ATR的区间，扩大止损比例可以提高胜率，大约2.4×ATR后，胜率趋向水平，再扩大止损比例对于胜率没有影响。

(3) 波动性止损与夏普比率。

图6-11是SMA（5，20）双均线交叉交易策略逐渐增加波动性入场止损比例的夏普比率曲线图。

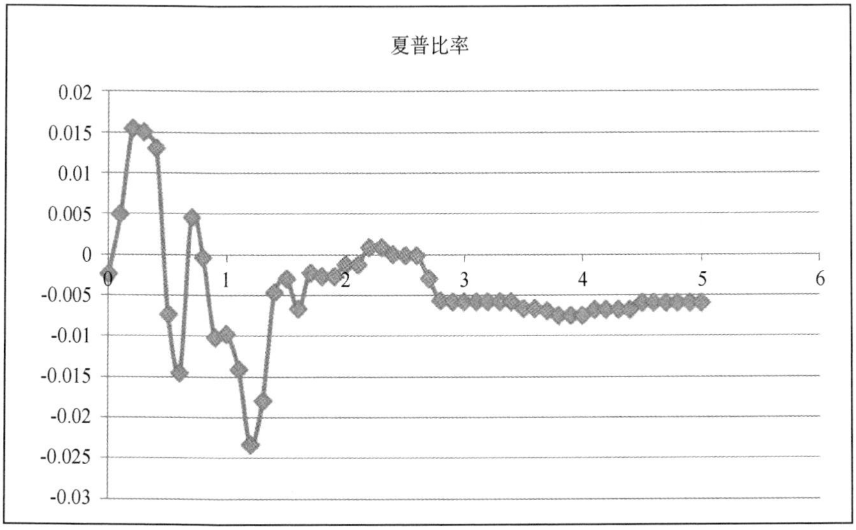

图6-11 SMA（5，20）双均线交叉交易策略增加波动性入场止损后夏普比率曲线图

SMA（5，20）双均线交叉交易策略增加波动性入场止损后，夏普比率的变动极为不稳定。从测试结果来看，波动性止损似乎破坏了SMA（5，20）的稳定性。

(4) 波动性止损与最大回撤比率。

图6-12是SMA（5，20）双均线交叉交易策略逐渐增加波动性止损比例的最大回撤比率曲线图。

增大波动性止损的比例，最大资产回撤比率趋于扩大，在1×ATR后趋向稳定。

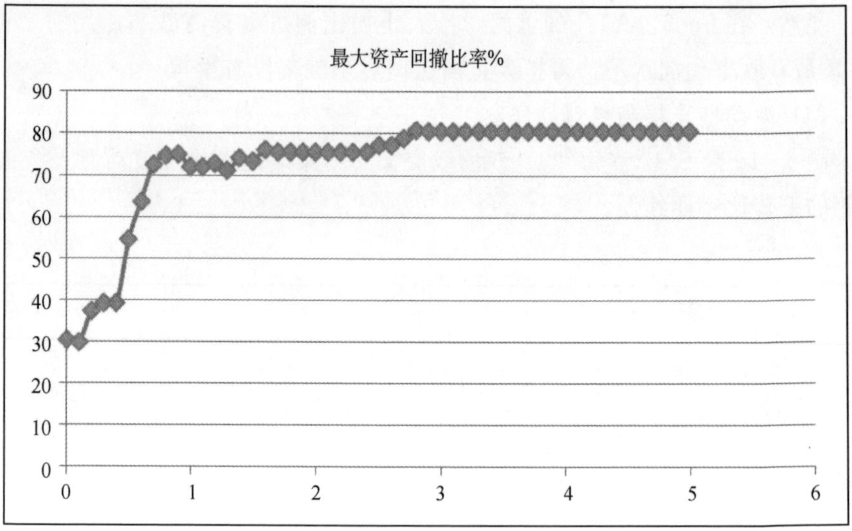

图 6－12　SMA（5，20）双均线交叉交易策略增加波动性入场止损后最大回撤比率曲线图

6.1.4　2%反转交易策略与波动性止损

（1）波动性止损与盈利。

图 6－13 是 2%反转交易策略逐渐增加波动性止损比例的盈利曲线图。

横轴为止损 N×ATR，其中 N 为倍数，纵轴为盈利。从图中来看，随着波动性止损扩大，净盈利趋于增加。

（2）波动性止损与胜率。

图 6－14 是 2%反转交易策略逐渐增加波动性止损比例的胜率曲线图。

随着波动性止损的增大，盈利比率趋于增加。大约在 3×ATR 后，胜率趋向平稳。

（3）波动性止损与夏普比率。

图 6－15 是 2%反转交易策略逐渐增加波动性止损比例的夏普比率曲线图。

2%反转交易策略增加波动性入场止损后，夏普比率变动较大，约在 3×ATR 后趋于稳定。

（4）波动性止损与最大回撤比率。

图 6－16 是 2%反转交易策略逐渐增加波动性入场止损比例的最大回撤比

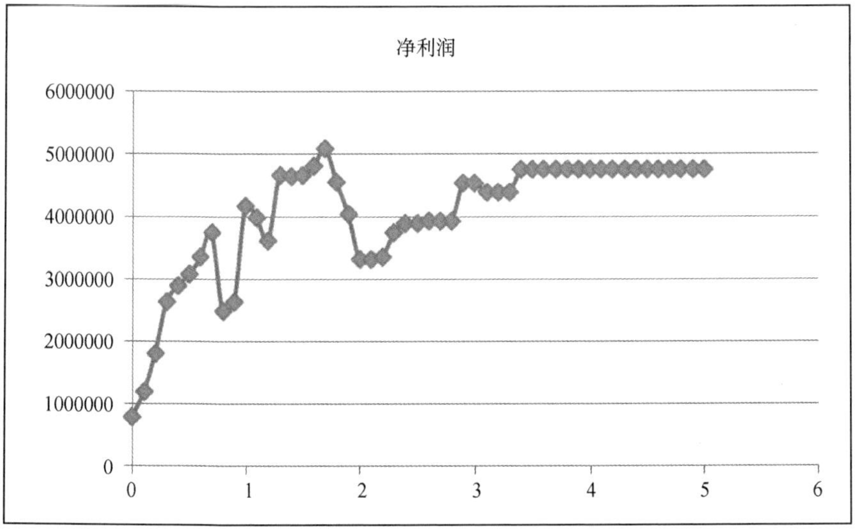

图 6-13 2%反转交易策略逐渐增加波动性入场止损后盈利曲线图

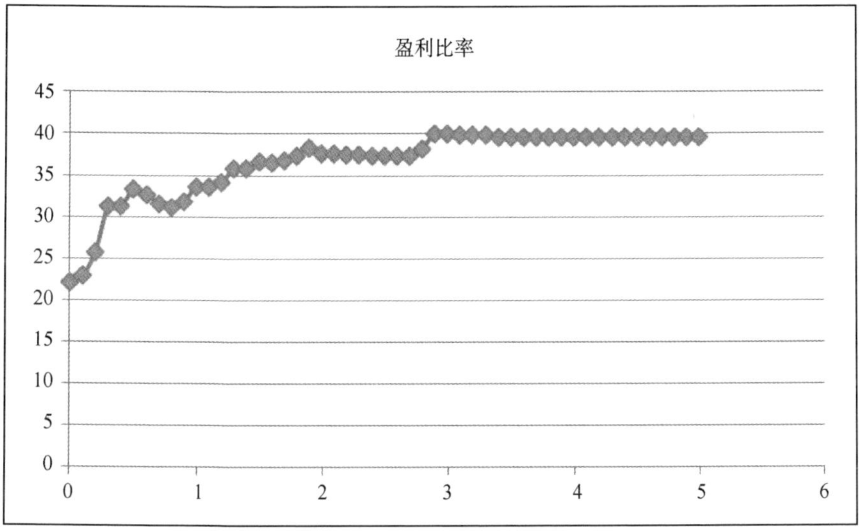

图 6-14 2%反转交易策略逐渐增加波动性入场止损后盈利比率曲线图

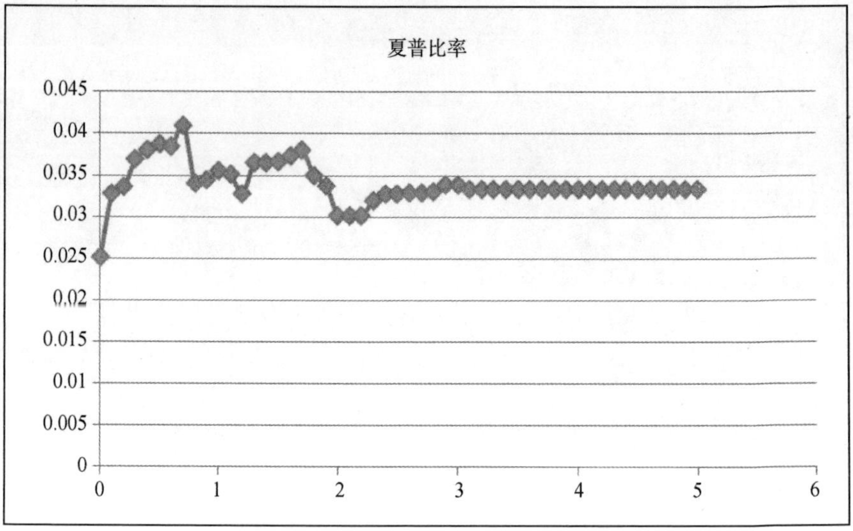

图 6-15　2%反转交易策略逐渐增加波动性入场止损后夏普比率曲线图

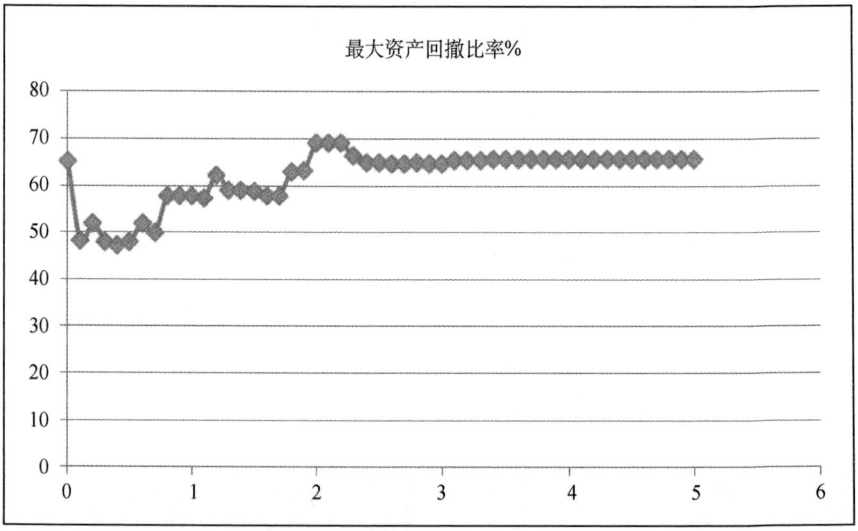

图 6-16　2%反转交易策略逐渐增加波动性入场止损后最大回撤比率曲线图

率曲线图。

随着波动性止损比例的逐渐增大，最大资产回撤比率趋于上升，在 2.2×ATR 后趋向稳定。

6.1.5 单品种止损总结

从单品种铜的测试结果来看：

（1）一般来说，止损降低了交易策略的盈利和胜率，好处是最大回撤比例和夏普比率指标有所改善，显示止损是对收益和风险的折中。意外的是 SMA（5，20）交易策略配合波动性止损，盈利异常波动，需要在投资组合的测试中进一步观察。

（2）止损不易过大或过小，从夏普比率来看，百分比止损点范围为（0.9～2），波动性止损考虑设置为（1～2.5）N，比如选择 1.8N。百分比止损在 6%以后，波动性止损在 3N 以后，止损基本失效。

6.2 投资组合止损测试

6.2.1 SMA（5，20）交易策略

投资组合测试选择的品种是所具有 5 年交易数据的品种，测试时间从 2008 年 8 月 1 日至 2013 年 8 月 1 日，起始资金为 50 万/品种，2.5 倍杠杆率，通过优化止损参数的比例，观察与交易策略性能之间的变化关系。

（1）SMA（5，20）交易策略投资组合盈利与百分比止损。

图 6－17 是 SMA（5，20）双均线交叉交易策略逐渐增加百分比止损比例的投资组合盈利曲线图。

随着百分比入场止损比例的不断增加，投资组合的盈利也不断上升，2.4%左右达到顶峰，然后趋向水平。

（2）SMA（5，20）交易策略投资组合盈利与波动止损。

图 6－18 是 SMA（5，20）双均线交叉交易策略逐渐增加波动性止损的盈利曲线图。

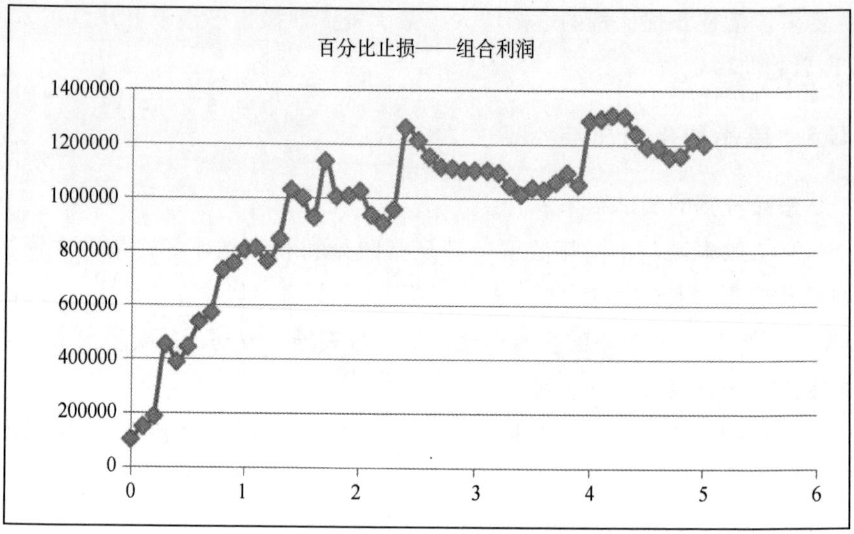

图 6－17　SMA（5，20）双均线交叉交易策略逐渐增加百分比止损比例的投资组合盈利曲线图

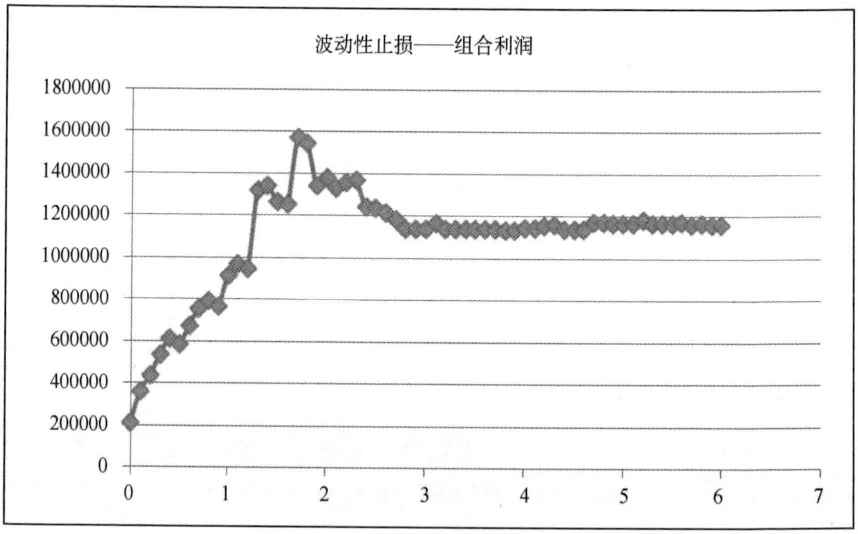

图 6－18　SMA（5，20）双均线交叉交易策略逐渐增加波动性止损的盈利曲线图

波动性止损比例在0～2N之间时，盈利不断上升，1.7N左右达到顶峰，然后开始下降，达到3N后趋向稳定。

（3）SMA（5，20）交易策略的百分比止损与波动性止损的对比。

将百分比止损图6-17的横坐标除以2（经验值），再叠加到图6-18波动性止损的盈利曲线图上，我们可以看到，比较紧的止损比例（<1.4）时，百分比止损较好，但是比较松的止损比例（>1.4）时，波动性止损较差。如图6-19所示。

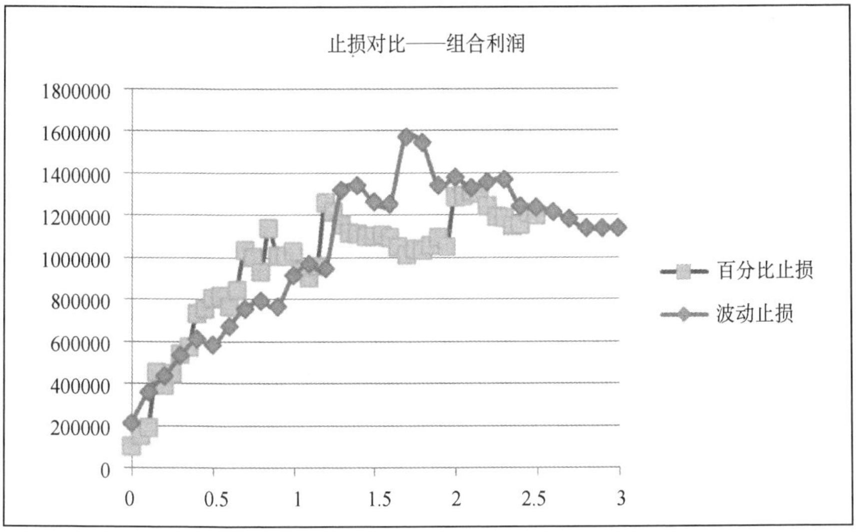

图6-19 SMA（5，20）双均线交叉交易策略增加百分比止损和波动性止损投资组合盈利对比曲线图

图6-20是百分比止损和波动性止损的最大回撤比例测试结果叠加在一起的曲线图。

从最大回撤比例对比图来看，波动性入场止损效果稍好。

图6-21是百分比和波动性止损的夏普比率测试结果叠加在一起的曲线图。

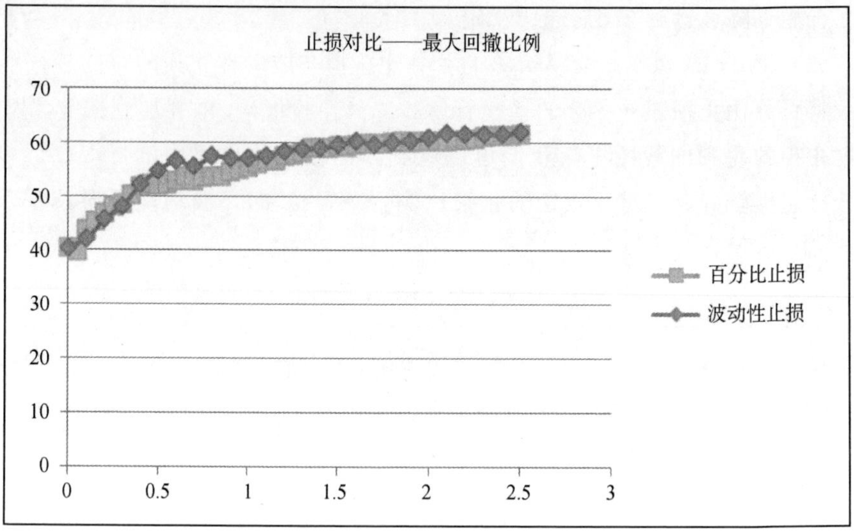

图 6-20　SMA（5，20）双均线交叉交易策略增加百分比止损和波动性止损后最大回撤比例对比曲线图

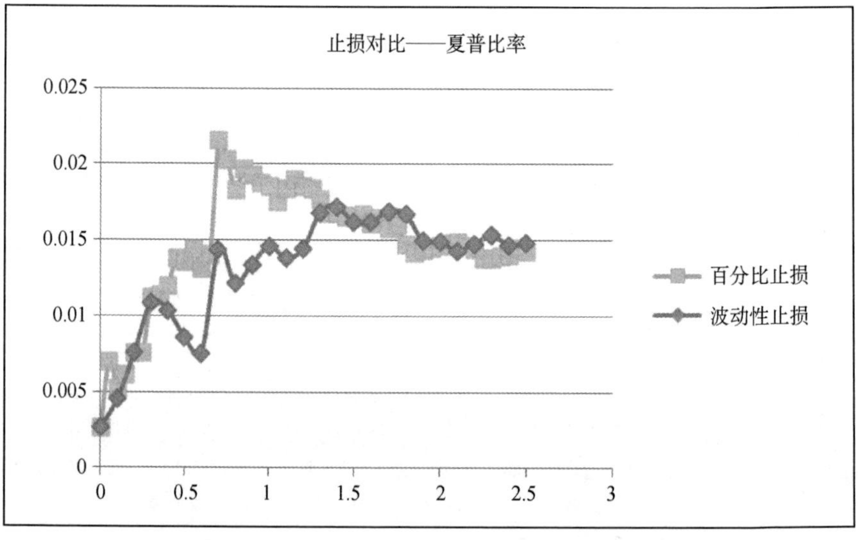

图 6-21　SMA（5，20）双均线交叉交易策略增加百分比止损和波动性止损后夏普比率对比曲线图

从夏普比率对比图来看，波动性止损比较稳定，不像百分比止损那么剧烈，但总体来看，百分比止损要比波动性止损高。

根据图 6-19 至图 6-21 的对比结果，对于 SMA（5，20）双均线交叉交易策略，得出如下结论：

（1）这里尝试性地将百分比止损和波动性止损两种方法进行对比，即简单按照 1 个波动性约等于 2 个百分点（观察值），将测试结果叠加在一张图上，然后进行对比。

（2）百分比止损似乎优于波动性止损。仅仅考虑盈利，百分比止损选择在 2%，如果选择波动性止损则可选择 1.8N。

（3）从夏普比率来看，百分比最佳止损点为 2.4%。波动性止损考虑设置为（1～2.5）N，可以选择 1.7N 左右的值。

6.2.2 2%反转交易策略

（1）2%反转交易系统组合盈利与百分比止损。

图 6-22 是 2%反转交易策略逐渐增加百分比止损的投资组合盈利曲线图。

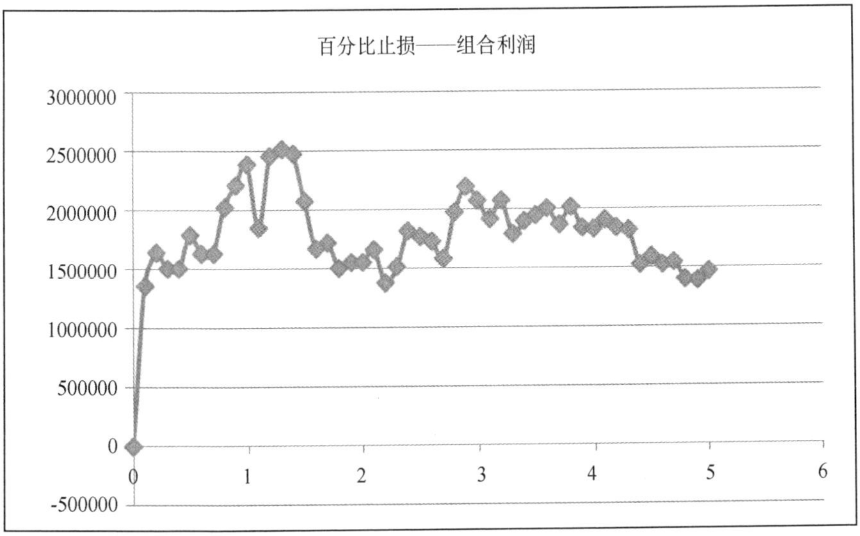

图 6-22 2%反转交易策略逐渐增加百分比止损的投资组合盈利曲线图

2%反转交易策略的投资组合收益随百分比止损比例的变化情况比较奇怪，增加百分比止损的比例似乎对其投资组合的盈利毫无影响。

(2) 2%反转交易系统组合盈利与波动性止损。

图 6-23 是 2%反转交易策略逐渐增加波动性止损的盈利曲线图。

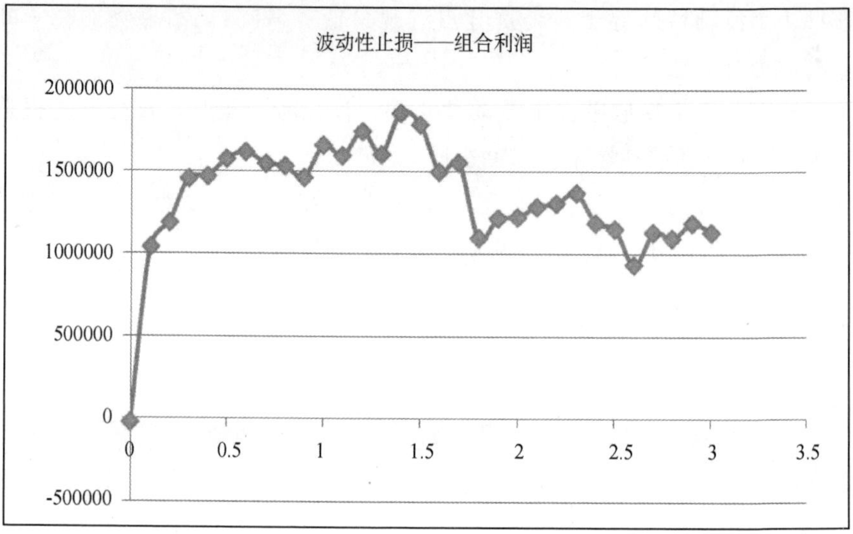

图 6-23　2%反转交易策略逐渐增加波动性止损的盈利曲线图

与图 6-22 类似，图 6-23 中显示的 2%反转交易策略增加波动性的倍数似乎对其投资组合盈利毫无影响。

(3) 2%反转交易策略的百分比止损与波动性止损对比。

这里将百分比止损图 6-22 的横坐标除以 2（经验值），再叠加到图 6-23 波动性止损的盈利曲线图上可以看到，百分比止损和波动性止损的曲线图类似，百分比止损要比波动性止损效果好。如图 6-24 所示。

图 6-25 是百分比止损和波动性止损的最大回撤比例测试结果叠加在一起的曲线图。

从最大回撤比例的对比图来看，波动性入场止损效果稍好。

图 6-26 是百分比和波动性止损的夏普比率测试结果叠加在一起的曲线图。

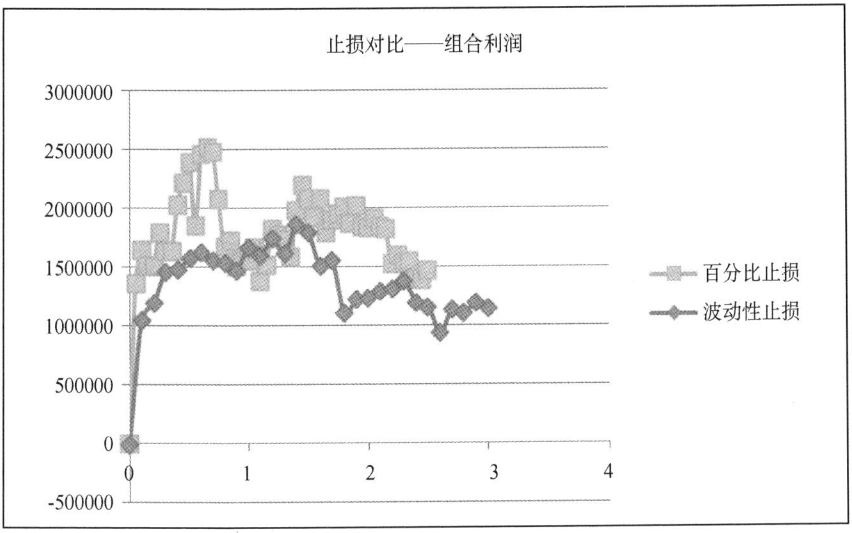

图 6－24　2％反转交易策略增加百分比止损和波动性止损
投资组合盈利对比曲线图

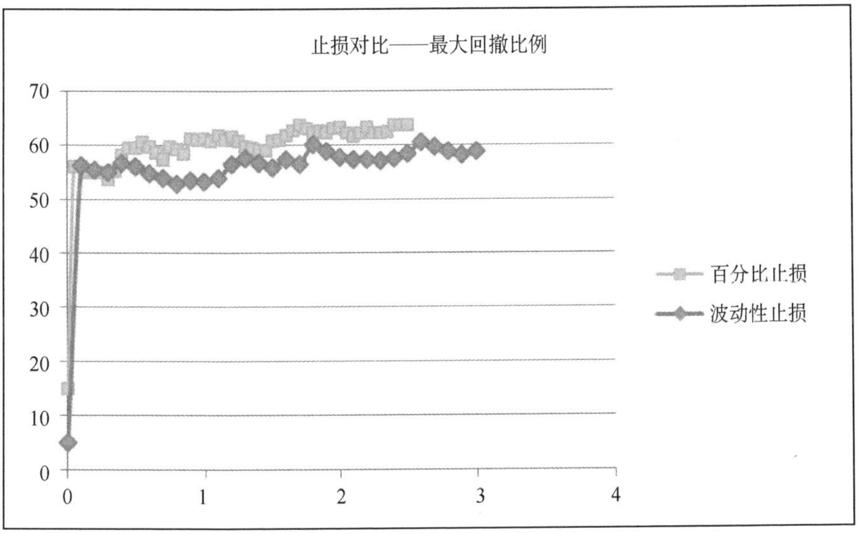

图 6－25　2％反转交易策略增加百分比止损和波动性止损后
最大回撤比例对比曲线图

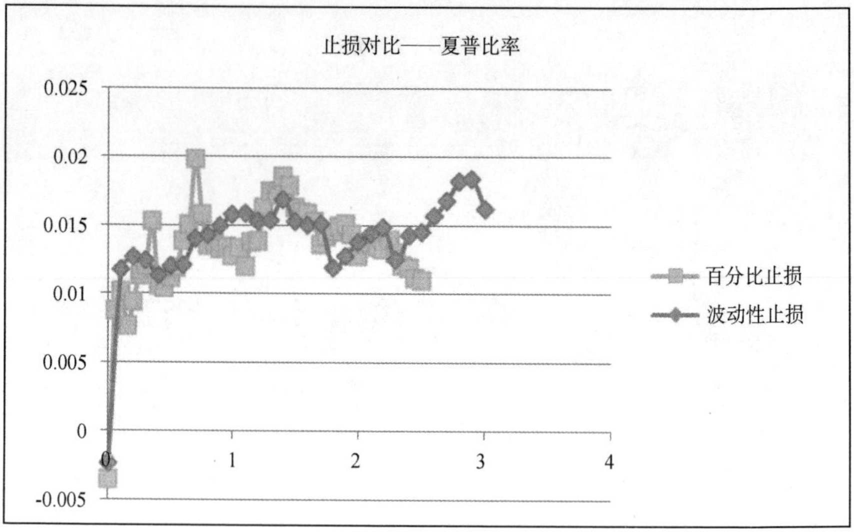

图 6-26　2%反转交易策略增加百分比止损和波动性止损后夏普比率对比曲线图

从夏普比率对比图来看，百分比止损比较稳定，不像波动性止损那么剧烈，总体来看，百分比止损和比波动性止损差不多。

根据图 6-24 至图 6-26 的对比结果，对于 2%反转交易策略，得出如下结论：

(1) 这里尝试性地将百分比止损和波动性止损两种方法进行对比，即简单按照 1 个波动性约等于 2 个百分点（观察值），将测试结果叠加在一张图上进行对比，发现百分比止损似乎优于波动性止损。

(2) 比较奇怪的问题是，2%反转交易策略的投资组合盈利和止损的比例大小似乎没有关系。

(3) 从夏普比率来看，百分比最佳止损点为 2.8%，波动性止损考虑设置为（1—2.5）N，可以选择 1.4N 比较好。

6.2.3 结论

根据 6.1 和 6.2 节的测试数据，得出如下结论：

(1) 止损可以改善系统的最大回撤比例，但设置过紧的话可能损坏交易策略的盈利能力，若设置过松则作用不大。

(2) 百分比止损似乎优于波动性止损，考虑到盈利、夏普比率等因素，百分比止损选择2%为宜，如果选择波动止损，可选择1.7～2N。

（3）不同交易策略配合不同的止损方法，其效果可能不同。

6.3 止损对于交易策略的影响

止损对SMA（5，20）交易策略性能的影响。

我们在6.1和6.2节测试研究了百分比止损和波动性止损的优劣，这里再研究一下增加止损对交易策略性能的影响。

本节研究百分比止损对于SMA（5，20）双移动平均线交叉交易策略性能的影响，投资组合选择所具有5年交易数据的品种，测试时间从2008年8月1日至2013年8月1日，起始资金为50万/品种，2.5倍杠杆率，2%的百分比止损。

图6-27是SMA（5，20）双均线交叉交易策略未设置百分比止损与设置百分比止损资金曲线对比图。

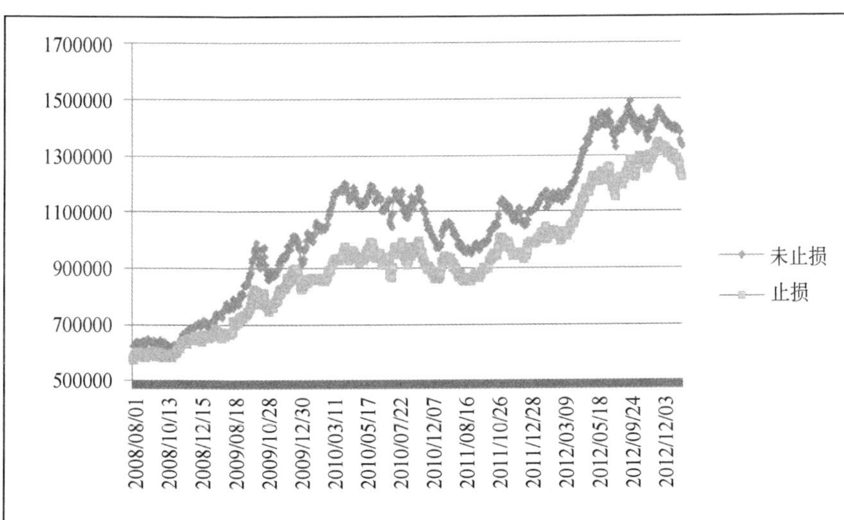

图6-27　SMA（5，20）双均线交叉交易策略未设置止损与设置止损资金曲线对比图

表6-1列出了SMA（5，20）双均线交叉交易策略未设置止损与设置止

损资金曲线的每日收益百分比平均值、标准方差，以及盈利效率 u/δ。

表 6-1　SMA（5，20）双均线交叉交易策略未设置止损与设置止损资金曲线平均值、标准方差，以及盈利效率 u/δ

止损影响	u	δ	u/δ
未止损	0.000969	0.011941	0.0812
止损	0.000940	0.010151	0.0926

从资金曲线对比图和平均值、标准方差，以及盈利效率 u/对比来看，止损有效地降低了方差，资金曲线也更为平滑。

如图 6-28 所示，使用统计工具，对比止损前后资产变化明细直方图（概率分布图），可以清晰地看出，止损有效地截断了亏损比较大区域（<3%）部分的交易，同时也看到右侧盈利部分的交易也变得相当较少，图形变得更瘦。显然，测试结果是积极的。

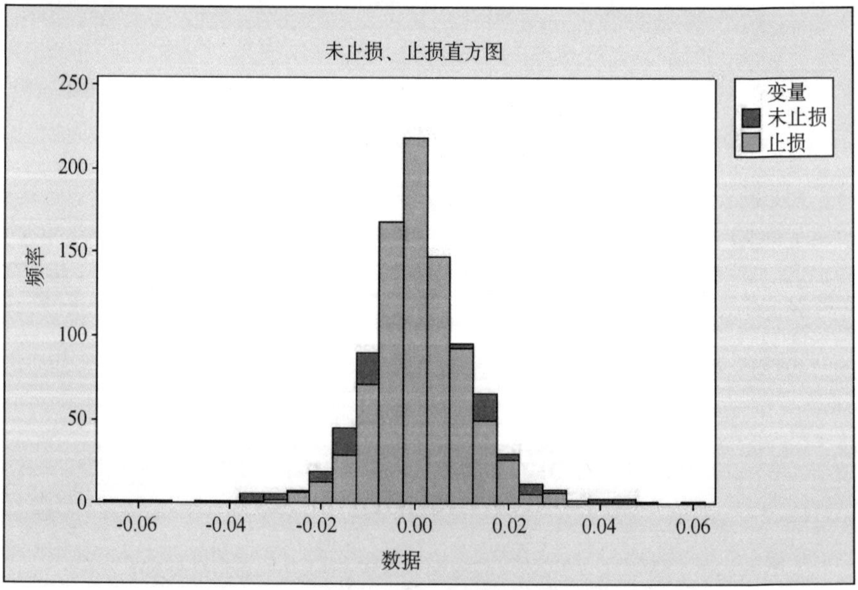

图 6-28　SMA（5，20）双均线交叉交易策略未设置止损与设置止损资金变化明细直方图

下面分析一下月资金的变化，从而了解交易策略增加止损后每月的业绩变化情况。

首先将日资金曲线转换成月资金曲线，方法是在每个月的月底记录资金金额。当然，读者可以以周为单位分析资金曲线，但市场中的随机因素常常使细致的数据分析变得复杂。其次，将月资金数据导入到Excel中，计算资金在1个月、2个月、3个月、4个月、5个月、6个月和12个月间隔的资金变化（可以使用Excel进行计算或编写一个简单的程序进行处理，方法是遍历月资金数据所有1个月间隔的资金变化，然后找出最大值）。

（1）关注一下不同时间间隔的最大资金回撤。

如图6-29所示，止损很明显地减少了各时间间隔的最大资金回撤。在实际交易时，资金回撤对交易者的心理影响巨大，任何对交易系统最大回撤的改进都是值得尝试的。

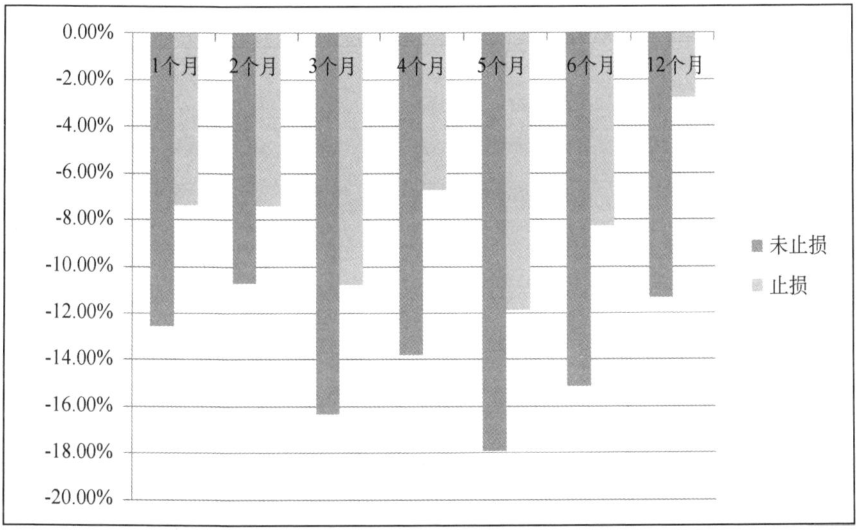

图6-29 SMA（5，20）双均线交叉交易策略未设置止损与设置止损不同时间间隔的最大资金回撤

（2）不同时间间隔的连续月盈利百分比也是非常重要的信息。

如图6-30所示，从2008年8月1日开始至2013年8月1日结束的测试时间段内，在不使用止损策略SMA（5，20）的交易情况下，约有61.66%的月份是盈利的。随着时间间隔的延长，获利比例也在增加，这可以解释为我们在资金回撤状态中待得时间越长，就越容易克服它。使用止损策略，可以看到不同时间间隔的比例都要比不使用止损策略时要高，说明增加止损可以更好地改善系统从回撤恢复到盈利增长的能力。

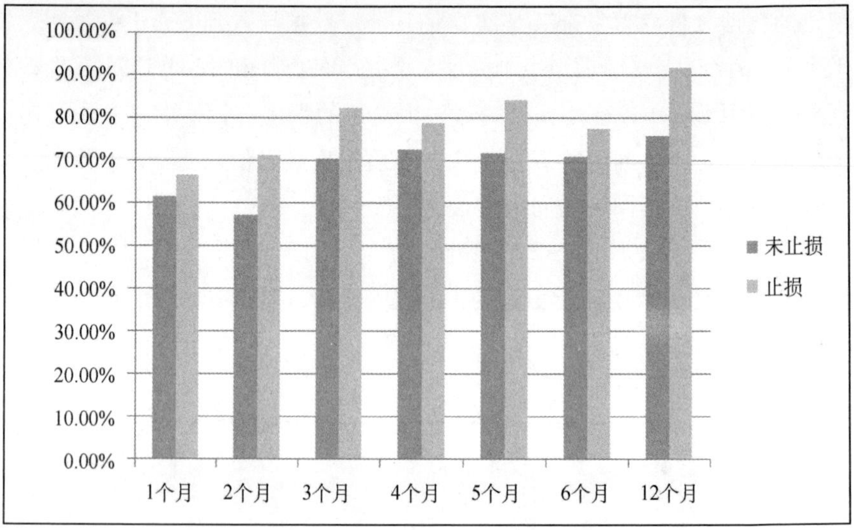

图 6-30　SMA（5，20）双均线交叉交易策略未设置止损与设置止损不同时间间隔的连续月盈利

现在分析一下不同时间间隔的平均盈利和方差。如图 6-31 和图 6-32 所示。

从对比结果来看，平均盈利变化不大，但是止损有效地降低了各时间间隔的方差，反映在资金曲线上则更平滑。

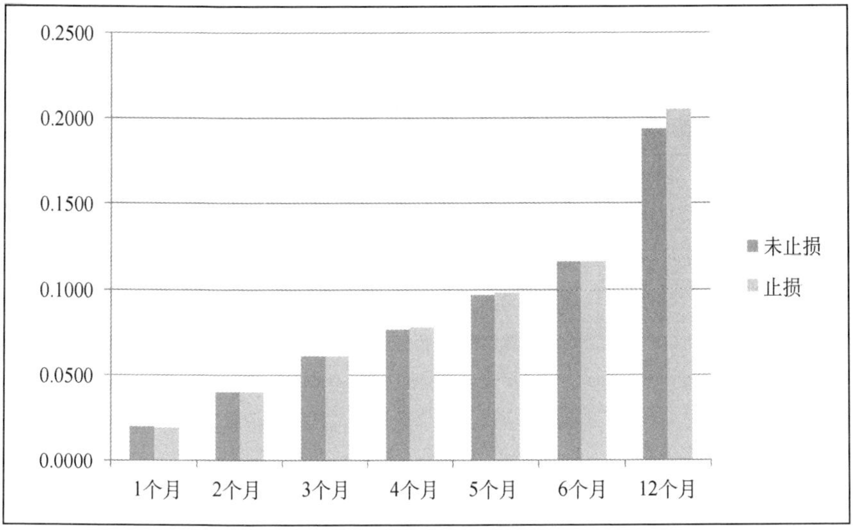

图 6－31 SMA（5，20）双均线交叉交易策略未设置止损与设置止损不同时间间隔的平均盈利

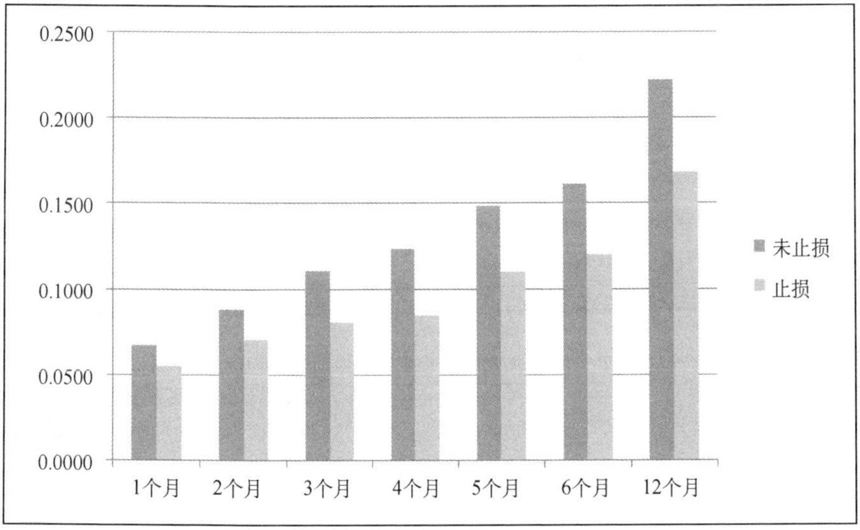

图 6－32 SMA（5，20）双均线交叉交易策略未设置止损与设置止损不同时间间隔的盈利方差

6.4 总结

6.2 节的测试结果表明，无论采用百分比止损还是波动性止损，止损比例都不宜过紧或过松。止损设置过紧会损坏交易策略的盈利能力，设置过松则作用不大，止损也失去意义。考虑到盈利、夏普比率等因素，百分比止损建议选择在 2%为宜，而选择波动性止损，可选择在 1.7～2×ATR 之间。

在 6.3 节中的测试发现，增加止损稍微降低了交易策略的盈利，但盈利的方差下降更大，盈利效率因此得以改善，资金曲线也显得平滑。进一步测试发现，增加止损有效截断了概率分布图中左侧尾部亏损比例比较大的交易，不同时间间隔的连续月盈利百分比和最大资金回撤比例有所改善，平均盈利和方差显然也效果明显，因此增加止损可以更好地改善交易策略从回撤恢复到盈利增长的能力，说明测试结果是积极的。

第七章 风险管理

对概率的考虑作为起点的科学竟然成为人类知识最重要的主题，这具有非凡意义。大多数情况下，生活中最重要的问题实际上也就是概率问题。

——皮埃尔·西蒙《概率的理论分析》，1812 引言

风险管理对于交易者来说至关重要，很多交易者最后失望地离开期货市场就是因为没有风险管理，甚至没有风险管理意识。要想在期货市场上成功，必须清楚地了解市场风险，从而能在市场不利时不会惊慌失措或目瞪口呆。虽然市场机会较多时采用风险管理未必对收益最大化有利，反而更可能限制投资者的手脚，但是，如果把资金保全作为主要目标之一，并建立一套程序努力实现这一目标，则交易者在长期将处于有利位置。只有在困难时期保全了资本，才有可能在市场有利时有更多的资本去冒险，从而获得更好的长期收益。

7.1 风险管理过程

风险管理的目的是保护资金避免超过交易者承受能力范围的损失和过度的风险暴露，以使盈利最大化，保证能在未来参与重要行情。风险管理涉及总体风险暴露、市场或机会选择、风险控制、特定交易风险评估以及资金分配等问题。一般风险管理过程包括以下步骤：

（1）根据交易者风险偏好决定风险资本比例（总体风险暴露）。

（2）根据客观标准筛选交易机会（市场选择或机会选择）。

（3）在不同交易机会间分配风险资金（风险资金分配）。

（4）评估交易能够接受的损失水平（特定交易风险评估）。

(5) 根据 (3) 和 (4) 决定每种交易商品的合约数量（头寸计算)。

对于总体风险暴露，就是确定风险资金占总投资资金的比例，比如2%还是5%，这涉及破产概率的计算，不宜太高，也不宜太低，需要在总资金的收益和风险之间进行折中。有较多的书籍在理论上介绍了破产概率的计算，这里不再赘述。破产概率的计算是学术化的，无法直接运用到实际交易，因此需要通过测试来量化风险资金的比例，从而有效控制投资资金的整体风险。

交易者必须解决交易机会的选择问题，特别是在资金有限的情况下，需要有一种客观标准在交易信号中筛选交易机会，以提高交易策略的盈利能力。

之后是风险资金在不同交易机会间的分配，最简单的方法是平均分配，可能有更好、更复杂的风险资金分配办法，从而提高资金的使用效率。本书采用最简单原始的方法，即各交易品种（机会）平均分配风险资金，对是否存在最优分配方法留待以后研究。

风险资金分配到交易商品或交易机会后，就需要决定采用哪种头寸计算方法来计算交易头寸，这是对单一品种上分配到的风险资金使用的优化，考虑同等的风险资金情况下，追求较好的收益。

对于特定交易风险的评估，已经在第六章进行了测试研究，即某种交易商品或交易机会的特定风险认为就是入场止损的比例，本章不再赘述。

7.2 风险资金比例（总体风险暴露）测试

特定交易风险是指交易商品合约可以接受的价格变动风险与交易该合约数量的乘积，交易者的总体风险暴露是同时交易的投资组合中各种商品的特定交易风险的总和。总体风险暴露必须在交易者承受损失的能力与接受损失的意愿之间加以平衡，因此交易者需要面对如下风险恒等式：

交易的总体风险暴露＝由承受损失的能力支撑的承担风险的意愿

承受损失的能力是可用交易资本的函数，风险资本越大，承受损失的能力越大。然而，交易者承担损失的意愿受其损失带来“痛苦”的忍受能力所影响。一个极端的风险厌恶者即使手头有大量的资金，也不愿意承担一丁点儿的风险，而风险偏好者可能愿意接受超过自身承受能力的任何风险。

既然交易者承担损失的能力与承受风险的意愿主要由可用资金和对风险的态度决定，很显然总体风险暴露水平对于每个交易者都是独一无二的，交易者必须在自己希望暴露的总体风险水平和正被交易的投资组合的总体风险暴露水平之间加以平衡。如果评估的交易风险超过了交易资本许可的风险范围，称为过度交易（overtrading）。反之，如果评估的交易风险小于交易资本许可的范围，称为过低交易（undertrading，风险暴露不足，后果是收益偏低）。期货由于杠杆因素，过度交易非常普遍并且非常危险，交易者对于即将发生的行情过于自信，预期有大行情准备狠赚一笔的时候，往往可能导致灾难性后果，情感战胜理智的投机行为也演变成了赌博行为。

风险等式进一步细化为：

总体交易资金×风险资金比例＝商品1价格变动风险×商品1的合约数量
＋…＋商品n价格变动风险×商品n的合约数量

根据公式，我们通过回测确定风险资金比例或总体风险暴露，再根据第四章中的投资组合测试结论，设置一个投资组合数目合理值，然后根据平均分配原则，可计算出商品n可用风险资金，再根据7.5节的头寸计算方法，即可算出即将交易的商品n的头寸，最后制订交易计划入市交易。

7.2.1 单品种风险资金比例测试

以铜为例，本节先测试双移动均线交叉交易策略，起始资金为50万/品种，2%的不利百分比止损，测试时间从2008年8月1日至2013年8月1日，通过优化风险比例资金的比例，观察对交易策略盈利的影响。

（1）风险资金比例与盈利。

图7-1是SMA（5，20）双均线交叉交易策略的测试盈利与风险资金比例的散点图。

从图中可以看出，随着风险资金比例的增大，双均线交叉交易策的盈利也逐渐增加。风险资金比例达到15%后，盈利迅速下降。

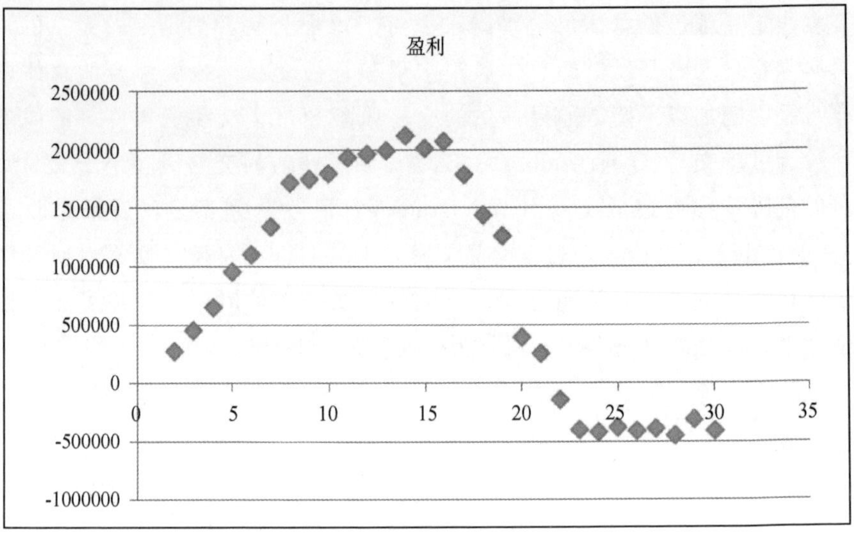

图 7-1　SMA（5，20）双均线交叉交易策略的测试盈利与风险资金比例的散点图

（2）风险资金比例与胜率。

图 7-2 是 SMA（5，20）双均线交叉交易策略与不同风险比例的胜率散点图。

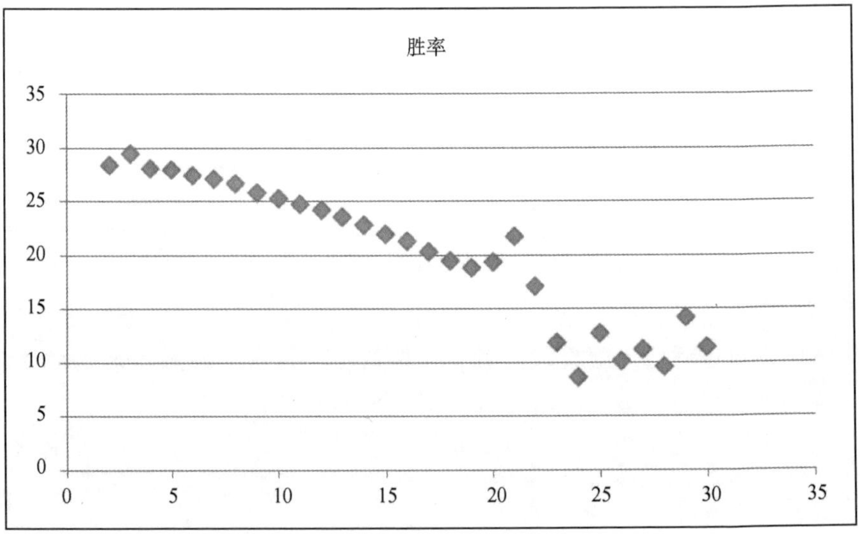

图 7-2　SMA（5，20）双均线交叉交易策略与不同风险比例的胜率散点图

随着风险资金比例的增大，SMA（5，20）双均线交叉交易策路的胜率不断降低。

（3）风险资金比例与最大回撤比率。

图7-3是SMA（5，20）双均线交叉交易策略与不同风险比例的最大资金回撤比率散点图。

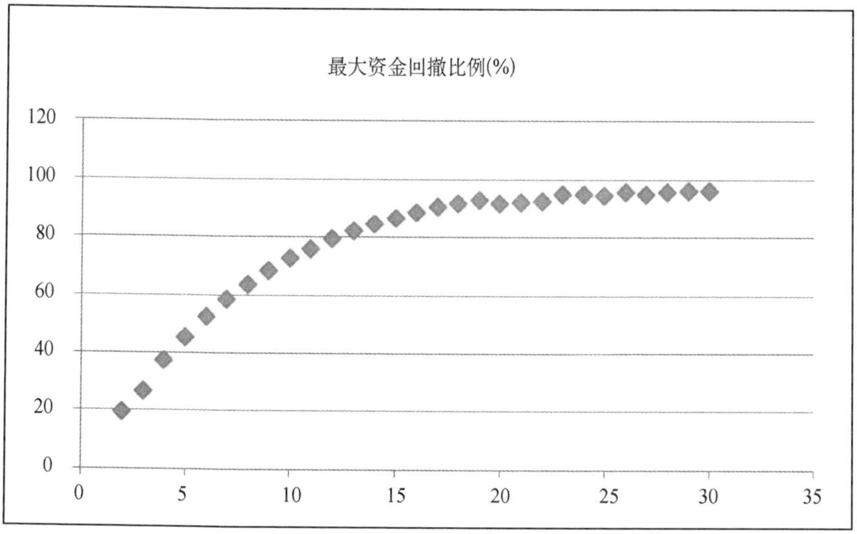

图7-3 SMA（5，20）双均线交叉交易策略与不同风险比例的最大资金回撤比率散点图

随着风险资金比例的增大，最大回撤比率也稳步上升，即使2.5%的风险资金比例，回撤比例也高达40%。

（4）风险资金比例与夏普比率。

图7-4是SMA（5，20）双均线交叉交易策略与不同风险比例的夏普比率散点图。

随着风险资金比例的增加，夏普比率逐渐减低。

对于单品种铜的测试结果来说，越高的风险资金比例，盈利越大，但风险也随之增加，过了一个临界点后，交易策略的盈利趋向崩溃。交易者应密切关注风险资金比例增大所带来的风险，而不是只关注盈利。

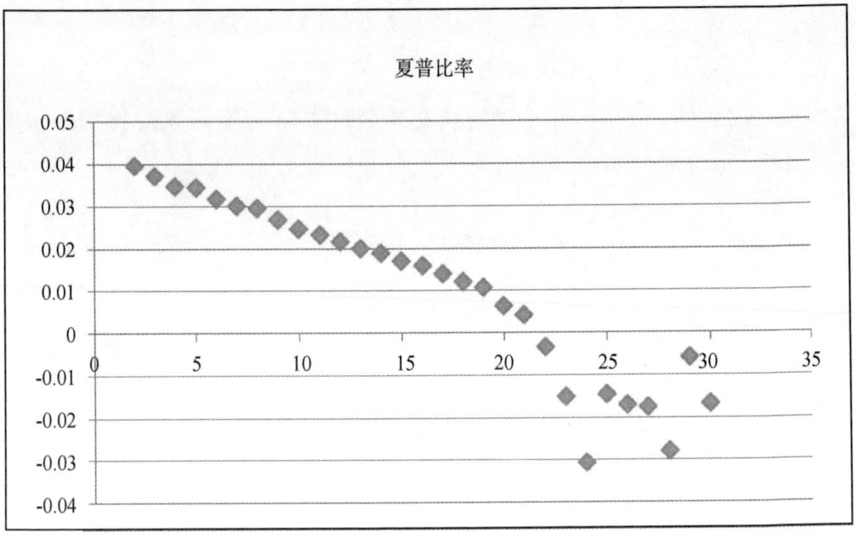

图 7-4　SMA（5，20）双均线交叉交易策略与不同风险比例的夏普比率散点图

7.2.2　投资组合风险资金比例测试

投资组合测试选择所具有 5 年交易历史数据的品种，测试时间从 2008 年 8 月 1 日至 2013 年 8 月 1 日，起始资金为 50 万/品种，2%的不利百分比止损，通过优化风险资金比例观察对交易策略性能的影响。

（1）SMA（5，20）交易策略风险资金比例测试。

图 7-5 是 SMA（5，20）双均线交叉交易策略的日资金变动平均值与风险资金比例的折线图。

从测试结果来看，随着风险资金比例增大，SMA（5，20）双均线交叉交易策路的投资组合盈利也稳步上升，达到 8%之后，盈利的不稳定性增加，11%之后盈利开始降低，15%之后迅速降到 0 以下。因此，交易者必须审慎选择风险资金的比例。从图 7-5 中可以看到一个稳定的交易策略在风险资金不断增大情况下盈利逐渐增加，然后突然崩溃的情形。

图 7-6 是 SMA（5，20）双均线交叉交易策略的日资金变动标准方差与风险资金比例的折线图。

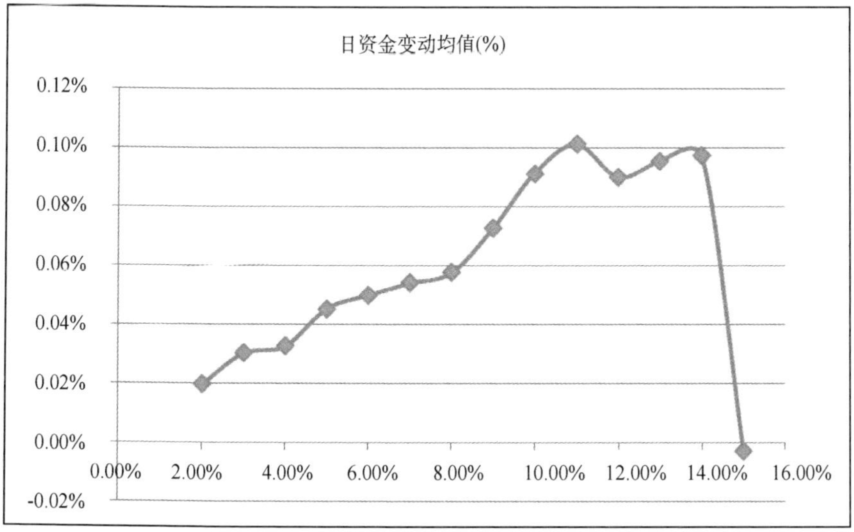

图 7-5 SMA（5，20）双均线交叉交易策略的日资金变动平均值与风险资金比例的折线图

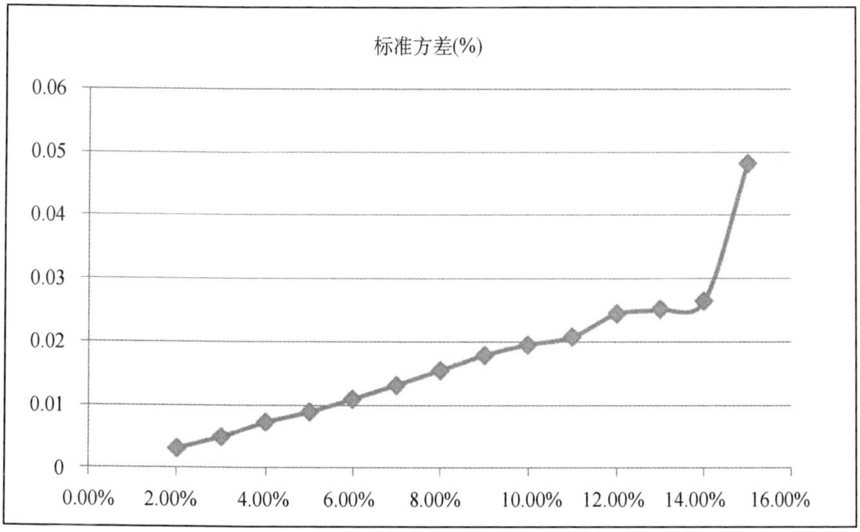

图 7-6 SMA（5，20）双均线交叉交易策略的日资金变动标准方差与风险资金比例的折线图

风险资金比例越大，SMA（5，20）双均线交叉交易策略的投资组合盈利的标准方差也稳步上升，14%以后，突然加速。

图 7－7 是 SMA（5，20）双均线交叉交易策略投资组合的盈利效率与风险资金比例的折线图。

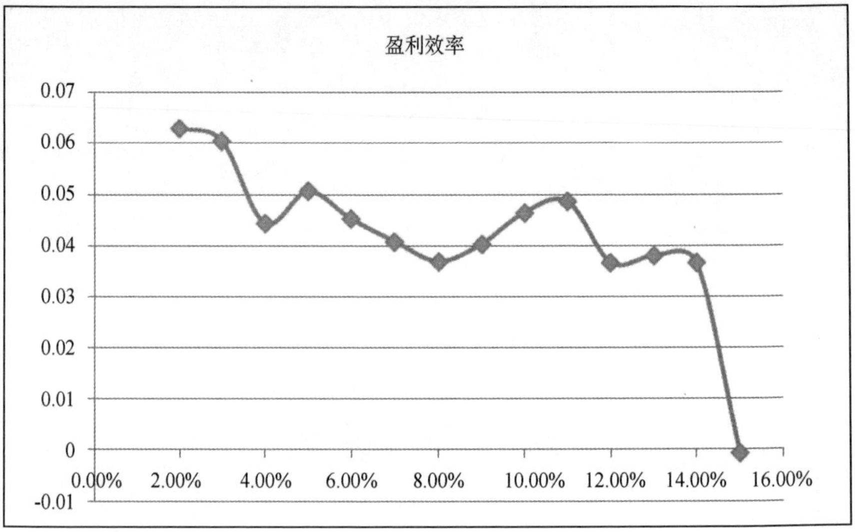

图 7－7　SMA（5，20）双均线交叉交易策略投资组合的盈利效率与风险资金比例的折线图

结合 SMA（5，20）双均线交叉交易策略投资组合的日均资金盈利平均值和标准方差，盈利效率随着风险资金的比例的增加而震荡下滑，因此不建议交易者使用较大的杠杆。

从图 7－8 和图 7－9 SMA（5，20）双均线交叉交易策略的投资组合最大回撤比例以及最大回撤时长与风险资金比例的折线图来看，风险资金比例越大，SMA（5，20）双均线交叉交易策略的最大回撤比例和最大回撤时长都越大。

图 7－10 是 SMA（5，20）双均线交叉交易策略投资组合日资金最大跌幅与风险资金比例的折线图。

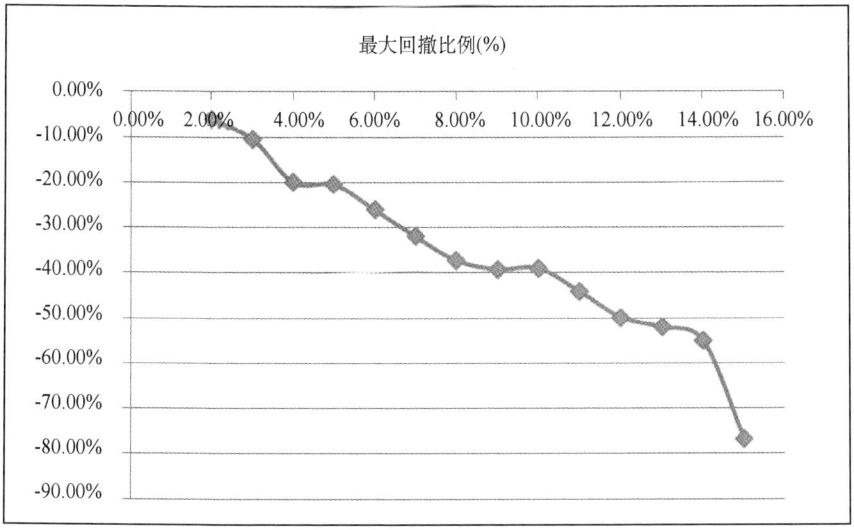

图 7-8 SMA（5，20）双均线交叉交易策略投资组合最大回撤比例与风险资金比例的折线图

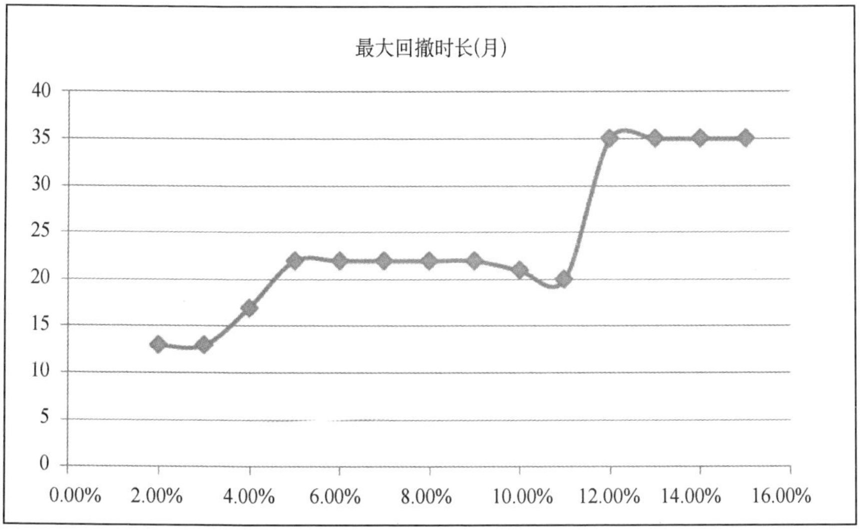

图 7-9 SMA（5，20）双均线交叉交易策略投资组合最大回撤时长与风险资金比例的折线图

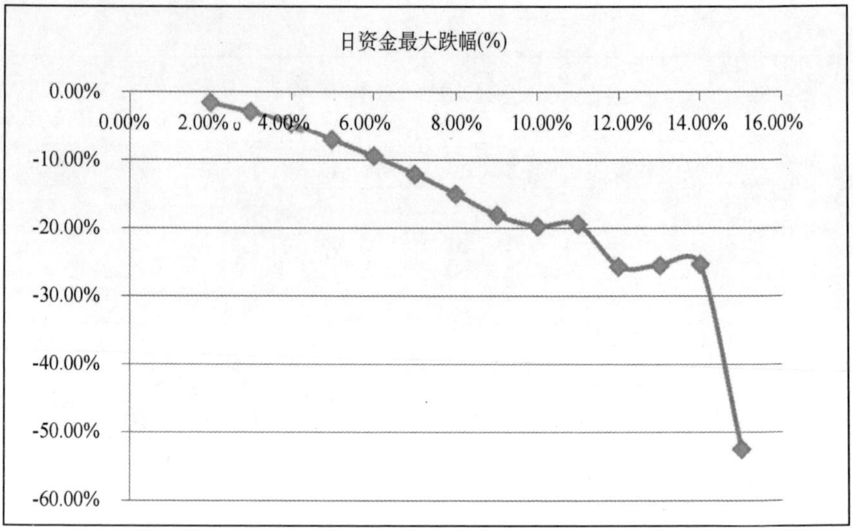

图 7-10　SMA（5，20）双均线交叉交易策略投资组合日资金最大跌幅与风险资金比例的折线图

图 7-11 是 SMA（5，20）双均线交叉交易策略投资组合盈利市场比例与风险资金比例的折线图。

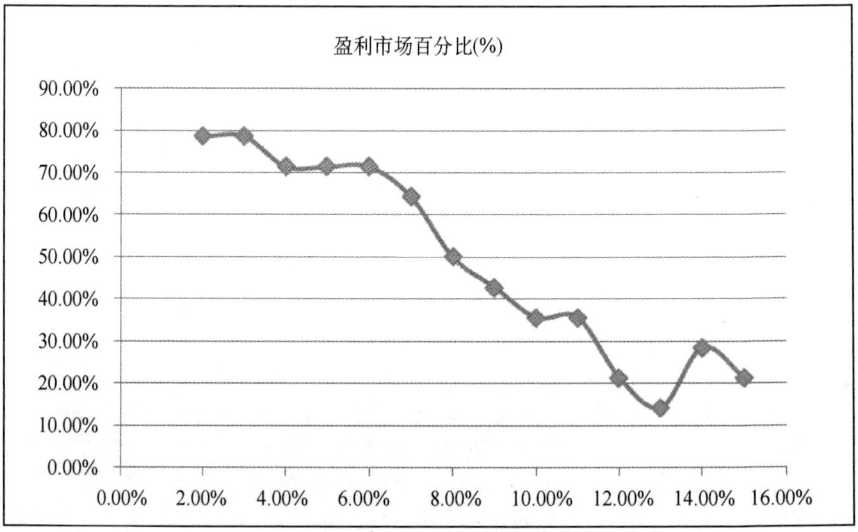

图 7-11　SMA（5，20）双均线交叉交易策略投资组合盈利市场比例与风险资金比例的折线图

综合图 7－5 至图 7－11 的测试结果，7.2.2 节的结论如下：

随着风险资金比例的增大，交易策略的投资组合盈利开始时不断增加，超过某一极限值后，交易策略变得不稳定，然后突然崩溃。

随着风险资金比例的增大，交易策略的投资组合日资金变动的标准方差、盈利效率、最大回撤比例、最大回撤时长、日资金最大跌幅和盈利市场百分比也在不断增大。

如果想控制最大回撤比例为 40％，则需要考虑将风险资金比例控制在 10％以内，即杠杆率不应该超过 5。如图 7－5 所示，10％的风险资金比例时盈利已经开始不稳定，保守起见，可将杠杆率适当降低到 4。

综合考虑，交易策略的杠杆不超过 4，此后杠杆带来的盈利能力伴随更大风险并超过交易者的承受范围。

（2）2％反转交易策略风险资金比例测试。

下面来测试一下 2％反转交易策略，投资组合选择所具有 5 年交易历史数据的品种，测试时间段为 2008 年 8 月 1 日至 2013 年 8 月 1 日，起始资金为 50 万/品种，2％的不利百分比止损，通过优化风险的比例查看对交易策略性能的影响。

图 7－12 是 2％反转交易策略投资组合日资金变动平均值与风险资金比例的折线图。

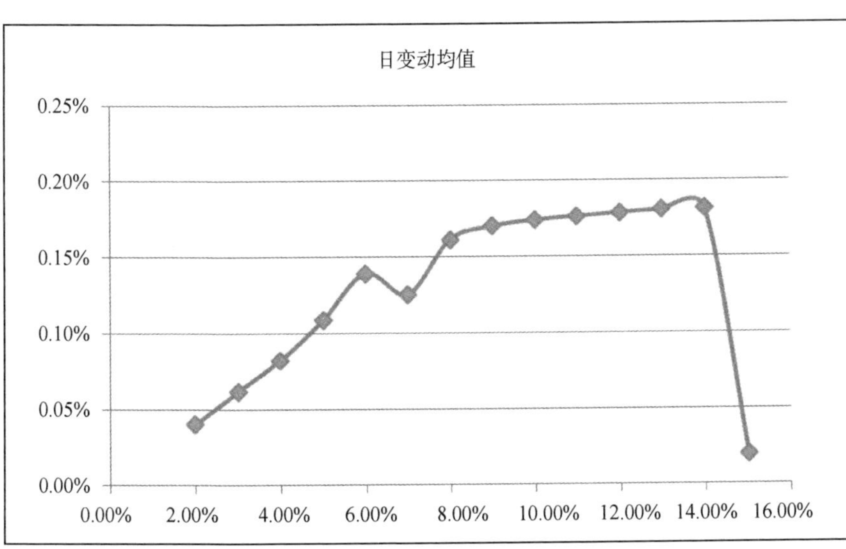

图 7－12　2％反转策略投资组合日资金变动平均值与不同风险比例的折线图

从图中来看，随着风险资金比例越大，2%反转交易策略的投资组合每日盈利逐渐增大，但是到6%以后盈利开始趋平，看不到杠杆带来的好处。

图7-13是2%反转交易策略投资组合日资金变动标准方差与风险资金比例的折线图。

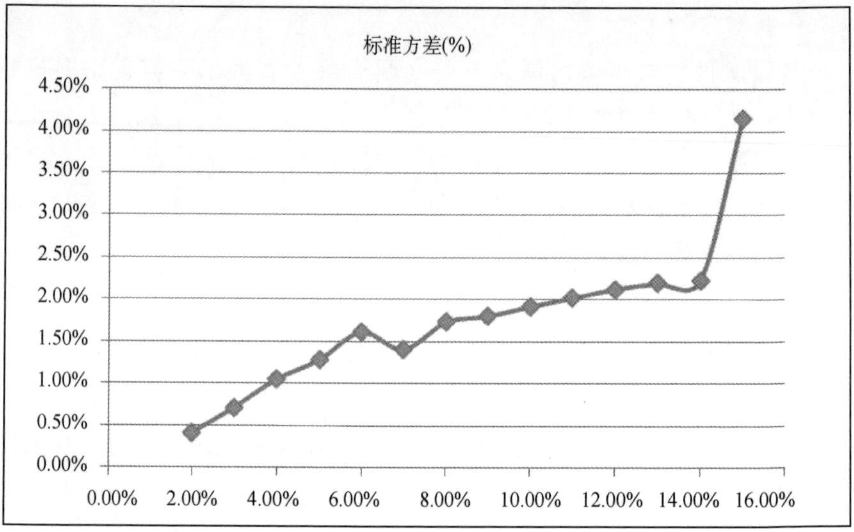

图7-13 2%反转交易策略日资金变动方差与风险资金比例的折线图

风险资金比例越大，2%反转交易策略的投资组合日资金变动标准方差也稳步上升，在14%以后，突然加速。

图7-14是2%反转交易策略投资组合日资金盈利效率与风险资金比例的折线图。

随着风险资金比例增大，2%反转交易策略的投资组合盈利效率变化不大，这一点与SMA（5，20）双均线交叉交易策略的测试结果不同。

从图7-15和图7-16 2%反转交易策略投资组合最大回撤比例以及最大回撤时长与风险资金比例的折线图来看，随着风险资金比例增大，2%反转交易策略投资组合的最大回撤比例和最大回撤时间也越大。

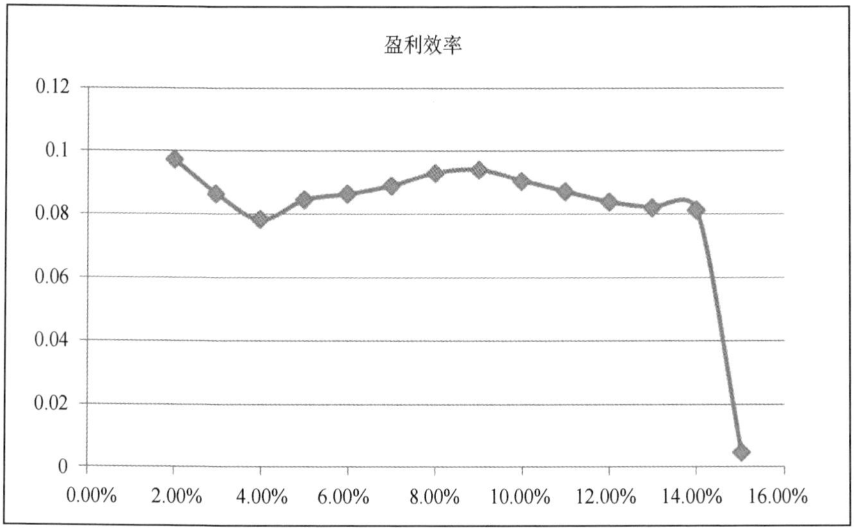

图 7-14 2%反转交易策略投资组合日资金盈利效率与风险资金比例的折线图

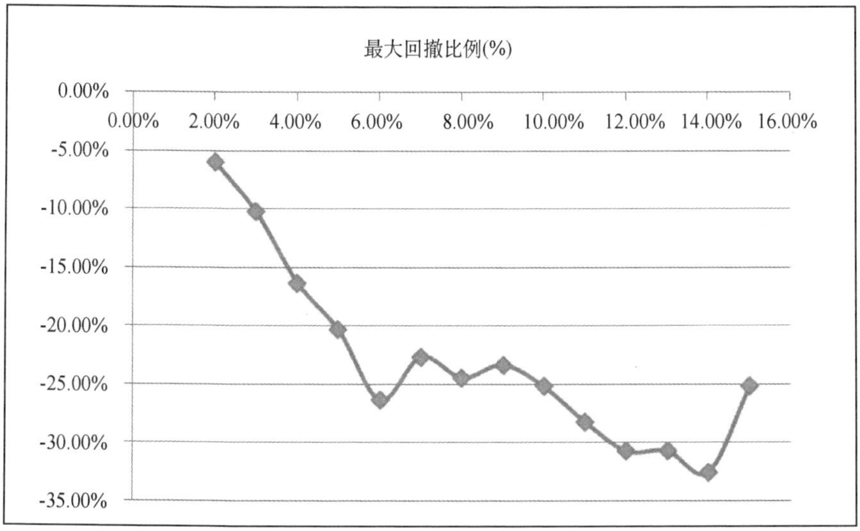

图 7-15 2%反转交易策略投资组合最大回撤比例与风险资金比例的折线图

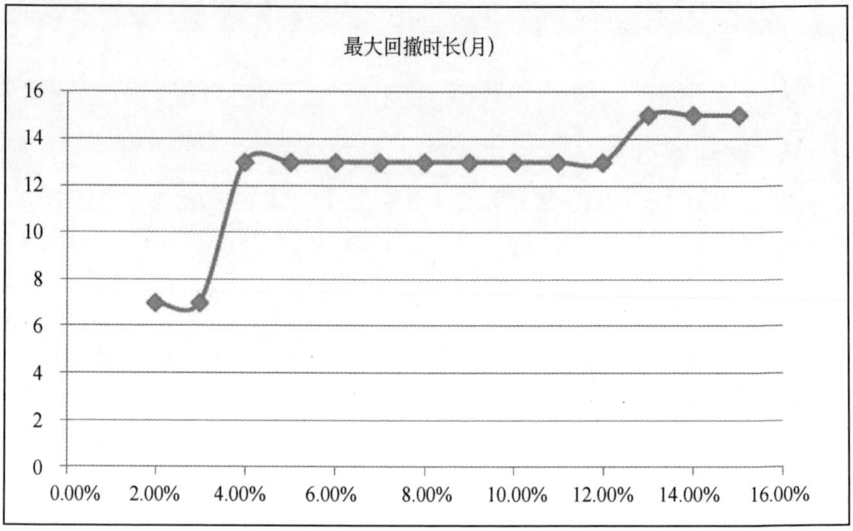

图 7-16　2%反转交易策略投资组合最大回撤时长与风险资金比例的折线图

图 7-17 是 2%反转交易策略日资金最大跌幅与风险资金比例的折线图。

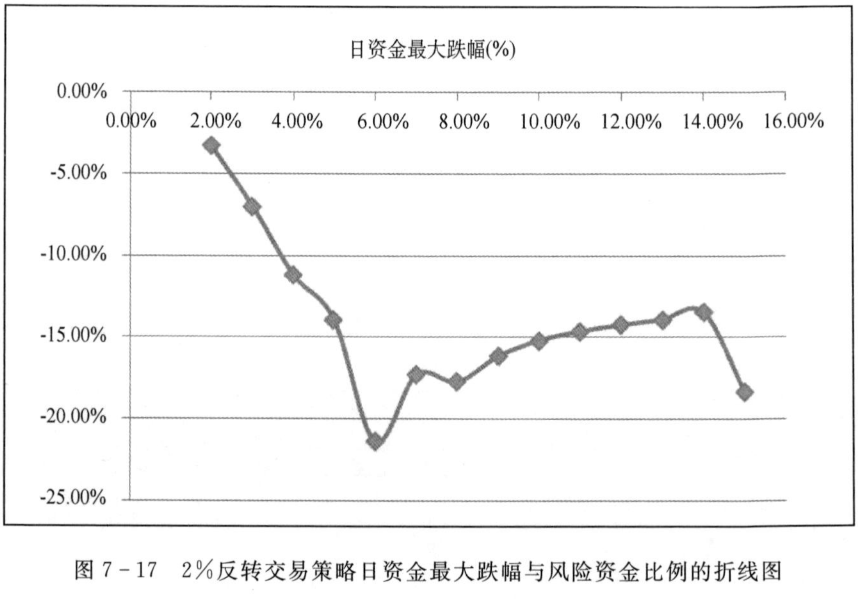

图 7-17　2%反转交易策略日资金最大跌幅与风险资金比例的折线图

图 7-18 是 2%反转交易策略盈利市场比例与风险资金比例的散点图。

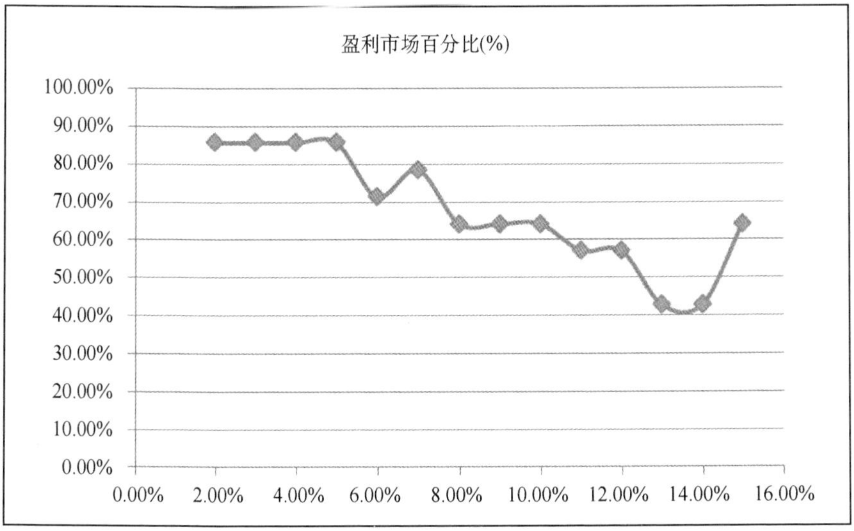

图 7-18 2%反转交易策略盈利市场比例与风险资金比例的散点图

综合图 7.12 至图 7.18 的测试结果，7.2.2 节的结论与 7.2.1 节的结论类似。无论 SMA（5，20）双均线交叉交易策略还是 2%交易策略，总体风险资金暴露比例要适中，过小则交易策略的盈利能力受到限制，过大则导致过度交易，所带来的风险和利润不成比例。

7.2.3 风险资金比例的设定

《超越技术分析》一书中，对预期盈利、最大回撤时长以及最大回撤深度进行了估算，并使用三维坐标将这三个量绘制在一个长方体内，称之为钱德舒适区域（如图 7-19 所示，建议读者好好阅读一下《超越技术分析》这本书，该书为你构造自己的系统将提供具体指导和坚实基础）。

其中资金回撤深度的预测公式为 $\Delta=4\times\delta M$。预测的年资金回撤深度是月资金变动标准方差的 4 倍。风险比例换算如下（1 个月有 22 个交易日）：

（1）$\Delta=4\times\delta M$，假定 $\Delta=20\%$，$\delta M=5\%$，则计算为 $\delta d=5\%/\sqrt{22}=0.01066$。

（2）$\Delta=4\times\delta M$，假定 $\Delta=30\%$，$\delta M=7.5\%$，则计算为 $\delta d=7.5\%/\sqrt{22}=$

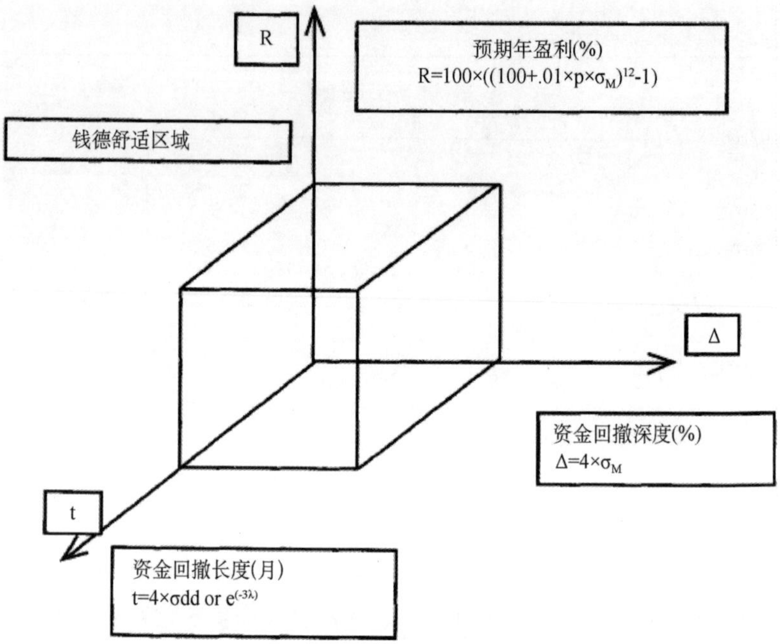

图 7-19　钱德舒适区域

注：钱德舒适区域显示出任何资金经理或交易系统未来业绩的三个关键未知量：预期年盈利（%）、预期资金回撤深度（%）和预期资金回撤长度（月）。我们预计未来业绩将位于该“箱体”之内。

0.01599。

（3）$\Delta = 4 \times \delta M$，假定 $\Delta = 40\%$，$\delta M = 10\%$，则计算为 $\delta d = 10\% / \sqrt{22} = 0.02132$。

其中 δM 为月资金标准方差，δd 则为日资金标准方差。如果允许最大资金回撤是 40%，则需要控制日资金标准方差在 0.02132 以下，对应到图 7-6 风险资金比例与标准方差的折线图，风险资金比例应该设置小于 10%，即杠杆不能大于 5（10%/2=5），与 7.2.2 节的测试结果一致。

从图 7-8 最大回撤比例的折线图来看，风险资金比例为 10%时的最大回撤刚好是 40%，为保守起见可以选择 8%作为风险资金比例，对应 4 倍杠杆（8%/2=4），期望年盈利为：

$R = 100 \times ((1+u)^{12} - 1) = 100 \times (1.025^{12} - 1) = 37.85\%$（月盈利效

率 ρ 为 0.25)。

7.3 交易品种或交易机会选择

中国目前有四家期货交易所，一共有 38 种不同的期货合约在交易，数量还在不断地增加。考虑到交易资金一般都有限，而这 38 种商品合约可能同时产生具有吸引力的交易机会，因此自然而然就需要考虑到在不同商品产生的交易信号之间选择交易机会的问题。交易机会选择的目的是发现最有希望的机会，从而使资金使用效率最大化。

交易品种选择可以通过三个因素来衡量：①预期的盈利；②与获得该盈利相关的风险；③启动交易需要的风险资金。

使用 K 线图表方法主观判断①和②非常容易，但是本书讨论的交易策略是后知后觉的机械交易系统，只对潜在的趋势变化做出事后反应，而不会试图预测市场，因此无法做①和②的估计。

同时也要看到商品提供的交易机会可以被分为两类：互斥和独立。如果两种商品是高度相关的，比如螺纹钢和铁矿石（本文未对这两种商品价格运动的相关系数进行测试，此处仅为主观臆断），出于多样化考虑，交易者最好不要同时持有这两种商品的同方向仓位。遇到互斥交易机会时，交易的目标是在一定的风险下对具有最大回报潜力的机会进行交易。如果两种商品是负相关的，比如黄金和玉米（同样本文也未对这两种商品价格运动的相关系数进行测试，此处也为主观臆测），在风险资金许可的情况下，应尽量选择同时交易对这两种商品，以获得投资多样化的好处。

交易品种或者交易机会的选择，对于期货来说看起来很重要，有时候你买了豆粕，但是大豆已经起飞了，豆粕却还在原地不动；你卖了金属板块的锌，以为有色金属会崩盘，结果铜是崩盘了，但锌却上涨了，于是你平仓了锌，再去杀跌铜，但是外盘铜隔夜的暴涨让你第二天就爆了仓。

为了客观的比较交易机会，《期货交易者资金管理策略》一书中提到四种方法，包括夏普效率、商品选择指数（CSI）、价格变动指数和调整过后的报酬率指数，但是测试验证这四种商品选择方法存在很多困难。

（1）需要在多种商品、不同时间上进行交易机会选择，这是个动态、组合的过程；如果所有的交易信号是同时发生的，那么根据以上四种方法，可能比较容易进行选择决断，但交易信号往往是不断发生的，且做多、做空信号都有，如何判断交易信号的优劣？

（2）在这选择过程中还需要考虑到资金的分配和限制。

（3）评估的基准如何确定。

实际交易时，交易者也常常会遇到商品或交易机会选择的问题，比如下面的情况该如何决策：

（1）风险资金有限情况下，如何在两个或多个交易信号下选择交易机会。

（2）随着行情发展，持仓过程中杠杆不断变动，是在杠杆增大或变小时主动削减或增加头存以维持杠杆不变，还是控制杠杆在一个范围内以适应市场行情？如果削减仓位，应该选择哪一品种？是选择已经发生亏损或盈利较少的品种，还是选择已经盈利的品种？

（3）随着行情发展，新的交易机会出现，但是风险资金已经用足。考虑增大杠杆进行交易，或者平仓已持仓品种并将交易风险资金用来交易新的机会，还是忽略新的交易信号？

（4）等等其他情况。

因此，我们将商品和交易机会的选择放到第十章交易系统优化的信号过滤一节中进行讨论，本章不再赘述。

7.4 资金分配

显然，某些商品的交易机会要比其他商品的交易机会有更高的回报或更低的风险。如果存在某种方法能够识别出这些差异的话，我们可以给这些机会分配较多的风险资金，从而提高资金的使用效率。

最简单的资金分配办法是等值风险资金分配，一旦总体风险暴露 F 和交易的商品种类 N 确定后，我们就根据如下公式分配单品种的风险资金：

$$\text{每种商品的风险资金}=\frac{\text{总体风险暴露}}{\text{交易商品的数量}}$$

该方法简单直接，缺点是它忽略了各种商品之间的相关性和回报风险比。本书为简单起见，采用这种方法。关于风险资金如何更好分配的其他方法和效果，留待以后研究。

每种商品的风险资金确定后，接下来就涉及交易商品的头寸计算。

7.5 头寸计算

一旦将风险资金分配到特定商品后，即可计算出该交易商品的交易头寸。根据每种商品的风险资金公式，计算特定商品的交易头寸的大小如下式：

$$特定商品的头寸大小=\frac{特定商品的风险资金}{特定商品交易风险}$$

《交易圣经》一书中提到几种头寸计算方法（该书使用单品种的头寸计算方法，因此头寸计算公式中涉及账户余额的，需要将其替换为投资组合中各商品的特定风险资金），如下：

（1）固定风险。

头寸计算公式为：头寸规模＝固定风险/交易风险（其中固定风险＝账户余额×风险资金比例），即头寸规模＝账户余额×风险资金比例/交易风险，这里需要提前计算交易风险。

（2）固定资本。

头寸计算公式为：头寸规模＝账户余额/固定资本（其中固定资本＝最大跌值/风险比例），即头寸规模＝账户余额×风险比例/最大跌值，需要提前计算最大跌值。

（3）固定比例。

头寸计算公式为：头寸规模＝（当前的账户余额－前一个账户余额）/增量，计算比较复杂。单个头寸的盈利达到一定量盈利后可新增一个头寸。

（4）固定单位。

头寸计算公式为：头寸规模＝账户余额×风险资金比例/交易风险，其中交易风险是变化的，与固定风险的差别即在于此。

（5）威廉斯固定风险。

头寸计算公式为，头寸规模＝账户余额×风险资金比例/最大损失，本书记为 MaxMove。

（6）固定百分比。

头寸规模＝账户余额×风险资金比例/交易风险，这里的特定商品交易风险都固定为2%，本书标记为为Percent。

（7）固定波幅。

头寸规模=账户余额×风险资金比例/市场波动，市场波动用ATR衡量，本书标记为N。

以上7种头寸计算方法，区别在于如何计算特定商品交易风险，最常用的有如下3种：

（1）最近10日的价格变动最大比例，如威廉斯固定风险中的最大跌幅。

（2）最近10日的ATR，海龟交易策略采用的是ATR计算头寸。

（3）或固定比例，即不考虑价格的最近变动情况，按照固定的价格不利变动，比如2%来计算价格变动风险。

为方便起见，本章只测试固定为1手、MaxMove、Percent和N 4种头寸的计算方法。

（1）固定为1手：无论资金多大，只要风险资金足够，有交易信号时只开1手。

（2）MaxMove：对应威廉斯固定风险，最大损失选择近20日的最大价格不利变动，即最近20日的最大涨跌幅。

（3）Percent：固定百分比，不考虑价格的最近变动情况，按照固定2%来计算头寸。

（4）N：最近10日的平均ATR。

7.5.1 单品种的不同头寸计算方法性能数据对比

这里以铜为例，测试SMA（5，20）双均线交叉交易策略，起始资金为50万/品种，2%的不利百分比止损，测试时间从2008年8月1日至2013年8月1日，风险头寸方法分别为固定为1手、MaxMove、Percent和N。

图7-20是SMA（5，20）双均线交叉交易策略不同头寸计算方法的盈利对比图。

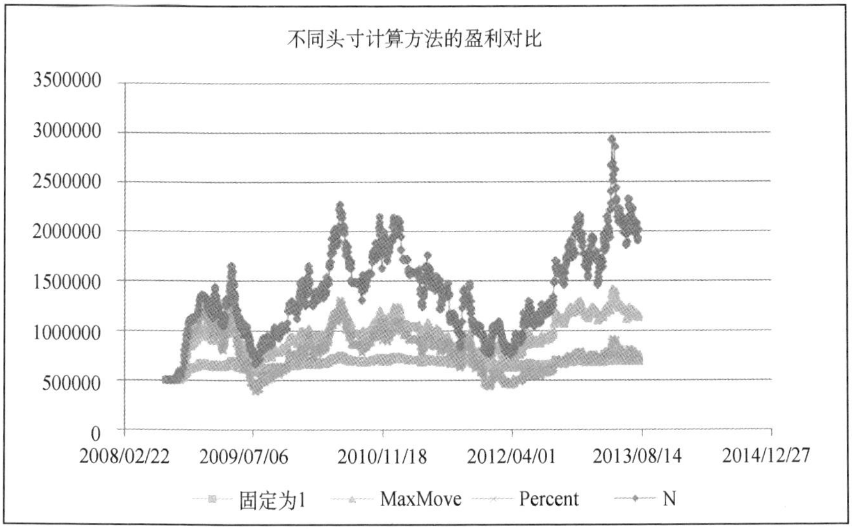

图 7－20 SMA（5，20）双均线交叉交易策略不同头寸计算方法的盈利对比图

如表 7－1 所示，固定为 1 手的头寸计算方法的盈利最少，但夏普比率最高，问题是过低交易（undertrading）。MaxMove 头寸计算方法的盈利性排名第二，回撤也相对理想，因此，显然是最好选择。如果追求最大盈利，则波动 N 头寸计算方法也是比较理想的，而固定百分比（Percent）头寸计算方法效果最差。

表 7－1 SMA（5，20）双均线交叉交易策略不同头寸计算方法的最大盈利、最大回撤比例等统计（以铜为例）

头寸计算方法	盈利效率（u/δ）	最大盈利	最大回撤比例	最大回撤时间（月）	夏普比率
固定为 1	0.000297/0.006529＝0.04549	193555	16.46％	31	0.0322
MaxMove	0.000948/0.022005＝0.04308	657940	46.24％	28	0.0219
Percent	0.000904/0.033990＝0.02659	235645	75.56％	52	0.0012
N	0.001900/0.038443＝0.04942	1523739	66.81％	28	0.02

7.5.2 投资组合的不同头寸计算方法对比

投资组合测试选择的品种是所有5年交易数据的品种，测试时间从2008年8月1日至2013年8月1日，起始资金为50万/品种，2%的不利百分比止损。测试结果如下：

图7-21是SMA（5，20）双均线交叉交易策略投资组合盈利的不同头寸计算方法对比图。

图7-21 SMA（5，20）双均线交叉交易策略投资组合盈利的不同头寸计算方法盈利对比图

如图7-20和表7-2所示，固定为1手的头寸计算方法，盈利最少，最大回撤只有1.78%，显然过低交易（undertrading）。盈利效率最高的是MaxMove头寸计算方法，资金曲线最为平滑。

表 7-2 SMA（5，20）双均线交叉交易策略投资组合不同头寸计算方法的最大盈利、最大回撤比例等统计

头寸计算方法	盈利效率 (u/δ)	最大盈利	最大回撤比例	最大回撤时间（月）
固定为 1	0.000112/0.001121=0.0999	70743	1.78%	12
MaxMove	0.000940/0.007965=0.1180	966724	10.78%	12
Percent	0.001218/0.014895=0.0818	1355498	34.76%	>12
N	0.001476/0.015417=0.09574	2007905	36.30%	>12

7.6 总结

风险管理涉及很多复杂的问题，本章首先对总体风险资金比例或总体风险暴露水平进行优化测试，了解不同的风险比例水平对交易策略的盈利能力、风险、最大回撤比例等的影响，并根据交易者的风险忍受水平计算设定风险资金比例。之后讨论商品选择和风险资金在不同商用交易机会中如何分配，由于测试过程存在较多困难，这两部分内容并没有深入研究。7.5 节则讨论了头寸计算，研究同等的风险资金比例下，不同头寸计算方法的优劣。

风险管理通常被误解用来减少投机风险，实际上风险管理是投资风险和收益的综合评估，通过量化测算，交易者在可以承受的风险内追求最大化回报。风险管理通过事前估算来控制总体风险暴露，从而主动设定和承担交易风险。

第八章　策略改进

子贡问："师与商也孰贤?"子曰："师也过，商也不及。"曰："然则师愈与?"子曰："过犹不及。"

——孔子《论语·先进》

本章研究可以改进交易策略性能的方法，重点关注信号过滤和跟踪止损。8.1 节测试 ADX 方向和绝对值作为过滤条件时对交易策略性能的影响。8.2 节则研究跟踪止损是否能有效提升交易策略的性能。

8.1　信号过滤

到目前为止，我们没有对交易策略产生的信号做任何形式的过滤。当市场处于震荡期间，趋势交易策略会产生许多无效或虚假信号。过滤是对入场信号进行精选的一些规则，通过设计减少使资金曲线震荡的一些虚假信号，从而让交易策略更加有效。

需要说明的是，本节对于交易信号的过滤也可认为是交易品种或交易机会选择的变化版本。我们在某一商品上过滤掉一些被认为无效或虚假的信号，则可以将未使用的风险资金分配给其他有更好交易机会的商品，从而提高交易策略的性能表现。

信号过滤主要有以下几方面作用：

（1）过滤一些虚假信号。

（2）减少了最大日内资金回撤。

（3）提交系统的盈利因子，即在测试周期上总盈利与总亏损的比例。

（4）通常会增加系统期望。

（5）平均盈利交易的持有时间会增加。

有多种类型的信号过滤方法，比如区间运动识别指数（RAVI），或者平均动向指数 ADX。本节主要讨论 ADX，研究 ADX 指标对商品交易信号进行过滤的作用和影响。

ADX 具体计算可参考威尔斯·威尔德所著的《技术交易系统的新概念》一书。具体计算步骤如下：

第一步，先计算＋DM 和－DM，即计算每日价格上升或下降幅度，如图 8－1 所示。

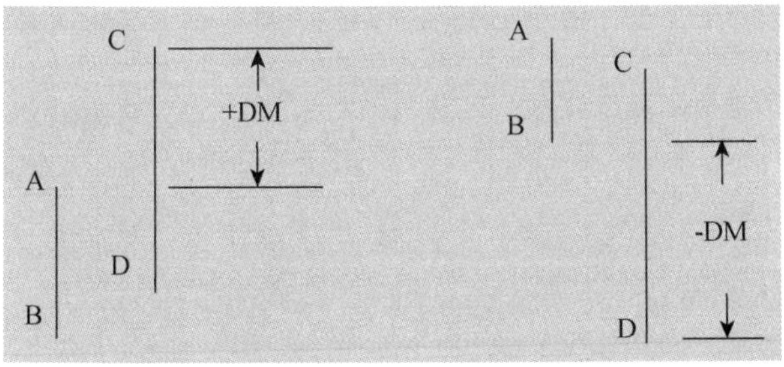

图 8－1　＋DM 和－DM 的计算

第二步，计算价格范围。价格范围就是当日的真实价格范围，定义为下面各值中的最大值：①当日最高价与当日最低价之间的距离；②当日最高价与前一日收市价之间的距离；③当日最低价与前一日收市价之间的距离。

第三步，累计＋DM（14）、－DM（14）以及 TR（14）。

第四步，计算＋DI（14）、－DI（14）以及 DX。

第五步，平滑 DX，得出 ADX。

表 8－1 是根据＋DM、－DM、TR、＋DM（14）、－DM（14）、DX、ADX 的定义，计算铜（Cu1409）从 2014 年 6 月 10 日至 7 月 7 日共 20 个交易日的数值，这段时间铜价正在走高，趋势明显，因此看到 ADX 数值也较高。

表 8－1　＋DM、－DM、TR、＋DM（14）、－DM（14）、DX、ADX 计算实例

日期	最高价	最低价	收盘价	＋DM	－DM	TR（1）	TR（14）	＋DI	－DI	DX	ADX
6 月 10 日	47470	47160	47290			0	0				
6 月 11 日	47700	47210	47610	0	0	310	310	0	0		

续表

日期	最高价	最低价	收盘价	+DM	−DM	TR（1）	TR（14）	+DI	−DI	DX	ADX
6月12日	47510	47180	47200	230	0	490	800	0.2875	0.0000	1.0000	—
6月13日	47610	47070	47410	0	−30	430	1230	0.1870	−0.0244	0.7692	—
6月16日	47780	47380	47740	0	−110	540	1770	0.1299	−0.0791	0.2432	—
6月17日	47910	47640	47840	170	0	400	2170	0.1843	−0.0645	0.4815	—
6月18日	48080	47650	47750	130	0	270	2440	0.2172	−0.0574	0.5821	—
6月19日	48000	47480	47680	170	0	430	2770	0.2439	−0.0488	0.6667	—
6月20日	48490	47710	48420	0	−170	520	3390	0.2065	−0.0914	0.3861	—
6月23日	49310	48340	49270	490	0	810	4200	0.2833	−0.0738	0.5867	—
6月24日	49380	48910	49100	820	0	970	5170	0.3888	−0.0600	0.7328	—
6月25日	49180	48880	49130	70	0	470	5640	0.3688	−0.0550	0.7406	—
6月26日	49680	48910	49590	0	−30	300	5940	0.3502	−0.0572	0.7190	—
6月27日	49720	49340	49520	500	0	770	6710	0.3845	−0.0507	0.7671	—
6月30日	49670	49370	49580	40	0	380	7090	0.3695	−0.0480	0.7703	—
7月1日	50420	49560	50380	0	0	300	7080	0.3701	−0.0480	0.7703	0.6583
7月2日	50530	49860	50320	750	0	860	7450	0.4215	−0.0456	0.8046	0.6443
7月3日	51220	50480	51100	110	0	670	7690	0.4226	−0.0403	0.8258	0.6483
7月4日	51580	50940	51380	690	0	900	8050	0.4894	−0.0248	0.9034	0.6955
7月7日	51410	50590	50850	360	0	640	8290	0.4982	0.0241	0.9076	0.7259

注意：+DI、−DI反映市场的方向，而ADX度量的是市场呈现趋势性的程度。ADX越高，说明市场方向性越强。ADX越低，说明市场方向性越弱。ADX不能区分市场是呈上涨或下跌态势的方向，只是度量趋势性程度。

《超越技术分析》一书中对ADX过滤进行了测试，认为ADX的方向比它的绝对值更重要。本节将测试研究SMA（5，20）双移动平均线交叉交易策略增加ADX方向或绝对值过滤条件前后的性能变化，验证ADX过滤是否真实有效。

双移动平均线交叉决定交易方向，增加信号过滤条件分为两种。

（1）对于ADX方向性过滤，如果当前ADX大于以前某一个时间的ADX，比如20日前，则认为该信号有效；否则认为是无效信号。交易策略入场规则修改为：

①若SMA5日均线上穿SMA20日均线，且前一日ADX大于20日前的

ADX，则做多；

②或若 SMA5 日均线下穿 SMA20 日均线，且前一日 ADX 大于 20 日前的 ADX，则做空。

（2）对于 ADX 绝对值过滤（设定为 0.2），如果当前 ADX 大于 0.2，则认为交易信号有效，否则认为无效。交易策略入场规则修改如下：

①若 SMA5 日均线上穿 SMA20 日均线，且前一日 ADX 大于 0.2，则做多；

②或若 SMA5 日均线下穿 SMA20 日均线，且当日 ADX 大于 0.2，则做空。

如图 8-2 中方框所示，虽然 SMA5 日均线上穿 SMA20 日均线，但 ADX 绝对值并没有验证该信号有效，因此认为是虚假信号，不宜入市做多。

图 8-2 ADX 过滤运行实例（沪铝 1410），由于信号未满足 ADX 绝对值条件交易信号被忽略

增加 ADX 信号过滤后，交易策略性能有哪些变化呢？先来看一下单品种测试情况。

8.1.1 ADX 方向性过滤

（1）单品种与信号过滤。

以铜为例，起始资金为 50 万/品种，2.5 倍杠杆率，测试时间从 2004 年 8 月 1 日至 2014 年 8 月 1 日，SMA（5，20）双均线交叉交易策略增加 ADX 方向（20天）和绝对值0.2过滤规则的测试结果，以及未增加过滤规则的测试结果。统计结果如表8-2所示。

表8-2 ADX方向性过滤（20天）和决定值过滤效果对比

统计指标对比	SMA（5，20）	ADX方向过滤（20天）	ADX绝对值0.2过滤
净盈利	3198469	96398	427215
平均盈利/平均亏损	2.39	2.29	2.41
交易手数	4326	297	789
盈亏比例	33.35%	31.99%	31.43%
盈利效率（ρ=u/δ）	0.001680/0.037394=0.04493	0.000020/0.018873=0.001059	0.001198/0.026308=0.04553

对于品种铜来说，ADX方向性规则过滤掉了约1－（297/4326×100%）＝1－6.97%＝93.02%的交易信号，而盈利则降低了1－（96398/3198469×100%）＝96.99%，说明ADX方向性过滤并没有达到预期效果或者参数设置严重不合理。增加ADX0.2绝对值过滤的测试结果显示该规则过滤了1－（789/4326×100%）＝81.77%的交易信号，盈利则减少了1－（427215/3198469×100%）＝86.64%。显然ADX绝对值0.2也没有有效提升入市信号的质量。从平均盈利与平均亏损、盈亏比例和盈利效率来看，无论ADX方向性，还是绝对值0.2过滤，并没有有效提升入市信号的质量。

图8-3是SMA（5，20）双均线交叉交易策略增加方向性过滤条件ADX（1）＞ADX（n），n从1天逐渐增大到30天的盈利曲线图。从图中还可以看出，我们挑不出一个很好的参数（n）天，也说明铜的价格趋势与ADX的方向性并没有正向联系。

图8-4是SMA（5，20）双均线交叉交易策略增加ADX绝对值过滤条件ADX（1）＞x，x从0以步长0.01增大到1的盈利曲线图。

当ADX的绝对值在0～0.1左右的参数区间时，交易策略的盈利非常稳定。在0.11～0.16时，盈利突然增加并处于高峰，此后一路下滑，到0.3左右触底，0.4以后盈利基本为0。显然，对于ADX绝对值过滤来说，前期测试值0.2过滤掉81.77%的交易信号不合理。

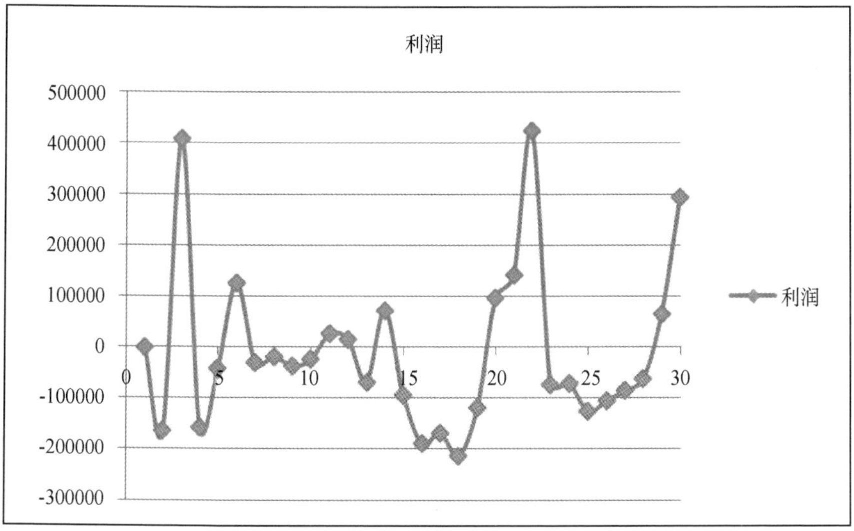

图 8-3 ADX 方向性过滤条件 ADX（1）＞ADX（n），n 从 1～30 天的盈利曲线图

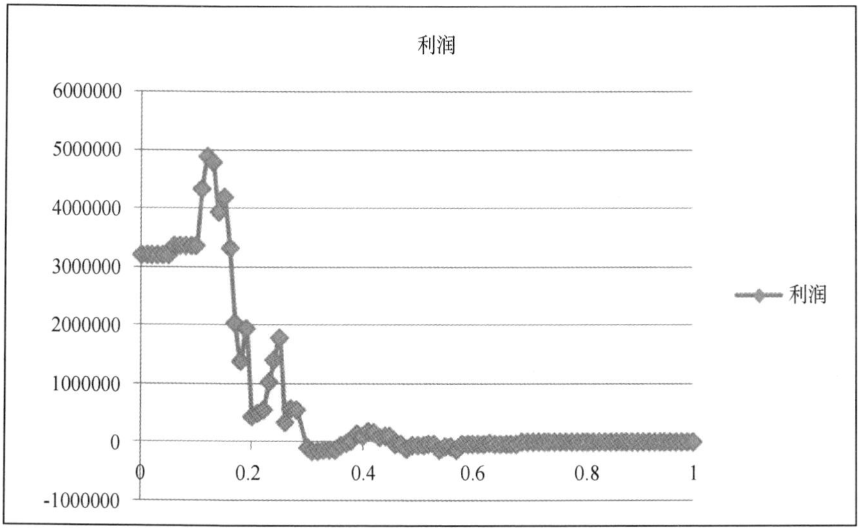

图 8-4 ADX 绝对值过滤条件 ADX（1）＞x，x 从 0 增加到 1，步长 0.01 的盈利曲线图

(2) 投资组合与信号过滤。

单一品种测试结果难以说明问题，现在来看一下投资组合的测试情况，投资组合测试选择所有5年交易数据的品种，测试时间从2009年8月1至2014年8月1日，起始资金为50万/品种，2.5倍杠杆率，2%价格不利变动止损。测试结果如表8-3所示。

表8-3 投资组合时ADX方向性过滤和绝对值过滤效果对比

信号过滤影响	u	δ	u/δ	增比
SMA (5, 20)	0.000429	0.008873	0.04835	—
ADX绝对值0.2过滤	0.000271	0.007265	0.03730	-22.85%
ADX方向性过滤 (4天)	0.000346	0.004369	0.07919	63.78%

从表中测试结果来看，SMA (5, 20) 双均线交叉交易策略增加ADX绝对值过滤条件后，盈利下降有点儿大，导致盈利效率下降明显。而增加ADX方向性过滤条件后，交易策略的盈利效率增加63.78%。增加ADX信号过滤对于交易策略的影响是不确定的。

如图8-5所示，增加ADX方向性过滤(4天)前的过滤条件平滑了资金曲线，降低了风险，且盈利的减少也是可以接受的。

(3) 信号过滤参数优化。

前面的测试是随意选择ADX方向性过滤参数和绝对值参数的测试结果。下面再来看一下ADX信号过滤参数的优化。

测试选择具有10年历史交易数据的所有商品期货品种，测试时间从2004年8月1日至2014年8月1日，起始资金为50万/品种，2.5倍杠杆率，2%价格不利变动止损。

图8-6是SMA双均线交叉交易策略增加ADX信号方向性过滤前后的盈利对比图。

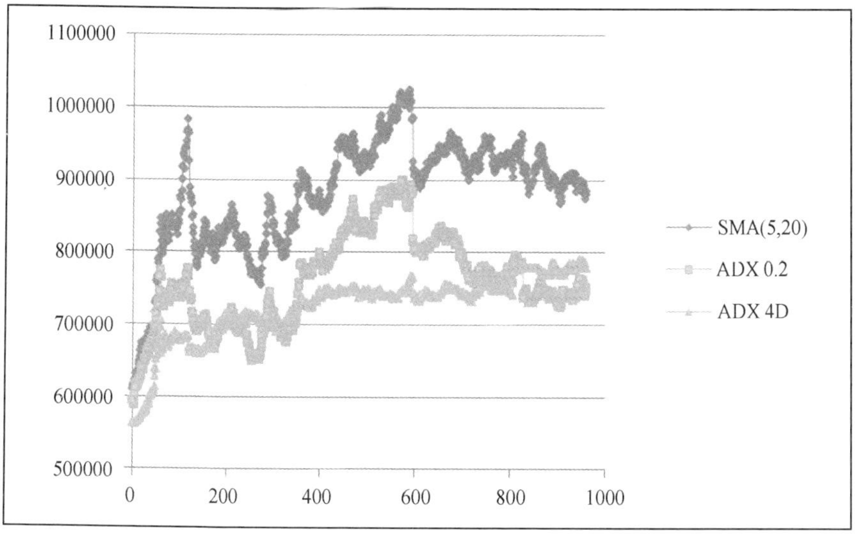

图 8-5　SMA（5，20）、ADX0.2 绝对值过滤和 ADX 方向性过滤 ADX（1）＞ADX（4）的资金曲线对比图

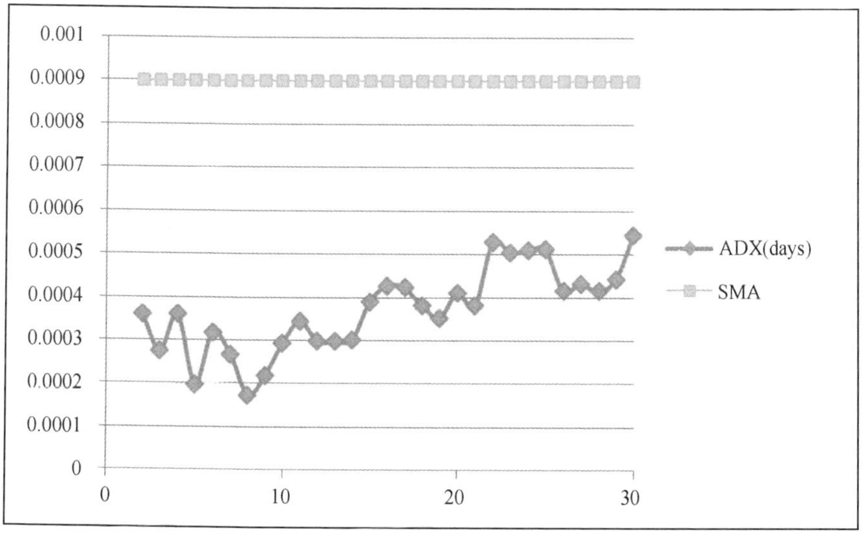

图 8-6　SMA（5，20）、ADX 方向性过滤 ADX（1）＞ADX（n）的日平均盈利曲线对比图（10 年期）

需要注意的是，测试时使用 ADX（1）＞ADX（days）表示 ADX 信号方向，选择的天数范围是 2～30 天（从以前的测试结果来看，SMA（5，20）双均线交叉交易策略的一般交易持有时为 20 多天，因此此处天数最大值设为 30 天）。横轴为天数，纵轴为投资组合资金曲线变动的平均数（没有转换为百分比）。从测试结果来看，随着天数的增加，交易策略的盈利时间开始下降，8 天是个拐点，之后盈利不断地增加，但距离与上面横线所标示的未增加 ADX 方向性过滤条件的 SMA（5，20）双均线交叉交易策略的盈利水平仍有相当大的差距。

图 8－7 是 SMA 双均线交叉交易策略增加 ADX 信号方向性过滤前后盈利效率 u/δ 的对比图。从测试结果来看，增加 ADX 方向性过滤并没有提高交易策略的盈利效率 u/δ，这与 8.1.2 节的测试结论矛盾。

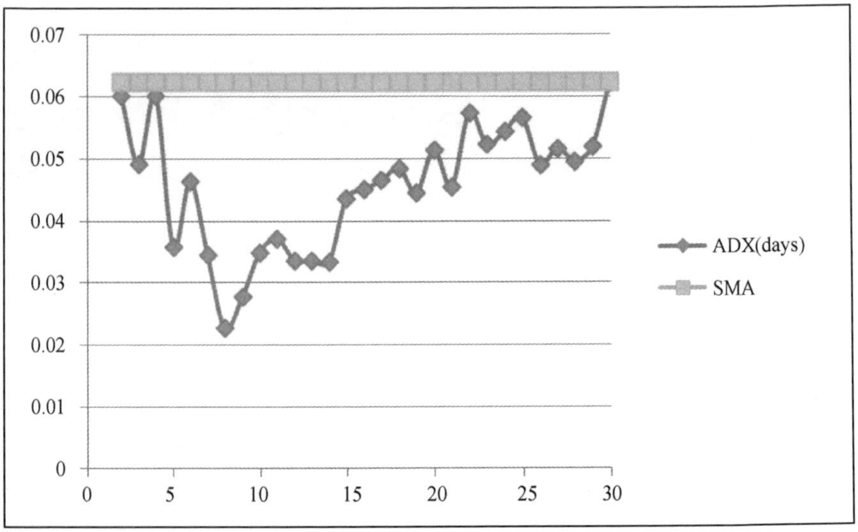

图 8－7　SMA（5，20），ADX 方向过滤（ADX［1］＞ADX［n］）的盈利效率曲线对比图（10 年期）

究竟是 8.1.2 节的 ADX 方向性过滤 ADX（1）＞ADX（n）的 n＝4 天的选择太过偶然，还是 ADX 方向性过滤的效果本来就如此？为此需要返回到 8.1.2 节的组合测试，观察更多品种的测试结果。与 8.1.2 节一样，选择所具有 5 年交易数据的品种，测试时间 2009 年 8 月 1 日至 2014 年 8 月 1 日，起始资金为 50 万/品种，2.5 倍杠，2％入市止损。

5年期SMA（5，20）双均线交叉交易策略增加ADX方向性过滤ADX（1）>ADX（n）的测试结果，如图8-8和图8-9所示。

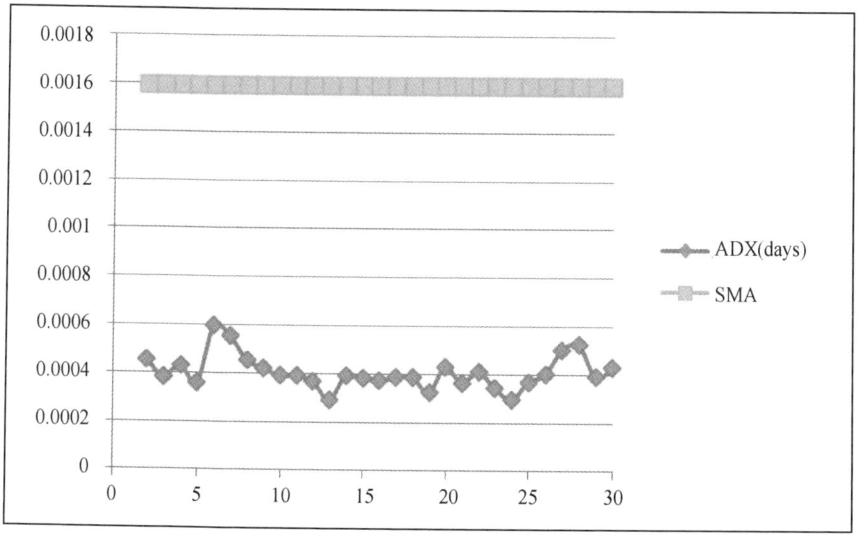

图8-8 SMA（5，20）、ADX方向性过滤ADX（1）>ADX（n）的日平均盈利曲线对比图（5年期）

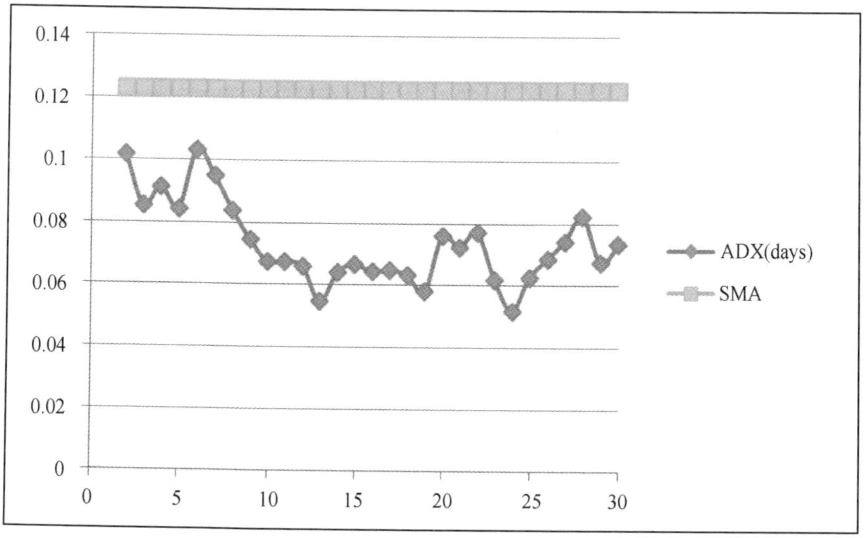

图8-9 SMA（5，20）、ADX方向性过滤ADX（1）>ADX（n）的盈利效率曲线对比图（5年期）

从 ADX 方向性过滤效果来看，无论中期（5 年）投资组合或长期（10 年）投资组合测试的结果都不支持增加 ADX 方向性过滤。因此，本节对于 ADX 方向性过滤的效果持否定意见。

8.1.2 ADX 绝对值过滤

信号过滤参数优化。根据图 8－4 的测试结果，选择 ADX 绝对值优化测试范围为 0～0.5，步长设置为 0.02，共计 25 组数据作为测试样点，以便减轻工作量。测试选择具有 5 年历史交易数据的所有商品期货品种，测试时间从 2009 年 8 月 1 日至 2014 年 8 月 1 日，起始资金为 50 万/品种，2.5 倍杠杆率，2%价格不利变动止损。

图 8－10 是 SMA 双均线交叉交易策略增加 ADX 绝对值过滤条件后日平均盈利折线图。

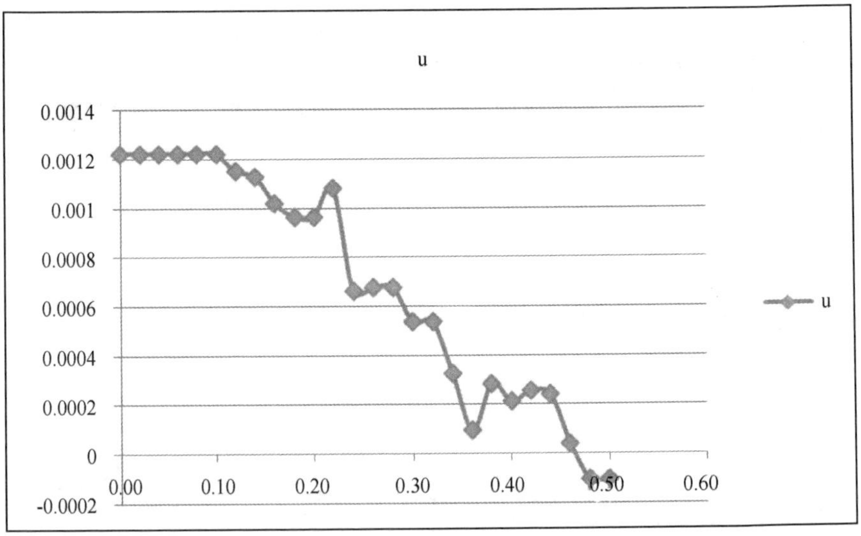

图 8－10　SMA 双均线交叉交易策略增加 ADX 绝对值过滤条件后日平均盈利折线图

从测试结果来看，随着 ADX 绝对值的增加，交易策略的盈利在不断降低。

图 8－11 是 SMA 双均线交叉交易策略增加 ADX 绝对值过滤条件后的盈利效率 u/δ 的折线图。

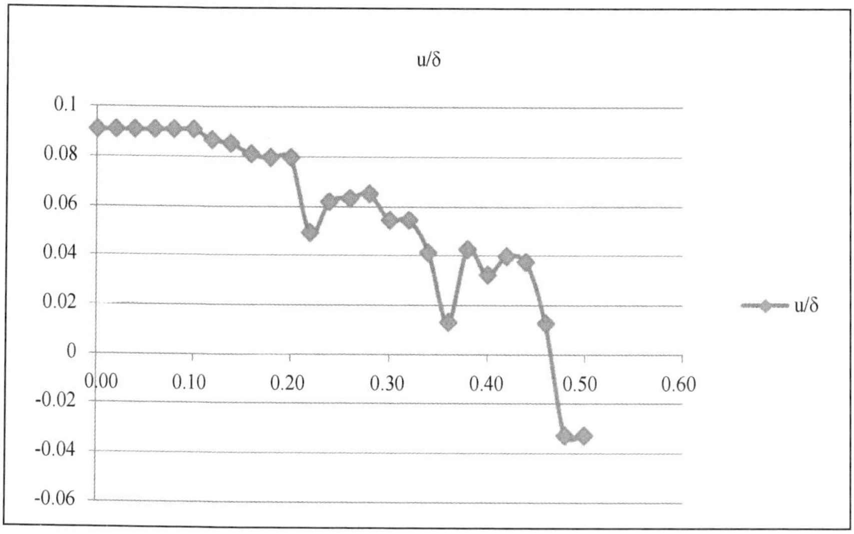

图 8-11 SMA 双均线交叉交易策略增加 ADX 绝对值过滤条件后的盈利效率 u/δ 的折线图

从 SMA 双均线交叉交易策略增加 ADX 绝对值过滤的测试结果来看，无论是盈利或盈利效率都是直线下降，其性能表现是令人悲观的。

8.1.3 信号过滤测试结论

SMA 双均线交叉交易策略增加 ADX 方向性或绝对值过滤条件，其测试结果没有很好验证信号过滤的主要作用，即：

(1) 过滤一些虚假信号。

(2) 减少了最大日内资金回撤。

(3) 提交系统的盈利因子，即总盈利与总亏损的比。

(4) 通常会增加系统期望。

(5) 平均盈利交易的时间长度会增加。

因此，根据 8.1 节的测试结果，不建议增加 ADX 方向性过滤对交易策略进行改进。另外，还存在一起其他过滤信号的方法，比如：

(1) 增加时间性参数，比如等待时间。过滤条件是等待时间内价格没有反向运行。

(2) 增加移动平均的百分比突破。

(3) 增加新指标，比如在更小时间框架内价格创新高或新低。

由于时间有限，作者没有验证这些改进方法的有效性，感兴趣的读者不妨一试。

8.2 跟踪止损

跟踪止损（Trailing Stop），也叫“追踪止损”或“跟进止损”，即当趋势做对且有盈利时不断紧跟最新价格设置新的止损；当趋势反转时触发，以便尽早获利平仓；而当趋势持仓盈利越来越大时，通过提高止损触发价位，交易者可以保证在市场反向变动时仍可实现大部分账面收益而出场。

跟踪止损的选择有很多种方法，常见的有定额止损、百分比止损、价格通道止损、图形形态止损、持仓盈利回调百分比止损和波动性止损等。

跟踪止损的优点：当市场以平滑、长期的趋势运动时，跟踪止损表现最佳，可用来控制风险，并获得极好的风险/回报比。因为没有对价格变化做任何假设，所以跟踪止损能够使我们与市场中的主要趋势保持一致。当止损设置较大时，它们能够很好地吸收市场的波动性，而不会被市场震荡出场。

但是有利必有弊，如图 8－12 所示。Zn1408 多头，趋势良好，因为某一日的价格剧烈波动超过设定的幅度，第二天跟踪止损出场，之后看到趋势继续向上，但已经错过后半段机会了。

图 8－12　沪锌跟踪止损实例——由于设置太紧被震荡出局，未能跟踪后续趋势

跟踪止损的缺点：当跟踪止损设置太松时，可能出场太慢，这样在出场时常常会放弃较大比例的持仓盈利，如果跟踪止损太紧就可能存在出场太快的问题。同时，交易者需要一定的执行纪律，因为坐观市场发生调整岿然不动需要极大的耐心和信心。另外，跟踪止损出场后，如果没有有效的重新入场策略，我们可能会错过重要的市场运动，从而错失重大盈利。

跟踪止损实际是以新的出场方法取代了之前系统本身的出场方法，很多交易者不仅怕输，而且更怕赢。在趋势走对，手中也有较大盈利时很担心市场突然反转从而使盈利得而复失，跟踪止损就是在这种心理需求下应运而生，但究竟效果如何呢?

本节只研究价格百分比回调止损，如在多头趋势形态中，如果价格低于近日最高价格的 2%，为了保护得之不易的盈利，则应提前离场，落袋为安。为考察增加跟踪止损对系统性能的影响，没有增加重新入场方法，请看下面的测试结果。

8.2.1 单一品种与跟踪止损

以橡胶为例，起始资金为 50 万/品种，2.5 倍杠杆率，2%的跟踪止损，测试时间从 2004 年 8 月 1 日至 2014 年 8 月 1 日，SMA（5，20）双均线交叉交易系统增加跟踪止损前后的测试结果如表 8-4 所示。

表 8-4 跟踪止损测试结果对比

统计指标对比	SMA（5，20）	跟踪止损（2%）
净盈利	1304230	1269690
总盈利/总亏损	1.28	1.41
平均盈利/平均亏损	2.02	1.61
交易手数	4209	3717
盈利比率	38.87%	46.60%
盈利效率（$\rho=u/\delta$）	0.001237/0.030163=0.030163	0.000934/0.018166=0.062132
平均盈利周期	22	9

对于橡胶来说，SMA（5，20）双均线交叉交易策略增加跟踪止损后，虽盈利有所下降，但幅度不大，而交易手数有所降低，是由于增加跟踪止损后

的资金曲线要比 SMA（5，20）低造成的。此外，盈利比例有所上升，有些交易入场是盈利的，但随后遭遇价格大幅不利波动，导致止损退出交易，如果这一部分交易采用跟踪止损，会保持一点儿盈利早点儿退出。盈利效率（$\rho = u/\delta$）有很大的提升，平均盈利持有头寸时间（平均盈利周期）由 22 天缩短到只有 9 天。对于橡胶来说，后半段趋势风险比较大。一般来说，一段行情累计的涨跌幅越大，回调的需求就越大，因此早点儿落袋为安似乎比较稳妥。

8.2.2 投资组合与跟踪止损

单一品种测试结果难以说明问题，现在来看一下投资组合的测试情况。投资组合测试选择所有 5 年交易数据的品种，测试时间从 2009 年 8 月 1 日至 2014 年 8 月 1 日，起始资金为 50 万/品种，2.5 倍杠杆率，2%的跟踪止损。测试结果如表 8－5 所示。

表 8.5 投资组合跟踪止损测试结果对比

	SMA（5，20）	2%跟踪止损的 SMA（5，20）	增比
u	0.000758	0.0006220	－17.94%
δ	0.009644	0.006276	－34.92%
u/δ	0.0786	0.0991	＋26.9%

从表中可以看出，增加跟踪止损对于交易策略的影响是积极的，特别是表现在减少风险上，相比增加跟踪止损后的 SMA（5，20）的盈利效率 u/δ 提升了 26.9%。从图 8－13 的资金曲线图也可以看出，增加跟踪止损可以平滑资金曲线、降低风险，并且盈利的减少也是可以接受的。

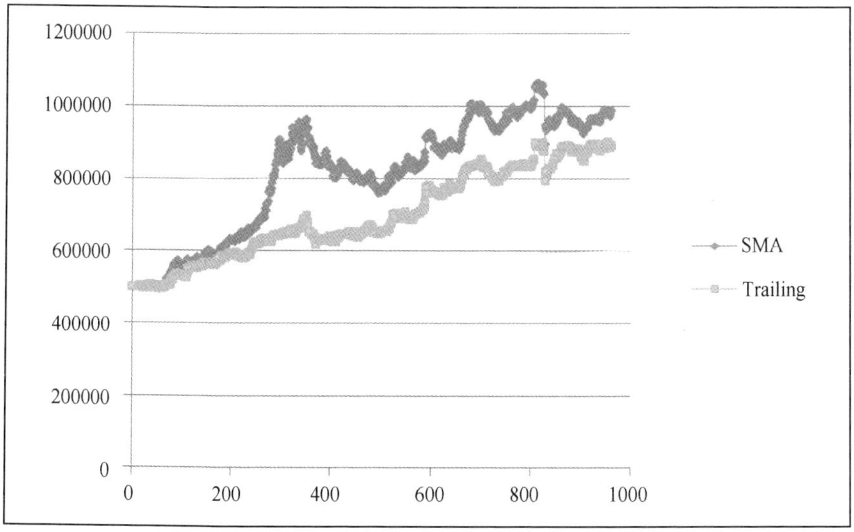

图 8-13 增加跟踪止损前后 SMA（5，20）的资金曲线对比图

8.2.3 跟踪止损参数优化

测试选择所具有 5 年历史交易数据的商品期货品种，测试时间从 2009 年 8 月 1 日至 2014 年 8 月 1 日，起始资金为 50 万/品种，2.5 倍杠杆率，对百分比跟踪止损进行参数优化，根据经验将百分比跟踪止损的比例设置为 1%～8%，步长 0.5%，共计 15 个采样点。优化测试结果如图 8-14 所示。

从测试结果来看，随着跟踪止损比例的放宽，SMA（5，20）双均线跟踪止损交易策略的日平均盈利率也稳步上升，约 6%后甚至超过 SMA（5，20）双均线交叉交易策略本身。

图 8-15 是 SMA（5，20）双均线交叉交易策略增加不同跟踪止损比例后的盈利效率 u/δ 的折线图。

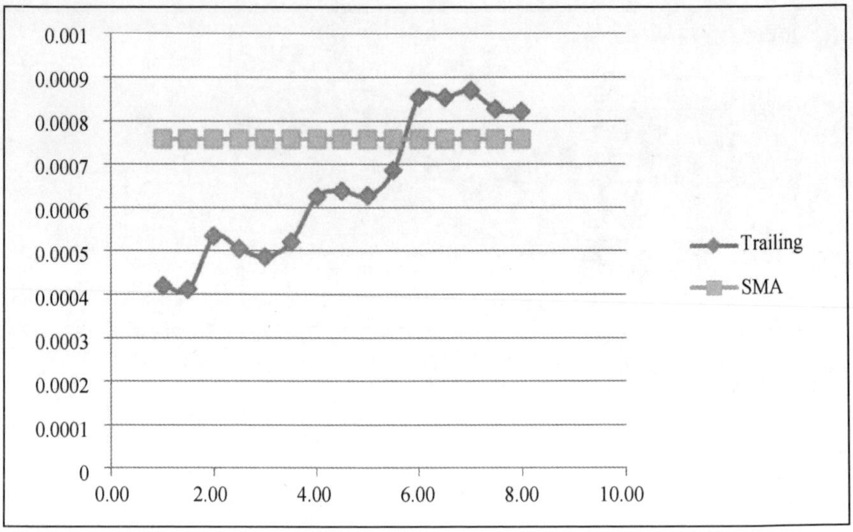

图 8-14　百分比跟踪止损不同参数的日盈利平均值折线图

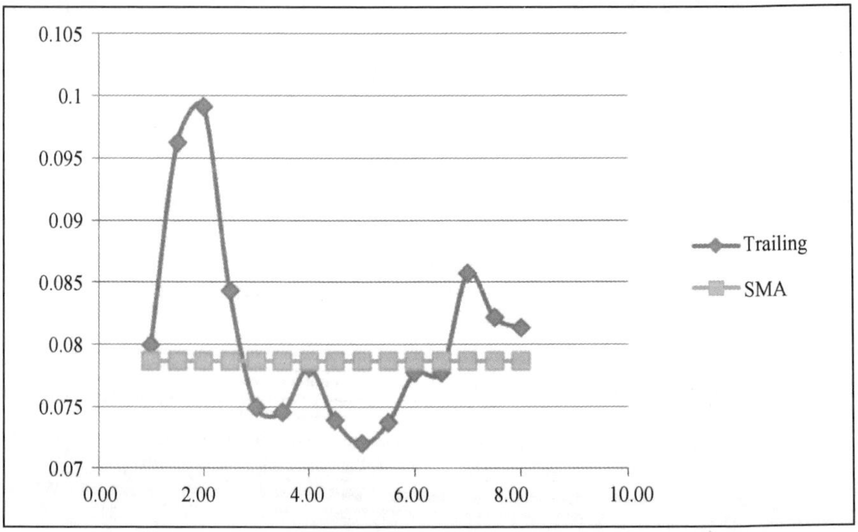

图 8-15　SMA（5，20）双均线交叉交易策略增加不同跟踪止损比例后的盈利效率 u/δ 的折线图

从图 8－15 中跟踪止损优化测试的结果来看，跟踪止损在 1%～2.5%的区间，盈利效率有所提升，超过这一区间，盈利效率是下降的，大约 7 后又开始回升。

8.2.4 跟踪止损测试结论

图 8－14 和图 8－15 的测试结果表明，跟踪止损的比例在 1%～2.5%区间时可以有效提升交易策略的盈利效率，测试结果是积极的，建议采纳。

8.3 总结

本章研究可以改进系统性能的方法，重点关注信号过滤和跟踪止损。

通过测试发现，SMA 双均线交叉交易策略无论增加 ADX 方向性过滤或绝对值过滤，都不能有效提升入场信号的质量或交易策略的性能，测试结果是悲观的，因此不建议通过增加 ADX 方向性过滤的方法对交易策略进行优化。

跟踪止损的选择有很多种方法，常见的有定额止损、资金百分比跟踪止损、价格通道止损、图形形态止损、持仓盈利回调百分比止损和波动性止损等。本章测试了资金百分比跟踪止损，并通过优化测试发现合理区间在 1%～2.5%之间。双均线交叉交易策略增加跟踪止损后，盈利虽先有所下降，但盈利效率 u/δ 却有所提升，从而平滑了资金曲线，因此建议交易者使用。

第九章 交易系统构建

一个系统就是对世界的一种看法。

——卡尔·德意奇《系统化思维导论》

混沌是自然的法则，秩序是人类的梦想。

——亨利·亚当斯

从第四章投资组合、第五章交易周期和时间框架、第六章止损、第七章风险管理到第八章策略改进，构成交易系统的一般性问题基本都进行了测试并得出初步结论，现在是将这些积木搭建成交易系统的时候了。

9.1 交易系统的搭建

结合前面几个章节关于投资组合、止损、时间架构以及优化的测试结论得出：

（1）根据第二章和第四章的测试结果，决定采用 SMA（5，20）双移动平均线交叉作为主交易策略，同时考虑到将多种交易策略组合成一种综合交易策略的好处，因此最终的交易系统是包含 SMA（5，20）双均线交叉交易策略、海龟交易策略和 2%反转交易策略组成的综合交易系统。

（2）根据第四章的测试结果，交易策略应尽量扩大投资组合的数目，最好 7 个品种以上。

（3）根据第五章的测试结果，交易周期为日 K 线，其中 SMA（5，20）双均线交叉交易策略的时间参数选择为 5 日、20 日均线。

（4）根据第六章的测试结果，交易策略采用百分比止损，比例设置为 2%。

（5）根据第七章的测试结果，交易策略的风险资金比例设置为 5%，风险头寸计算使用最大不利变动的计算方法。

(6) 根据第八章的测试结果，交易策略不采用信号过滤，决定使用跟踪止损。

自此，笔者的交易策略筛选、测试、优化、评估和选择已经完成。下一步是基于选择策略构建完整的交易系统和制定详细的交易规则。

必须说明的是，前面几章的测试工作是初步的，使用的方法、数据和测试程序可能存在大量错误，因而可能得出错误的结论。量化测试只是从客观角度用来探索交易市场一般运作规律的工具，反映的是过去的数据，并不能保证系统将来的表现。

9.2 交易前辈——理查德·唐奇安

榜样的力量是无穷的。理查德·唐奇安则是笔者敬仰的榜样。

理查德·唐奇安（1905—1993 年）生于美国康乃狄克州哈特福市，亚美尼亚后裔，美国商品和期货交易专家，期货投资基金领域的先锋。

理查德·唐奇安在 1949 年成立了第一家公开的期货基金公司（Futures，Inc）。他开发了期货投资行业最流行的趋势跟踪投资策略，同时将资金管理概念引进共同基金。

理查德·唐奇安被认为是期货投资基金领域的创建者和期货资金管理系统方法的开发先驱。他毕生投资生涯致力于推进更保守的期货交易方法。

理查德·唐奇安的父母来自于 1880 年时还是奥匈帝国一部分的亚美尼亚西部，定居于美国。年轻时期的理查德就读于康乃狄克州的一所学校，后从耶鲁大学毕业，获得经济学学士学位，又从麻省理工大学获得 MBA。理查德的第一份工作是在他的家族生意——东方地毯当助理。

在此期间，理查德阅读到股市天才杰西利弗莫尔的《股票作手回忆录》。阅读该书之后，理查德非常着迷，他的兴趣转向金融市场。在 1929 年大萧条中他损失了一些钱。这一经历促使他学习技术分析，并获得成功。

理查德在 20 世纪 30 时代开始其华尔街职业生涯，他发布了一个非常流行的股票市场服务，名叫证券向导，后卖给经纪行。1933 年夏天，他成为一名业务员和证券分析师。

二战期间，理查德进入美国军队，参加了西西里岛登陆战役。后来他被提升为空军统计人员。战后，他成为私人投资顾问和证券分析师，一直到1960年。1948年他改变了自己的研究重点，从证券分析转向直接交易，并开发基于技术分析的交易规则。他成立了期货公司，这是当时第一只公开发行的商品基金。

理查德开发了后来称为趋势跟踪的交易系统，该系统基于假定商品价格能长期、持续运动，包含交易规则、交易原则和基于移动平均线的周规则系统。他写了很多关于期货和证券交易的文章，并成为趋势跟踪之父。

1960年理查德被任命为海登斯通公司的商品研究主管，开始基于他的（5，20）移动平均线策略编写每周时事通讯、商品走势等。每周时事通讯很受欢迎，19年的时间经他主编每周发行达到10000份。理查德写的业内经典文章无数，包括趋势跟踪商品价格分析方法。理查德和海登斯通公司的继任者们，包括希尔森/美国运通的继任者们，后来加入了雷曼兄弟，最终成为该公司的副总裁。

在理查德的职业生涯中，他是几家交易所和一些专业市场协会的成员，如纽约棉花交易所、纽约证券分析师协会。

许多现代趋势跟踪系统，如海龟交易系统，是基于他的工作。理查德·唐奇安基金是在他1993年4月死后建立的，其初衷是致力于改善儿童健康状况，帮助他们建立自己的家庭和社区并将友爱传递到有需要的人。

在20世纪60时代，理查德·唐奇安已经使用他的（5，20）移动平均线，且在12年内用5000美元赚到了1500万美元，在他长达30年的职业生涯中，保持了年均60％的回报率。

9.3 交易程序运行架构

将交易策略运用到实战，还需要考虑到市场和操作方面的许多实际问题，从而形成一个完善的交易系统。根据笔者的理解和经验，如图9-1所示，整个交易过程或程序划分为两个层面：底层为交易执行层面，主要包括数据来源、市场分析、交易计划、交易执行、交易总结等；上层为交易系统层面，包含风险控制/资金管理策略、交易策略以及心理调控等。交易者在交易执行层面的不断思考总结，必然从某时点开始上升到交易系统层面来思考整个市场和交易，变得更注重风险控制、交易策略的有效性和关注交易心理调控，从而逐渐摆脱市场分析陷阱，跳出贪婪和恐惧等情绪反应造成的轮回。还需要注意的是，笔者将所有模块都放置在交易纪律的背景下，是因为越是成熟的交易者越是关注交易纪律。有好的交易策略但执行很糟糕，是不会达到好的效果的。本书主题是期货量化交易系统或策略的测试研究，归属于交易系统层面的交易策略范畴，也是笔者在多年的交易经验和痛苦之上被逼进行的，任何交易者都有这一过程，或长或短，从而逐渐成长为成功的交易者。

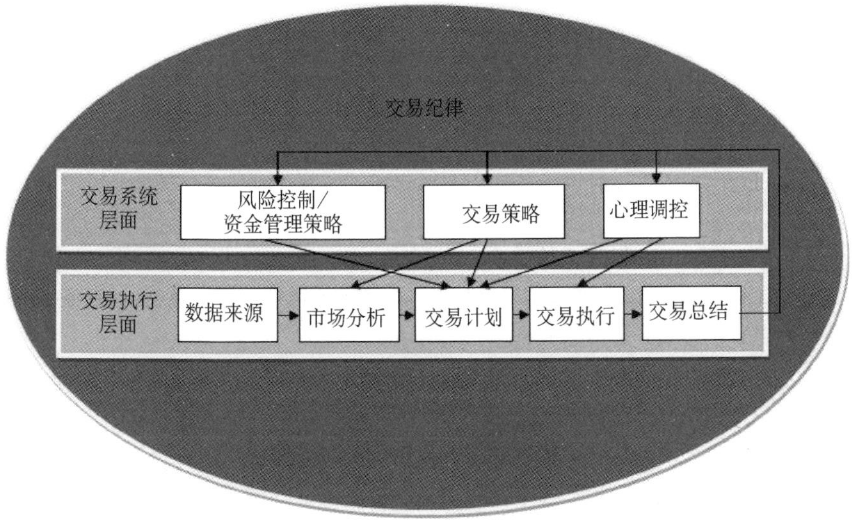

图 9－1 交易程序架构图

各模块的含义解释如下：

数据来源： 市场上很多软件都免费提供市场行情数据和分析工具。

市场分析： 这里的市场分析不是指使用技术分析工具主观地去分析市场价格运动，而是使用已有的交易策略扫描市场，从而产生交易信号，并结合风险控制/资金管理策略决定是否交易。

交易计划： 根据市场分析产生的交易信号和风险控制/资金管理策略共同决定是否入市交易，交易者应做好交易计划的记录工作，以便后续查验交易计划的执行情况。

交易执行： 交易者根据交易计划在规定的时间内进场交易，包括入场、出场、止损等。

交易总结：交易者可以单笔或每交易时段总结交易，监控整个交易的盈利情况、是否遵守交易纪律等。

交易策略：交易者结合交易总结部分的经验和教训，可以对交易策略进行调整修改。如果交易系统并没有达到交易测试时的预期效果，则考虑放弃交易策略。对任何交易系统的修改调整都必须进行严格的历史数据测试。

风险控制/资金管理策略：在第七章我们测试研究了风险暴露、杠杆大小、头寸计算方法等。在实际交易过程中，交易者还需要采用特定方法来监控交易风险。

心理调控：交易教训和经验的不断总结，交易策略不断完善及对市场认识的不断加深使我们交易心理不断成熟。建议读者阅读《交易心理分析》等经典书籍，提高对市场的认识来弥灭心魔。

交易纪律：怎么强调交易纪律都不过分，如果没有交易纪律来保证交易系统的正常运行，本书的努力付之一炬。

普通交易者注意力集中在市场分析、交易执行以及不断的心理崩溃和狂喜的轮回之中。经验老到的交易者关注交易计划、交易纪律和风险管控，而成功的交易者则关注交易策略和风险管理。如何评估、优化及寻找更好的交易策略和事前、事中、事后全方面的量化和控制风险才是重中之重。

9.4 交易系统规则

交易者搭建好自己的交易系统后（见 9.1 节），需要进一步细化，并包含交易程序其他环节注意事项，形成一整套交易系统规则。

交易规则制定交易过程中包含入场、止损、出场、品种选择、交易时机等所有交易环节的取舍及决策细则，因此必须清楚、明确。交易过程的任一决定、判断和选择都必须有规则可寻，否则容易陷入主观臆断，在患得患失中难以自拔。

9.4.1 信号统计

交易者在非交易时段应对整个期货市场所有交易品种使用交易策略进行一次扫描，将所有交易信号记录下来。对于已经持有头寸的交易，需观察是否到了止损位。所有交易信号或止损信号必须记录在案，并足够详细，以备后续查验。

交易信号统计的示例如表 9 - 1 所示，表格中至少应包括信号 ID、交易的品种、代码及发生时间、交易方向、产生交易的交易策略等信息。

表 9 - 1 交易信号统计

信号 ID	交易品种	品种代码	信号发生日期（年-月-日）	方向	交易策略	手数	出市信号	信号采用	原因
1	锌	Zn1506	2015-03-27	多	SMA（5，20）	1		是	无
2	橡胶	Ru1509	2015-03-27	多	SMA（5，20）	1		不	买进交易信号，但今天大幅下跌，主管判断不采纳
3	沥青	BU1509	2015-03-27	多	SMA（5，20）	3		不	流动性太差，不予以采纳

9.4.2 品种选择

如在交易计划时发现多个品种同时产生交易信号，而风险资金不足以交易这么多品种时，可根据以下几点进行选择。

（1）其他交易策略也在该品种上产生相同交易信号，则优选该品种制订交易计划。

（2）根据品种的相对强弱主观选择交易哪一个或几个品种。

（3）原则上，笔者的品种选择是任意的。如果无法根据表 9 - 1 中的 1 和 2 进行选择，则主观随机决定即可。

（4）在表 9 - 1 的信号采用及原因一栏记录是否交易及其原因，以备查验。

9.4.3 入市时机

交易品种确定后，需要在更小的时间框架内决定什么时候入市交易。笔者的原则是尽快随机入市即可。

交易策略运行时，有时会发现交易前一日或当日波动幅度较大，如果立即入市交易，可能并不是最好的时机。而延后交易，比如 3 日内择机入市可能会更好，或考虑分批建仓策略也能降低风险。另外，在当日何时交易也是个问题，当日价格波动幅度可能较大，交易者可能试图寻找好的时机择机入场。由于市场价格运行的随机成分很高，择机入市是徒劳的，交易者可以固定交易时间，比如下午 2：00 入市交易即可，无需考虑交易品种当日和当时的价格波动情况。

本交易系统不进行入市时机选择，即入场时不考虑前一日或当日的价格波动，以及当日不同时间的波动情况，不采用分批建仓策略，只要交易策略发生交易信号，立即入市。

9.4.4 交易计划

根据市场扫描的交易信号统计信息，如果是止损信号，则直接制订交易计划，即日执行。

如是开仓做多或者做空交易信号，则根据目前的风险资金分配情况，如还有风险资金，则根据 9.4.2 进行品种选择并制订交易计划，如没有交易风险资金，则忽略交易信号。交易品种交易多大头寸，则根据 7.5 节的计算方法进行计算。

表 9－1 需增加多列记录交易信号计划信息，包含交易的执行时间、交易的头寸大小、入场价位、交易的金额、所采用的杠杆等信息，形成如表 9－2 所示的交易记录。

表 9－2　交易记录统计

交易ID	交易品种	交易代码	信号发生日期（年-月-日）	执行日期	做市方向	交易头寸	入场价位	止损位	交易金额	杠杆	平仓价格	平仓日期（年-月-日）	原因
1	锌	Zn1506	2015-03-27	2015-03-27	多	1	15930	15611	50000	0.85	16640	2015-05-21	
2	玉米	C1509	2015-03-27	2015-03-27	空	4	2533	2584	50000	1.08	—	—	
3	鸡蛋	JD1509	2015-03-27	2015-03-27	空	2	4574	4665	50000	0.98	4464	2015-04-23	

9.4.5 止损规则

交易策略的入场止损设置为价格不利变动的 2%，当交易品种价格前一日收盘价到达止损位时必须在次日立即执行止损出场，并相应在表 9－2 平仓价格一栏记录止损价格及在平仓期中记录平仓日期，同时在原因一览记录为止损。

9.4.6 加仓规则

如果某一商品价格走势良好，则某些交易策略可能考虑是否加仓。趋势交易大多数交易都是亏损的，如果能在趋势良好并且盈利的品种上加仓，可能会改善交易成绩。本交易策略不考虑加仓，因为加仓已经不是交易策略所产生的信号，而是破坏了交易策略的完整性。

9.4.7 减仓规则

如果某一品种入场后价格走势良好，已有相当的利润，而目前看来趋势会有所调整，交易者可能会考虑减仓来控制回调风险。本交易策略不考虑减仓来控制风险。通过减仓来控制风险是站在单笔交易的角度考虑而不是站在交易系统层面考虑风险，同时减仓规则也破坏了交易策略的完整性。

9.4.8 追市规则

如果交易头寸因为入场止损平仓退出了，现在价格又回到并超过止损价位，行情发展超过止损时的预期，则有些交易策略可能考虑采取追市。本交易系统为多品种交易策略，一个品种没有抓住趋势，其他品种也应持有相当仓位，因此不考虑追市。

9.4.9 过滤规则

根据系统信号以一定交易头寸入场后因行情止损出场，之后价格反转又在同方向产生交易信号如此反复的情况，将会造成多次小幅亏损，以致累积成大亏损。交易策略可能会考虑采取过滤规则，但本交易系统为多品种交易策略，一个交易品种的反复震荡所产生的亏损由其他品种产生的盈利抵消，根据第八章的测试结果，不采取过滤规则。反复小幅度亏损是交易的一部分，不可避免。

9.4.10 交易执行

交易者应根据交易计划，在规定的时间段无条件予以执行。

巨大的市场行情波动引发资金的大幅起落，很容易对交易者形成强烈的心理冲击，此时应本着交易在当下，利益在长远的精神，彻底理解市场随机性和概率的本质，严格遵守交易纪律和坚决执行交易。

9.4.11 交易总结

交易者在每一交易时段完成后必须进行交易总结，监控整个交易的盈利情况是否遵守交易策略、规则和纪律等，如观察到效果不佳，则寻找原因，必要时不断改进和完善交易策略。

9.5 交易纪律

一般来说，纪律有三种基本含义：①纪律是指惩罚；②纪律是指通过施加外来约束达到纠正行为目的手段；③纪律是指对自身行为起作用的内在约束力。这三点概括了纪律的基本内涵，同时也反映出良好纪律的形成过程是一个由外在的强迫压力逐步过渡到内在自律的过程。

交易纪律是交易者自己或他人制定的，目的是约束交易者交易行为、规避人的心理弱点和心态变化的规则，是交易系统的重要构成部分。

没有规矩，不成方圆！

一般投资机构根据“事前预防、事中控制、事后补救”的原则，建立相应的风险控制体系和组织结构来控制交易风险。为了保证有效的风险管理，可以使用明确的书面风险政策文件、独立的检查和审计机制、常规性的风险意识宣传等手段强制约束整个交易活动。但是个人投资者一般从零开始，从不断失败中总结和建立交易系统，制定形成交易纪律，执行过程不断反复破坏，到最后自觉遵守交易纪律，是个循序渐进、不断努力的过程。个人交易者培养和遵守交易纪律是一件非常困难的事情，需要莫大的意志力，且涉及到很多心理问题。在第十二章将专门讨论交易心理调控和自律。必备的心理学知识，是交易者迈向成为自律交易者的基石。

交易中的一切行为都需要纪律来约束，缺乏交易纪律可能造成各种各样的交易问题，比如过度交易、过早入场或过迟入场、不能耐心等待交易系统给出的信号机会、尝试在波动剧烈的行情中火中取栗、逆市交易、抢低和畏高、情绪不受控制，心理崩溃，等等。特别是主观交易，遵守交易纪律几乎是个泥潭，交易者每天都在里面痛苦挣扎，难以自拔。严格而有效的纪律必须建立在严密而有效的交易系统之上，交易者不能相信所谓的盘感，根据自己的分析和判断随意地破坏交易规则。

交易中最重要的、最难的是什么？当然是纪律！纪律！纪律！遵守纪律最重要！遵守纪律最难！遵守纪律重于一切！纪律是交易获利的保证，必须把交易纪律当成最高准则来对待才能少犯错误和生存下去。我们可能认为交易纪律是一种约束，会防碍我们交易自由和行动能力，却忘了纪律始终在保护我们的资本安全和盈利优势。不守纪律有时也能获取暴利，而遵守纪律却常常造成损失，这种随机报酬现象很有冲击力，引诱很多人放松了安全警惕，而投入到破坏纪律的队伍中去。

我们必须明白，不守纪律获取的只是暂时的利润，它无法长久，而守纪律获取的是长久的回报，切不可因小失大。投资者难以遵守纪律的根本原因是并没有真正理解交易纪律的重要性，因遵守纪律却被市场短期波动遭受损失或者因不守纪律反而获得的短期收益所蒙蔽，这种蒙蔽令很多投资者丧失自己，最终消失在市场的废墟里。

大多数交易者亏损的最大根源就是不遵守纪律。你可以总结一下自己的交易经历，看看是否如此。知难行更难，市场千变万化，交易者在使用自己的交易系统进行交易时会面对各种各样的情况。同时，交易者也有不同的性格，有些交易规则对某一些人很容易执行，但另外一些交易规则可能会非常难，交易者会一而再、再而三的屡犯屡错。

以下是笔者 2012 年主观交易时设置的交易纪律，一共 6 条：

（1）每周只能进出入市场一次，克服交易频繁问题。

（2）任何交易必须有止损位，而且到止损时必须立即出场。

（3）交易前需进行市场分析和制订交易计划，审核交易计划是否满足交易纪律、资金管理、风险管理要求（避免场内冲动交易，入市不要怕错过机会过早入市，或怕错误、亏损过晚入市，抱住单子不怕回撤，让市场告诉什么时候出来，一定要有耐心）。

（4）严格按照预订计划执行交易，严禁盯盘时没有交易计划而进行冲动交易。

（5）每次交易必须记录（克服交易记录不全的问题）。

（6）违反以上交易纪律和资金管理中的任意一个规定，停止交易一周。

以此类推。

这些交易纪律是针对个人交易问题设置的，虽然很粗糙，但相比之前没有交易纪律、交易性质和效果，却大为不同。

交易者主观交易时，每一个决策都可能背负着生与死、对与错的精神压力，对于交易纪律的遵守是需要极大的自我控制能力的。笔者本人在主观交易过程中，就有无数次放纵散乱、捶墙跺地、陷入悲伤和后悔。为了遵守交易纪律，我们必须立下宏愿、日夜警惕、一日不可懈怠，方可坚守，个中滋味和艰难，或许只有期货人才能体会。

以下是笔者 2015 年量化交易（半自动化）时设置的交易纪律，一共 4 条：

（1）每日监控市场，遍历所有交易品种，并将交易策略产生的交易信号记录在案。

（2）根据交易信号和使用的资金管理策略决定交易品种和机会并制订交易计划。

（3）严格按照交易计划进行操作。

（4）定期检查和回顾交易执行情况。

可以看出，量化交易设置的交易纪律都是日常工作，不再涉及到市场分析和决策，并没有精神压力，只要勤劳一点儿，便可搞定。而量化交易由于已经在系统层面上对市场风险有了量的认识，遵守交易纪律的心理压力也大为减轻。量化交易让市场的归市场，交易者的归交易者。遵守交易纪律不再是一种折磨，更多的是一种从容和淡定。

9.6 总结

本章根据前面章节关于投资组合、止损、时间架构以及参数优化等测试结论，构建出一个由 SMA（5，20）双均线交叉交易策略、海龟交易策略和 2%反转交易策略组成的综合交易系统，并结合笔者的交易程序运行架构，明确交易系统的各项规则。

虽然 SMA（5，20）双均线交叉交易策略、海龟交易策略和 2%反转交易策略都非常简单，但市场所表现出来的复杂性远超出人们的想象，企图使用人力，通过不断了解市场设计出强大的系统来战胜市场的努力显然是徒劳的。

越是简单的系统，对市场价格运行状态假定的成分越少，就越有可能在实际交易时取得成功。蚊子屡遭扑杀，却越发猖獗；大熊猫有人类的呵护，却濒临绝境。前者只需要简单的自然条件就能存活，而后者对周遭环境要求太多，适应自然变化的能力就差，虽然非常容易被淘汰。

交易中最重要、最难的是什么？当然是纪律！交易策略的测试、优化和评估反映交易者的知识和理性，而交易纪律体现的是交易者的品质和意志，只有将两者很好地结合在一起，才能获得成功。

第十章　交易系统运行实例

爱曰："古人说知行做两个，亦是要人见个分晓，一做知的功夫，一做行的功夫，即功夫始有下落。"先生曰："此却失了古人宗旨也。某尝说知是行的主意，行是知的功夫；知是行之始，行是知之成。若会得时，只说一个知已自有行在，只说一个行已自有知在。古人所以既说一个知又说一个行者，只为世间有一种人，懵懵懂懂地任意去做，全不解思维省察，也只是个冥行妄做，所以必说个知，方才行得是；又有一种人，茫茫荡荡悬空去思索，全不肯着实躬行，也只是个揣摸影响，所以必说一个行，方才知得真。此是古人不得已补偏救弊的说话，若见得这个意时，即一言而足，今人却就将知行分作两件去做，以为必先知了然后能行，我如今且去讲习讨论做知的功夫，待知得真了方去做行的功夫，故遂终身不行，亦遂终身不知。此不是小病痛，其来已非一日矣。某今说个知行合一，正是对病的药。又不是某凿空杜撰，知行本体原是如此。今若知得宗旨时，即说两个亦不妨，亦只是一个；若不会宗旨，便说一个，亦济得甚事？只是闲说话。"

——《传习录》卷上·徐爱录

系统交易方法分为两个关键阶段：第一个关键阶段是形成正确的交易策略思想，主要考验的是交易者的智力和经验。是知；第二个关键阶段是将形成的交易系统运用到实战，主要考验交易者的意志力和心理素质。是行。因此，交易系统是对交易者的智力、经验、意志力和心理素质的全面考验。交易的成功，必须知行合一，方能有所成就。

在将交易系统投入实战之前，还有一个重要的步骤，即前向测试。其方法是采用不同于回测数据样本，而是使用样本外数据进行再次测试验证交易策略的盈利能力、优化参数组合是否过度拟合以及稳定性。本书在投资组合一章使用3年滑动窗口的数据样本来考察交易策略，实际已经包含前向测试，因此本书跳过这一步骤，直接将交易系统运用到实战，这一点请读者注意。

10.1 基金单位净值

任何人想要在期货市场成功，专业化是必由之路。交易者成立自己的期货投资基金、做自己基金的操盘手，按照自己的交易系统进行交易，对自有资金进行规范化管理，可能是交易成功的必由之路。

首先来看一下基金单位净值的计算。

基金单位净值，即每份基金单位的净资产价值等于基金的总资产减去总负债后的余额再除以基金全部发行的单位份额总数。

基金单位净值的估值是指对基金资产净值按照一定的价格进行估算。它是计算单位基金资产净值的关键，基金往往分散投资于证券市场中的各种投资产品，如股票、债券等。由于这些资产的市场价格是不断变动的，因此，只有每日对单位基金资产净值重新计算，才能及时反映基金的投资价值。

无论哪一种基金，在初次发行时将基金总额分成若干个等额的整数份，每一份即为一“基金单位”。在基金的运作过程中，基金单位价格会随着基金资产值和收益的变化而变化。为了比较准确地对基金进行计价和报价，使基金价格能较准确地反映基金的真实价值，就必须对某个时点上每基金单位实际代表的价值予以估算，并将估值结果以资产净值公布。

基金单位净值基本公式：

$$\text{基金单位净值}=\frac{\text{总资产}-\text{总负债}}{\text{基金单位总数}}$$

其中，总资产指基金拥有的所有资产，包括股票、债券、银行存款和其他有价证券等；总负债指基金运作及融资时所形成的负债，包括应付给他人的各项费用、应付资金利息等；基金单位总数是指当时发行在外的基金单位的总量。

（1）基金单位净值计算实例。

①基金设立。

如表 10－1 所示，以笔者在 2014 年 12 月 31 日的某一期货资金账户为例，余额是 58458 元，拟成立个人期货资金。因为是初次成立，需要将基金总额分成若干个等额的整数份，每一份即为一“基金单位”。本例将 58458 元分成 58458 等份，一基金单位对应 1 元。

表 10－1　个人基金净值——资金设立时的计算

日期	日初	日末	盈亏	盈亏比例	交易市值	杠杆率	手续费	回撤标记	资金管理	单位净值	基金份额	最大资金回撤	最大回撤时间
12 月 31 日	58458	56454	－2004	－3.43%	418520	7.49	0	Y	Y	1.00	56454	0.00%	0
1 月 5 日	56454	51799	－4655	－8.25%	418520	8.65	0	Y	Y	0.92	56454	－8.25%	1
1 月 6 日	51799	55858	4059	7.84%	483020	8.65	0	Y	Y	0.99	56454	7.84%	2
1 月 7 日	55858	56459	601	1.08%	483020	8.65	0	Y	Y	1.00	56454	1.08%	0
1 月 8 日	56459	58417	1958	3.47%	486320	8.25	0	Y	Y	1.03	56454	3.47%	0
1 月 9 日	58417	57618	－799	－1.37%	510720	8.98	0	Y	Y	1.02	56454	－1.37%	1
1 月 12 日	57618	57128	－490	－0.85%	51170	8.92	30	Y	Y	1.01	56454	－0.85%	2
1 月 13 日	57128	54908	－2220	－3.89%	508270	9.33	0	Y	Y	0.97	56454	－3.89%	3
1 月 14 日	54908	53337	－1571	－2.86%	508270	9.52	0	Y	Y	0.94	56454	－2.86%	4

$$根据基金单位净值=\frac{(总资产-总负债)}{基金单位总数},$$

$$即\ 1=\frac{(58458-0)}{58458}$$

②资金增加和减少（申购和赎回）。

如表 10－2 所示，笔者期货账户在 2015 年 2 月 26 日被提取 20000 元，相当于提取：

$$提取基金份额=\frac{提取金额}{基金单位净值}$$

$$即\ 14492（份）=\frac{20000}{1.38}$$

剩下的基金份额＝基金份额总数－提取基金份额＝
56454－14492＝41961（份）

相应地在 2 月 27 日基金份额一栏，由于提取 20000 元，基金份额由 56454 下降到 41961 份，资金总额也从 78117 元下降到 58117 元。

表 10－2 个人基金净值——资金申购和赎回时的计算

日期	日初	日末	盈亏	盈亏比例	交易市值	杠杆率	手续费	回撤标记	资金管理	单位净值	基金份额	最大资金回撤	最大回撤时间
2 月 25 日	77698	78117	419	0.54%	644120	8.29	0	Y	Y	1.38	56454	0.54%	0
2 月 26 日	58117	63327	5210	8.96%	644120	8.29	0	Y	Y	1.51	41961	9.07%	0
2 月 27 日	63327	65365	2038	3.22%	700620	10.74	67	Y	Y	1.56	41961	3.22%	0

（2）以基金净值管理资金账户，将资金账户绝对值转换成相对值有以下两点好处。

①资金管理迈向专业化的第一步。

②相对值容易计算和管理，特别是出入金比较频繁的账户。

由此，在后续的章节中，只列出交易账户的基金净值即可。

10.2 资金关键数据记录

资金相关数据的格式和内容应该规范统一，以便以后检查研究。以笔者某一个实际账户为例，说明实际交易时记录一些关键数据的必要性。表 10－3 列出了从 2013 年 12 月 16 日至 2014 年 1 月 16 日为止交易账户的一些关键信息，包括资金余额、当日盈亏及比例、交易市值、杠杆、手续费、基金单位和净值、最大回撤比例、最大回撤时长等信息（最后三列的资金变动 20 日滑动平均值（%）、资金变动 20 日滑动方差和资金变动 20 日滑动盈利效率三个数据用于资金账户风险的实时监控，在第十一章进行详细介绍）。

表 10－3 个人期货基金——资金账户关键数据

日期	日初	日末	盈亏	盈亏比例	交易市值	杠杆率	手续费	单位净值	基金单位	最大回撤比例	最大回撤时间	资金变动20日滑动平均值（%）	资金变动20日滑动方差	资金变动20日滑动盈利效率
12月16日		80000						1.00	80000					
12月17日	80000	81700	1700	2.13%	240000	3.00	75	1.02	80000					
12月18日	81700	81625	－75	－0.09%	246800	3.02	0	1.02	80000					
12月19日	81625	81525	－100	－0.12%	246800	3.02	0	1.02	80000	0.00%	2			
12月20日	81525	84325	2800	3.43%	246800	3.02	0	1.05	80000					
12月23日	84325	87025	2700	3.20%	240900	2.75	0	1.09	80000					
12月24日	87025	86125	－900	－1.03%	242300	2.81	0	1.08	80000	－1.03%				
12月25日	86125	86525	400	0.46%	242300	2.81	0	1.08	80000		1			
12月26日	86525	87825	1300	1.50%	240600	2.74	0	1.10	80000					
12月27日	87825	86725	－1100	－1.25%	241700	2.79	0	1.08	80000					
12月30日	86725	86225	－500	－0.58%	241000	2.79	0	1.08	80000	－1.82%	2			
12月31日	86225	90925	4700	5.45%	236900	2.59	0	1.14	80000					
1月2日	90925	92125	1200	1.32%	230000	2.40	0	1.15	80000					
1月3日	92125	95225	3100	3.36%	230000	2.50	0	1.19	80000					
1月6日	95225	97377	2152	2.26%	210000	2.40	0	1.22	80000					
1月7日	97377	97817	440	0.45%	210000	2.40	0	1.22	80000					
1月8日	97817	95750	－2067	－2.11%	210000	2.40	0	1.20	80000	2.11%				
1月9日	95750	97450	1700	1.78%	210000	2.40	0	1.22	80000		2			
1月10日	97450	100650	3200	3.28%	210000	2.30	0	1.26	80000					
1月13日	100650	100650	0	0.00%	210000	2.30	0	1.23	80000					
1月14日	100650	100658	8	0.01%	300000	3.00	0	1.26	80000					
1月15日	100658	98797	－1861	－1.85%	300000	3.00	0	1.23	80000			1.17	0.01765	0.6644
1月16日	98797	97828	－969	－0.98%	300000	3.00	0	1.22	80000			0.97	0.01779	0.5475

日初、日末两列记录资金账户余额，两者差值反映资金当日变化。若由于出入金仅记录日初时，则无法反映出资金变化是由出入金引起的，还是由当日盈亏引起的。

盈亏一栏为日末资金额－日初资金额度，指当日的盈亏情况。盈利比例为盈亏/日初资金。

交易市值一栏是持仓投资组合总市值，用来计算杠杆。杠杆（率）＝交易市值/日初资金。

手续费一列记录当日发生的佣金。

基金的单位净值根据 10.1 节进行计算，方便管理。

最大回撤比例和最大回撤时长用来记录资金的回撤情况。

如果出入金比较频繁，应该学一点儿会计知识，整理一张表，记录出入金情况，方便在年终或其他需要总结的日期核算账户的盈利或亏损情况。

需要提醒读者注意的是，数据记录详细完整是做好交易的基本功。在交易的其他环节，比如交易信号统计、交易计划，交易执行等，都需要做好记录，以便以后回顾总结。日后查找时，各项内容应该具有连续性。交易记录一方面在于帮助日后进行统计分析，一方面也可以帮助投资者克服心理障碍，保持心态稳定。

为了评估三种交易策略累加后的组合交易系统的效果，可将三个资金账户累加组成一个综合账户。如表 10－4 所示。

表 10－4 个人综合期货基金——三种不同交易策略累加后的组合策略

日期	基金(SMA)资金	基金(SMA)交易市值	基金(海龟)资金	基金(海龟)交易市值	基金(2%)资金	基金(2%)交易市值	综合资金	盈亏	盈亏比	交易市值	杠杆率	单位净值	基金单位	最大资金回撤	最大回撤时间
3 月 26 日	100000	0	100000	0	100000	0	300000	0	0.00%	0	0.00	1.00	300000	0.00%	0
3 月 27 日	100000	272065	99451	163550	99740	265325	299191	－809	－0.27%	700940	2.34	1.00	300000	0.00%	1
3 月 30 日	99020	272065	98666	163550	99020	265325	296706	－2485	－0.84%	700940	2.36	0.99	300000	1.00%	2
3 月 31 日	100712	272065	99892	163550	100440	265325	301044	4338	1.44%	700940	2.33	1.00	300000		0
4 月 1 日	93333	272085	94000	275445	99360	266675	286693	－1019	－0.36%	814205	2.84	1.00	286668		1
4 月 2 日	98864	362950	93451	270700	101425	263590	293740	7047	2.40%	897240	3.05	1.02	286668		0
4 月 3 日	101189	362275	93124	259880	102285	370375	296598	2858	0.96%	992530	3.35	1.03	286668		0

10.3 交易系统实际运行实例

经过精心测试挑选出的交易策略并基于此建立起来的交易系统实际运行效果怎么样呢？本节将根据笔者的三个账户说明 SMA（5，20）双移动均线交叉交易系统、海龟交易策略、2%反转交易系统以及三个交易系统组合后的综合交易系统的实际运行情况。

每个交易系统起始资金为10万，杠杆控制在5倍，交易系统实战运行时间2015年3月27日至2015年6月30日，共计60个交易日。具体情况如下。

10.3.1 SMA（5，20）双均线交叉交易系统基金运行实例

（1）交易信号和执行记录。

SMA（5，20）双均线交叉交易系统基金试运行期间交易信号和执行信息。如表10－5所示。

表10－5 SMA（5，20）双均线交叉交易系统试运行期间交易信号和执行信息

交易ID	交易品种	交易代码	信号发生日期（年-月-日）	交易计划日期（年-月-日）	计划执行日期（年-月-日）	做市方向	交易头寸	买入位	止损位	交易金额	平仓价格	平仓日期（年-月-日）	点评
1	锌	Zn1506	2015-03-27	2015-03-27	2015-03-27	多	1	15930	15611	50000	16640	2015-05-21	盈利
2	玉米	C1509	2015-03-27	2015-03-27	2015-03-27	空	4	2533	2584	50000	2546	2015-04-23	亏损
3	鸡蛋	JD1509	2015-03-27	2015-03-27	2015-03-27	空	2	4574	4665	50000	4464	2015-04-23	盈利
4	螺纹钢	RB1510	2015-04-01	2015-04-01	2015-04-01	空	4	2410	2458	50000	2419	2014-04-28	亏损
5	橡胶	RU1509	2015-04-03	2015-04-03	2015-04-03	空	1	12745	13000	50000	12410	2015-04-09	教训
6	玻璃	FG1509	2015-04-07	2015-04-07	2015-04-07	空	2	895	913	50000	914	2015-4-10	止损
7	PTA	TA1509	2015-04-10	2015-04-10	2015-04-10	多	4	4954	4855	50000	5276	2015-05-18	盈利
8	铝	Al1509	2015-04-14	2015-04-14	2015-04-14	空	1	13080	13342	50000	13355	2014-04-28	亏损
9	橡胶	Ru1509	2015-04-23	2015-04-23	2015-04-23	多	1	13490	13220	50000	13845	2015-05-21	盈利
10	螺纹钢	RB1510	2015-04-28	2015-04-28	2015-04-28	多	4	2419	2371	50000	2368	2015-05-18	亏损
11	鸡蛋	JD1509	2015-05-13	2015-05-13	2015-05-13	空	1	4374	4461	50000	4472	2015-05-18	止损
12	PP	PP1509	2015-05-13	2015-05-13	2015-05-13	空	1	8453	8622	50000	8622	2015-06-4	亏损
13	白糖	SR1509	2015-05-14	2015-05-14	2015-05-14	空	1	5541	5652	50000	5654	2015-06-4	止损
14	豆粕	M1509	2015-05-14	2015-05-14	2015-05-14	空	1	2664	2717	50000	2053	2015-06-4	盈利
15	棉花	CF1509	2015-05-14	2015-05-14	2015-05-14	空	1	13230	13494	50000	13010	2015-06-4	盈利
16	玉米	C1509	2015-05-14	2015-05-14	2015-05-14	多	1	? 2532	? 2480	50000	2479	2015-06-4	止损
17	螺纹钢	RB1510	2015-05-19	2015-05-19	2015-05-19	空	1	2354	2401	50000	2360	2015-06-01	亏损
18	锌	Zn1507	2015-05-21	2015-05-21	2015-05-21	空	1	16640	16973	50000	16615	2015-06-01	盈利
19	橡胶	Ru1509	2015-05-21	2015-05-21	2015-05-21	空	1	13850	14127	50000	14210	2015-06-01	亏损
20	玻璃	FG1509	2015-05-21	2015-05-21	2015-05-21	空	1	920	938	50000	939	2015-05-29	止损
21	豆油	Y1509	2015-05-22	2015-05-22	2015-05-22	空	1	5708	5822	50000	5872	2015-06-01	止损
22	铁矿石	I1509	2015-05-28	2015-05-28	2015-05-28	多	1	432	423	50000	422	2015-06-01	止损
23	白银	Ag1512	2015-05-29	2015-05-29	2015-05-29	空	1	3658	3731	50000	3655	2015-06-01	亏损
24	橡胶	Ru1509	2015-06-01	2015-06-01	2015-06-01	多	1	14910	14612	50000	14260	2014-06-04	止损

(2) 交易资金曲线。

SMA (5, 20) 双均线交叉交易系统基金试运行期间资金每日变化。如表10-6所示。

表10-6 SMA (5, 20) 双均线交叉交易系统试运行期间资金每日变化

日期	日初	日末	盈亏	盈亏比	交易市值	杠杆率	手续费	单位净值	单位	最大资金回撤	最大回撤时间
3月26日	100000	100000	0	0.00%	272605	2.92	173	1.00	100000	0.00%	0
3月27日	100000	99137	-863	-0.86%	272605	2.92	173	0.99	100000	0.01%	1
3月30日	99137	99437	300	0.30%	272065	2.89	0	0.99	100000	0.01%	2
3月31日	99437	100712	1275	1.28%	272065	2.64	0	1.01	100000	0.00%	0
4月1日	94046	93707	-339	-0.36%	272065	2.64	0	1.00	93333	0.00%	0
4月2日	93707	98084	4377	4.67%	362950	3.67	0	1.05	93333	0.00%	0
4月3日	98084	100990	2906	2.96%	362275	3.58	0	1.08	93333	0.00%	0
4月7日	100990	103060	2070	2.05%	489680	4.81	0	1.10	93333	0.00%	0
4月8日	103060	102504	-556	-0.54%	487975	5.12	65	1.10	93333	0.00%	1
4月9日	102504	99566	-2938	-2.87%	399795	4.02	29	1.07	93333	-2.87%	2
4月10日	99566	99198	-368	-0.37%	399795	4.02	29	1.06	93333	-3.75%	3
4月13日	99198	98343	-855	-0.86%	502050	5.06	29	1.05	93333	-4.58%	4
4月14日	98343	98184	-159	-0.16%	502050	5.17	29	1.05	93333	-4.58%	5
4月15日	98184	102909	4725	4.81%	532900	5.15	29	1.10	93333	0.00%	0
4月16日	102909	104990	2081	2.02%	535500	5.10	0	1.12	93333	0.00%	0
4月17日	104949	102960	-1989	-1.90%	535500	5.10	0	1.10	93333	-1.93%	1
4月20日	102960	104305	1345	1.31%	535500	5.10	0	1.12	93333	0.00%	0
4月21日	104305	107790	3485	3.34%	650450	6.03	0	1.15	93333	0.00%	0
4月22日	107790	107450	-340	-0.32%	650935	5.99	0	1.15	93333	0.00%	0
4月23日	107450	104458	-2992	-2.78%	655910	6.04	0	1.12	93333	-2.78%	0
4月24日	104458	104873	415	0.40%	701495	6.04	0	1.12	93333	-2.78%	0

续表

日期	日初	日末	盈亏	盈亏比	交易市值	杠杆率	手续费	单位净值	单位	最大资金回撤	最大回撤时间
4月27日	104873	106968	2095	2.00%	718005	6.25	0	1.15	93333	0.00%	0
4月28日	106968	104000	3698	3.46%	718005	6.25	0	1.19	87536	0.00%	0
4月29日	104000	100425	−3575	−3.44%	643780	6.23	0	1.15	87536	−3.44%	0
4月30日	100425	101760	1335	1.33%	643780	6.23	0	1.16	87536	−3.44%	0
5月4日	97760	104374	6614	6.77%	643780	6.23	0	1.24	84047	0.00%	0
5月5日	104374	105944	1570	1.50%	498715	4.88	0	1.26	84047	0.00%	0
5月6日	105944	106451	507	0.48%	498715	4.88	0	1.27	84047	0.00%	0
5月7日	106451	107009	558	0.52%	498715	4.88	0	1.27	84047	0.00%	0
5月8日	107009	103124	−3885	−3.63%	498715	4.88	0	1.23	84047	−3.63%	1
5月11日	103124	103009	−115	−0.11%	498715	4.86	0	1.23	84047	−3.63%	2
5月12日	103009	91416	−2009	−1.95%	497550	4.92	0	1.22	75103	−4.40%	3
5月13日	91416	90512	−904	−0.99%	478650	5.31	0	1.21	75103	−5.34%	4
5月14日	90512	85451	−5061	−5.59%	478650	5.61	0	1.14	75103	−7.27%	5
5月15日	85451	82956	−2495	−2.92%	647580	7.81	0	1.10	75103	−9.88%	6
5月18日	83674	85216	1542	1.84%	689060	7.97	0	1.13	75103	−9.88%	7
5月19日	85216	86256	1040	1.22%	689060	7.43	0	1.15	75103	−9.88%	8
5月20日	85216	83710	−1506	−1.77%	700665	8.61	0	1.11	75103	−9.88%	9
5月21日	83710	81375	−2335	−2.79%	700665	8.61	129	1.08	75103	−14.90%	10
5月22日	81375	80414	−961	−1.18%	700665	8.61	129	1.07	75103	−15.90%	11
5月25日	80414	84899	4485	5.58%	711835	8.38	129	1.13	75103	−15.90%	12
5月26日	84899	73287	−11612	−13.68%	711835	8.38	129	0.98	75103	−23.36%	13
5月27日	73287	74754	1467	2.00%	711835	8.38	129	1.00	75103	−23.36%	14
5月28日	74754	73014	−1740	−2.33%	711835	8.68	0	0.97	75103	−23.64%	15
5月29日	74754	71705	−3049	−4.08%	711835	8.68	0	0.95	75103	−25.01%	16
6月1日	71705	71470	−235	−0.33%	543970	7.6	134	0.952	75103	−25.01%	17

图 10-1 是绘制成的 SMA（5，20）双均线交叉交易系统试运行时段的资金曲线图。

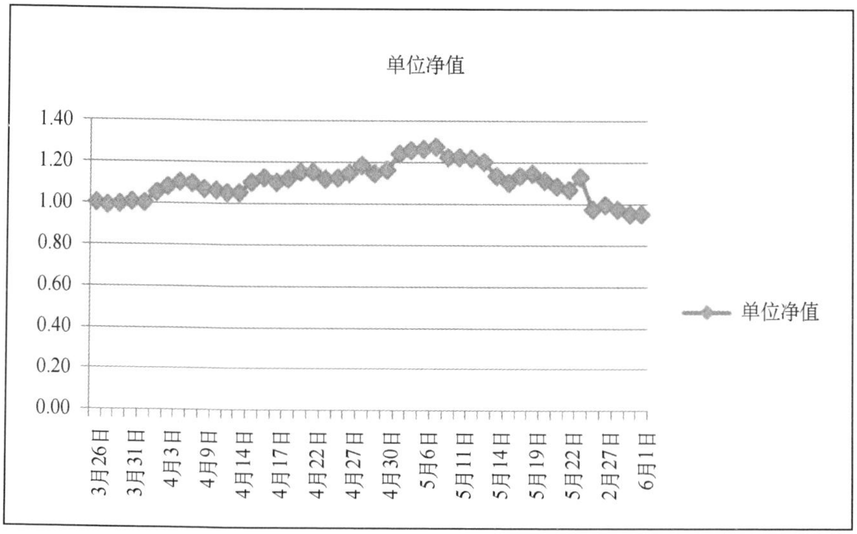

图 10-1 SMA（5，20）双均线交叉交易系统试运行时段的资金曲线图

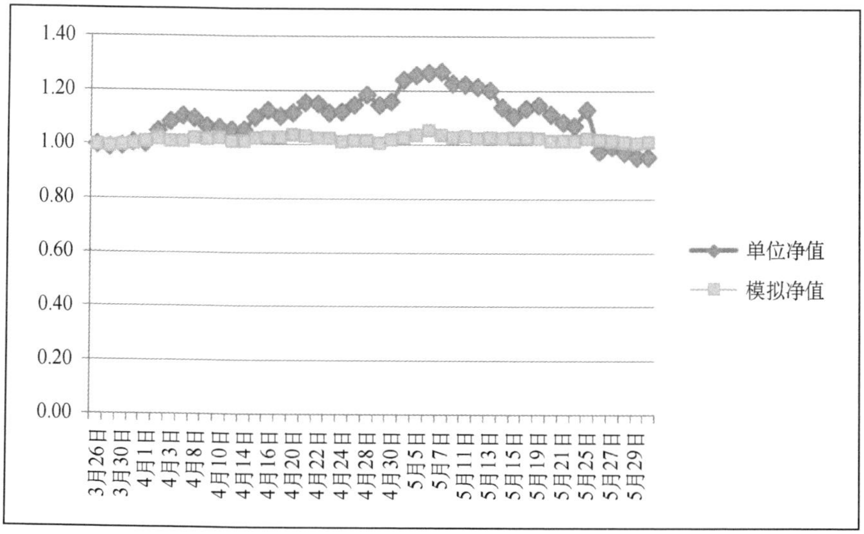

图 10-2 SMA（5，20）双均线交叉交易系统试运行期间的基金单位净值和该交易系统模拟交易净值对比图

（3）交易资金曲线和模拟交易对比。

图10-2是SMA（5，20）双均线交叉交易系统基金试运行期间的基金单位净值和该交易系统模拟交易净值对比图。

（4）交易统计与资金曲线分析。

将表10-4的交易信息以及相关性能指标统计如表10-7所示，部分指标实用意义不大，因此没有列出。

表10-7 SMA（5，20）双均线交叉交易系统试运行时段的交易信号和执行统计

交易笔数	23	盈利笔数	7	亏损笔数	16	胜率	30%
单笔最大盈利	6614	单笔最大亏损	−11612	平均每笔盈利	1853	平均每笔亏损	−2266
最多连续盈利（笔）	5	最多连续亏损（笔）	5	平均盈利/亏损比	0.822	最大盈利与平均盈利的比值	3.56
最大亏损与平均亏损的比值	5.12	资金最大下跌百分比	−13.68%	资金最大上涨百分比	6.83%	资金平均下跌百分比	−2.69%
资金平均上涨百分比	2.11%	启动资金净值	1.00	期末基金净值	0.95	利润率	−5%
交易盈单最长持有时间		交易亏单最长持有时间		交易盈单平均持有时间		交易亏单平均持有时间	
点评	胜率正常，平均盈利/亏损比很低，部分交易时段杠杆太大						

交易基金资金每日变动直方图以及正态拟合如图10-3所示。

（5）总结。

SMA（5，20）双均线交叉交易系统基金试运行期间主要问题有：

①部分时间杠杆太高，最高至8.38，导致图10-2中交易系统实际运行时，资金曲线波动比模拟交易大很多。

②从图10-3中可以看出，交易资金曲线基本符合正态分布。

③风险控制出现问题，60日的交易日中出现两次严重的大比例亏损（−13.68%，−9.26%）。

④交易纪律没能有效遵守，交易执行细节需进一步规范化。

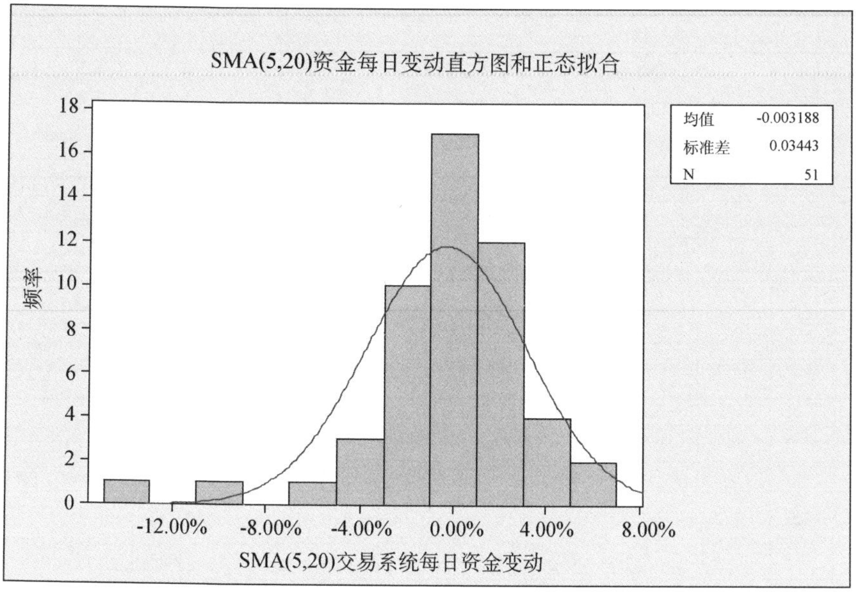

图 10－3 SMA（5，20）双均线交叉交易系统试运行时段的日资金变动直方图及正态拟合

10.3.2 海龟交易系统基金运行实例

（1）交易信号和执行记录。

海龟交易系统基金试运行期间交易信号和执行信息如表 10－8 所示。

表 10－8 海龟交易系统基金试运行期间交易信号和执行信息

交易ID	交易品种	交易代码	信号发生日期（年-月-日）	计划日期（年-月-日）	信号执行日期（年-月-日）	做市方向	风险金	交易头寸	买入位	止损位	平仓价格	平仓日期（年-月-日）	点评
1	螺纹钢	Rb1510	2015-03-27	2015-03-27	2015-03-27	空	50000	1	2450	2499	2372	2015-04-27	盈利
2	棉花	CF1509	2015-03-27	2015-03-27	2015-03-27	空	50000	1	13130	13393	13200	2015-04-22	亏损
3	玻璃	FG1509	2015-03-31	2015-03-31	2015-03-31	多	50000	3	954	935	916	2015-04-22	止损
4	玉米	C1509	2015-04-02	2015-04-02	2015-04-02	空	50000	4	2529	2580	2498	2015-04-21	出场
5	鸡蛋	JD1509	2015-04-02	2015-04-02	2015-04-02	空	50000	2	2529	2580	4389	2015-04-22	出场
6	玻璃	FG1509	2015-04-03	2015-04-03	2015-04-03	空	50000	2	901	919	4389	2015-04-22	出场
7	豆粕	RM1509	2015-04-09	2015-04-09	2015-04-09	空	50000	1	2153	2196	2209	2015-04-27	出场
8	豆油	Y1509	2015-04-15	2015-04-15	2015-04-15	多	50000	1	5572	5461	5796	2015-05-19	出场

续表

交易ID	交易品种	交易代码	信号发生日期（年-月-日）	计划日期（年-月-日）	信号执行日期（年-月-日）	做市方向	风险金	交易头寸	买入位	止损位	平仓价格	平仓日期（年-月-日）	点评
9	PTA	TA1509	2015-04-15	2015-04-15	2015-04-15	多	50000	1	5261	5156	5270	2015-05-14	亏损
10	PP	PP1509	2015-04-15	2015-04-15	2015-04-15	多	50000	2	8597	8425	8319	2015-05-14	盈利
11	白银	Ag506	2015-04-15	2015-04-21	2015-04-21	空	50000	1	3487	3557	3588	2015-04-28	亏损
12	棉花	CF1509	2015-04-15	2015-04-21	2015-04-21	空	50000	1	13345	13078	—	—	记录不完整
13	焦炭	J1509	2015-05-11	2015-05-11	2015-05-11	多	50000	2	684	670	664	2015-05-14	盈利
14	大豆	A1509	2015-05-13	2015-05-13	2015-05-13	多	50000	4	4361	4274	4320	2015-05-21	
15	豆粕	M1509	2015-05-13	2015-05-13	2015-05-13	空	50000	3	2679	2733	2516	2015-06-18	止损
16	鸡蛋	JD1509	2015-05-14	2015-05-14	2015-05-14	空	50000	2	4381	4469	4472	2015-05-18	止损时未操作，暂保留
17	棕榈	P1509	2015-05-14	2015-05-14	2015-05-14	多	50000	2	5138	5138	4928	2015-05-21	亏损
18	塑料	L1509	2015-05-18	2015-05-18	2015-05-18	空	50000	1	9400	9588	9515	2015-05-22	亏损
19	PTA	TA1509	2015-05-18	2015-05-18	2015-05-18	空	50000	2	5212	5316	5258	2015-06-03	止损
20	白糖	SR1509	2015-05-21	2015-05-21	2015-05-21	空	50000	2	—	—	5559	2015-05-26	记录不完整
21	棉花	CF1509	2015-05-21	2015-05-21	2015-05-21	空	50000	1	—	—	13070	2015-06-01	记录不完整
22	豆粕	RM1509	2015-05-21	2015-05-21	2015-05-21	空	50000	3	2472	2521	2113	2015-06-03	出场
23	棕榈	P1509	2015-06-01	2015-06-01	2015-06-01	多	50000	1	—	—	5024	2015-06-09	止损

（2）交易资金曲线。

海龟交易系统基金试运行期间资金每日变化如表 10－9 所示。

表 10－9　海龟交易系统试运行期间资金每日变化

日期	日初	日末	盈亏	盈亏比	交易市值	杠杆率	手续费	单位净值	单位	最大资金回撤	最大回撤时间
3月27日	1E+05	99451	－549		165480	1.69	75	0.99	100000	2900.00％	1
3月30日	1E+05	99401	－50	－0.05％	165480	1.69	75	0.99	100000	－0.60％	2
3月31日	99401	99892	491	0.49％	275445	2.74	0	1.00	100000	0.49％	3
4月1日	99892	100652	760	0.76％	275445	2.74	0	1.01	100000	0.00％	0

续表

日期	日初	日末	盈亏	盈亏比	交易市值	杠杆率	手续费	单位净值	单位	最大资金回撤	最大回撤时间
4月2日	93846	92124	−1722	−1.71%	270700	2.90	0	0.99	93333	−1.93%	1
4月3日	92124	92657	533	0.58%	259880	2.79	0	0.99	93333	−1.93%	2
4月7日	92657	97102	4445	4.80%	433945	4.54	0	1.04	93333	0.00%	0
4月8日	97102	100122	3020	3.11%	433945	4.54	0	1.07	93333	0.00%	0
4月9日	1E+05	99262	−860	−0.86%	429870	4.30	0	1.06	93333	−0.86%	1
4月10日	99262	99631	369	0.37%	430090	4.32	0	1.07	93333	0.37%	2
4月13日	99631	97544	−2087	−2.09%	494085	4.94	0	1.05	93333	−2.09%	3
4月14日	97544	94484	−3060	−3.14%	494085	4.94	0	1.01	93333	−3.14%	4
4月15日	94484	93401	−1083	−1.15%	499730	5.29	0	1.00	93333	−6.71%	5
4月16日	93401	94918	1517	1.62%	431935	4.54	0	1.02	93333	−6.71%	6
4月17日	94918	93819	−1099	−1.16%	533220	5.55	0	1.01	93333	−6.71%	7
4月20日	93819	96314	2495	2.66%	524975	5.55	0	1.03	93333	−6.71%	8
4月21日	96314	98524	2210	2.29%	525430	5.33	0	1.06	93333	−6.71%	9
4月22日	98524	96482	−2042	−2.07%	531000	5.43	0	1.03	93333	−6.71%	10
4月23日	96482	98097	1615	1.67%	466690	5.43	0	1.05	93333	−6.71%	11
4月24日	98097	95127	−2970	−3.03%	466690	5.43	0	1.02	93333	−6.71%	12
4月27日	95127	95735	608	0.64%	373030	3.95	0	1.03	93333	−6.71%	13
4月28日	95735	86214	−2855	−2.98%	373030	3.95	0	0.99	86861	−7.02%	14
4月29日	86214	84934	−1280	−1.48%	270715	3.19	0	0.98	86861	−8.40%	15
4月30日	84934	86046	1112	1.31%	270715	3.19	0	0.99	86861	−8.40%	16
5月4日	86046	87158	1112	1.29%	346915	3.19	0	1.00	86861	−8.40%	17
5月5日	87158	88270	1112	1.28%	346915	3.19	0	1.02	86861	−8.40%	18
5月6日	88270	89382	1112	1.26%	346915	3.19	0	1.03	86861	−8.40%	19
5月7日	89382	90496	1114	1.25%	346915	3.19	0	1.04	86861	−8.40%	20
5月8日	90496	86521	−3975	−4.39%	346915	3.19	0	1.00	86861	−8.40%	21
5月11日	86521	87105	584	0.67%	346915	2.75	0	1.00	86861	−8.40%	22
5月12日	87105	76705	−200	−0.23%	346915	2.75	0	1.00	76661	−8.40%	23
5月13日	76705	75526	−1179	−1.54%	275310	3.65	39	0.99	76661	−8.16%	24
5月14日	75526	72159	−3367	−4.46%	275310	3.65	0	0.94	76661	−11.82%	25

续表

日期	日初	日末	盈亏	盈亏比	交易市值	杠杆率	手续费	单位净值	单位	最大资金回撤	最大回撤时间
5月15日	72159	71839	－320	－0.44％	224740	3.12	0	0.94	76661	－10.34％	26
5月18日	72309	71118	－1191	－1.66％	224000	3.15	20	0.93	76661	－13.52％	27
5月19日	71118	71533	415	0.58％	237615	3.31	8	0.93	76661	－13.52％	28
5月20日	71533	70300	767	1.07％	237615	3.36	0	0.94	74510	－12.05％	29
5月21日	70300	70095	－205	－0.29％	237615	3.36	0	0.94	74510	－11.87％	30
5月22日	70300	69274	－1026	－1.46％	237615	3.36	0	0.93	74510	－11.04％	31
5月25日	69274	71349	2075	3.00％	233150	3.23	0	0.96	74510	－11.04％	32
5月26日	71349	70402	－947	－1.33％	235625	3.39	0	0.94	74510	－11.04％	33
5月27日	70402	71222	820	1.16％	235625	3.20	0	0.96	74510	－11.04％	34
5月28日	71222	70392	－830	－1.17％	235625	3.20	0	0.94	74510	－11.04％	35
5月29日	70392	70362	－30	－0.04％	229095	3.26	0	0.94	74510	－11.04％	36
6月1日	70362	64909	－453	－0.64％	229095	3.26	0	0.94	69190	－11.04％	37

图 10－4 是绘制成的资金曲线图。

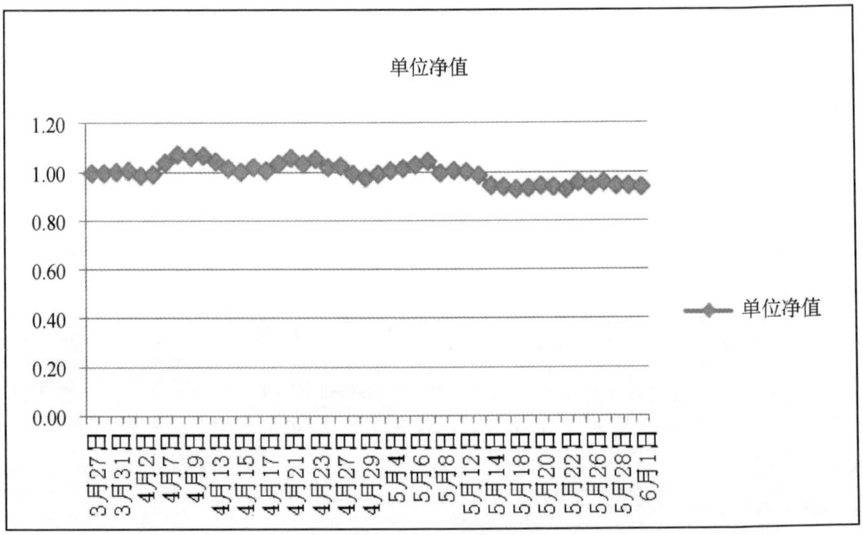

图 10－4　海龟交易系统试运行时段的资金曲线图

(3) 实际交易资金曲线和模拟交易对比。

海龟交易系统基金试运行期间的基金单位净值和模拟交易净值对比如图 10-5 所示。

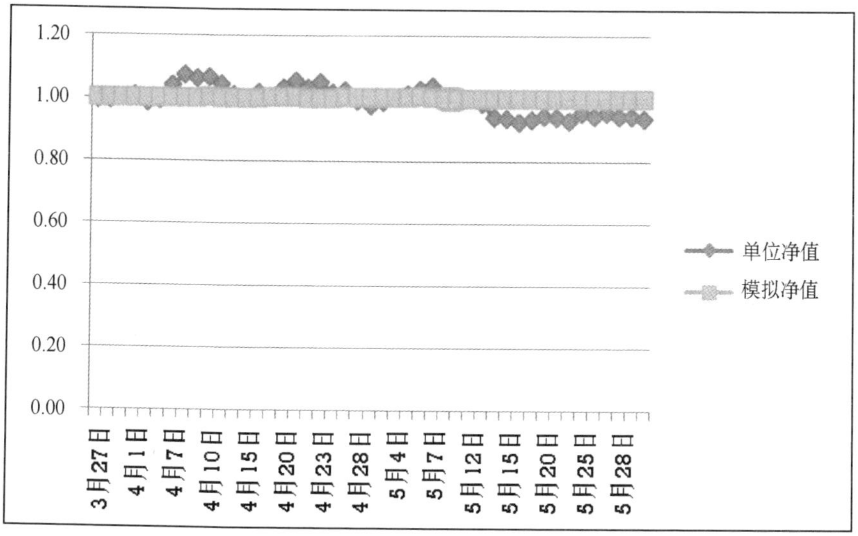

图 10-5　海龟交易系统基金试运行期间的基金单位净值和模拟交易净值对比图

(4) 交易统计与分析。

将表 10-6 的交易执行信息以及相关性能指标统计如表 10-10 所示，部分指标实用意义不大，因此没有列出。

表 10-10　海龟交易系统试运行时段的交易信号和执行统计

交易笔数	24	盈利笔数	7	亏损笔数	17	胜率	29%
单笔最大盈利	4445	单笔最大亏损	−3975	平均每笔盈利	1346	平均每笔亏损	−1390
最多连续盈利（笔）	5	最多连续亏损（笔）	5	平均盈利/亏损比	0.9683	最大盈利与平均盈利的比值	3.30
最大亏损与平均亏损的比值	2.85	资金最大下跌百分比	−4.46%	资金最大上涨百分比	4.80%	资金平均下跌百分比	−1.63%

续表

资金平均上涨百分比	1.52%	启动资金净值	1.00	期末基金净值	0.94	利润率	-6%
交易盈单最长持有时间		交易亏单最长持有时间		交易盈单平均持有时间		交易亏单平均持有时间	
点评	胜率正常，平均盈利/亏损比较低，杠杆太大						

交易基金资金每日变动直方图以及正态拟合情况如图 10－6 所示。

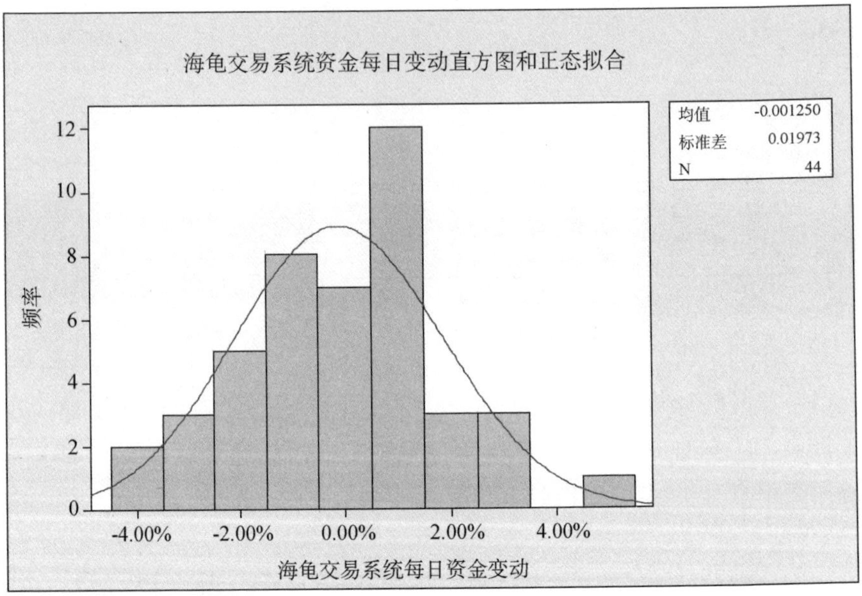

图 10－6　海龟交易系统试运行时段的日资金变动直方图及正态拟合

（5）总结。

海龟交易系统基金试运行期间主要问题有：

①海龟交易系统交易信号较少，杠杆在该基金试运行期间保持在合理范围内。实际资金曲线波动比模拟交易相差不大。

②从图 10－6 中可以看出，交易资金曲线基本符合正态分布。盈利亏损比较低是造成基金亏损的主要原因。

10.3.3 2%反转交易系统基金运行实例

(1) 交易信号和执行记录。

2%反转交易系统基金试运行期间交易信号和执行信息如表10-11所示。

表10-11 2%反转交易系统试运行期间交易信号和执行信息

交易ID	交易品种	交易代码	发生日期(年-月-日)	计划日期(年-月-日)	执行日期(年-月-日)	做市方向	交易金额	交易头寸	买入位	止损位	平仓价格	平仓日期(年-月-日)	点评
1	锌	Zn1506	2015-03-27	2015-03-27	2015-03-27	多	50000	1	15930	15611	16980	2015-05-12	反转
2	螺纹钢	RB1510	2015-03-27	2015-03-27	2015-03-27	空	50000	3	2449	2498	2329	2015-04-14	反转
3	豆粕	RM1509	2015-03-27	2015-03-27	2015-03-27	空	50000	6	2229	2274		2015-04-14	反转
4	白银	Ag1506	2015-04-02	2015-04-02	2015-04-02	多	50000	2	3615	3543	3502	2015-04-10	止损
5	玻璃	FG1509	2015-04-03	2015-04-02	2015-04-02	空	50000	5	902	920	896	2015-04-14	反转
6	棕榈	P1509	2015-04-08	2015-04-08	2015-04-08	多	50000	1	4724	4630		2015-05-11	反转
7	塑料	L1509	2015-04-10	2015-04-10	2015-04-10	空	50000	1	9425	9614	9725	2015-04-16	止损
8	螺纹	RB1510	2015-04-14	2015-04-14	2015-04-14	多	50000	3	2326	2279		2015-05-11	止损
9	玻璃	FG1509	2015-04-14	2015-04-14	2015-04-14	空	50000	5	895	913	939	2015-05-29	反转
10	鸡蛋	JD1509	2015-05-11	2015-05-11	2015-05-11	空	50000	1	4376	4464	4472	2015-05-18	止损
11	PP	PP1509	2015-05-11	2015-05-11	2015-05-11	空	50000	1	8573	8744	—	—	
12	豆粕	RM1509	2015-05-13	2015-05-13	2015-05-13	空	50000	1	2206	2250	—	—	
13	TA	TA1509	2015-05-13	2015-05-13	2015-05-13	空	50000	2	5388	5496	5040	2015-05-28	反转
14	豆油	Y1509	2015-05-13	2015-05-13	2015-05-13	空	50000	1	5908	6026	5764	2015-05-28	反转
15	锌	Zn1507	2015-05-13	2015-05-13	2015-05-13	空	50000	1	17040	17381	15695	2015-06-24	主观
16	铁矿石	I1509	2015-05-13	2015-05-13	2015-05-13	空	50000	1	436	445	—	—	
17	橡胶	Ru1509	2015-05-13	2015-05-13	2015-05-13	空	50000	1	14700	14994	14555	2015-05-27	手动
18	铜	Cu1509	2015-05-21	2015-05-21	2015-05-21	空	50000	1	45150	46053	—	—	
19	白银	AG1512	2015-05-21	2015-05-21	2015-05-21	空	50000	1	3723	3797	—	—	
20	塑料	L1509	2015-05-22	2015-05-22	2015-05-22	多	50000	1	9550	9359	9310	2015-05-28	止损
21	焦炭	JM1509	2015-05-22	2015-05-22	2015-05-22	多	50000	1	677	663	673.6	2015 06 18	止损
22	V	V1509	2015-05-22	2015-05-22	2015-05-22	空	50000	1	5785	5901	—	—	
23	豆油	Y1509	2015-05-28	2015-05-28	2015-05-28	多	50000	1	5764	5649	5708	2015-06-09	反转
24	棕榈	P1509	2015-05-28	2015-05-28	2015-05-28	多	50000	1	5148	5045	—	—	
25	PTA	TA1509	2015-05-28	2015-05-28	2015-05-28	多	50000	1	5040	4939	—	—	
26	动力煤	TC1509	2015-05-28	2015-05-28	2015-05-28	空	50000	1	424.6	416	—	—	
27	玻璃	FG1509	2015-05-29	2015-05-29	2015-05-29	空	50000	5	895	913	927	2015-06-17	反转

（2）交易资金曲线。

2%反转交易系统基金试运行期间资金每日变化如表 10－12 所示。

表 10－12　2%反转交易系统试运行期间资金每日变化

日期	日初	日末	盈亏	盈亏比	交易市值	杠杆率	手续费	单位净值	单位	最大资金回撤	最大回撤时间
3月26日	100000	100000	0	0.00%		0.00	0	1.00	100000	0.00%	0
3月27日	100000	99740	－260	－0.26%	265425		30	1.00	100000	0.00%	1
3月30日	99740	98666	－1074	－1.08%	265425			1.00	100000	0.00%	2
3月31日	98666	99976	1310	1.33%	265425	2.67	0	1.00	100000	0.00%	3
4月1日	99976	99360	－616	－0.62%	265425		0	1.00	100000	0.00%	4
4月2日	99360	100140	780	0.79%	265425	2.67	0	1.00	100000	0.00%	0
4月3日	100140	101958	1818	1.82%	370375	3.62	0	1.02	100000	0.00%	0
4月7日	95292	98732	3440	3.61%	461810	4.44	0	1.06	93333	0.00%	0
4月8日	98732	101958	3226	3.27%	457770	4.53	0	1.09	93333	0.00%	0
4月9日	101958	99788	－2170	－2.13%	500975	5.02	0	1.07	93333	－2.20%	1
4月10日	99788	103283	3495	3.50%	500975	5.02	0	1.11	93333	0.00%	0
4月13日	103283	100858	－2425	－2.35%	495195	4.72	0	1.08	93333	－2.35%	1
4月14日	103023	100342	－2681	－2.60%	498175	4.96	0	1.08	93333	－2.35%	2
4月15日	100342	100278	－64	－0.06%	522510	5.17	0	1.07	93333	－2.91%	3
4月16日	100278	99305	－973	－0.97%	626620	6.23	0	1.06	93333	－3.85%	4
4月17日	99305	97975	－1330	－1.34%	575285	5.87	0	1.05	93333	－5.14%	5
4月20日	99305	97635	－1670	－1.68%	575285	5.87	0	1.05	93333	－5.14%	6
4月21日	97635	97145	－490	－0.50%	575895	5.91	0	1.04	93333	－5.94%	7
4月22日	97145	100325	3180	3.27%	577860	5.82	0	1.07	93333	－5.94%	8
4月23日	100325	101688	1363	1.36%	581655	5.78	0	1.09	93333	－5.94%	9
4月24日	101688	103605	1917	1.89%	581655	5.78	0	1.11	93333	0.00%	0
4月27日	103605	107555	3950	3.81%	681600	6.41	0	1.15	93333	0.00%	0
4月28日	107555	100214	－675	－0.63%	689565	6.33	0	1.14	87536	－0.65%	1

续表

日期	日初	日末	盈亏	盈亏比	交易市值	杠杆率	手续费	单位净值	单位	最大资金回撤	最大回撤时间
4月29日	100214	96019	—4195	—4.19%	689565	6.33	0	1.10	87536	—4.16%	2
4月30日	96019	96639	620	0.65%	689565	6.33	0	1.10	87536	—4.16%	3
5月4日	96639	96445	—194	—0.20%	354735	3.83	0	1.10	87536	—4.16%	4
5月5日	96445	96252	—193	—0.20%	354735	3.83	0	1.10	87536	—4.16%	5
5月6日	96252	96059	—193	—0.20%	354735	3.83	0	1.10	87536	—4.16%	6
5月7日	96059	95050	—1009	—1.05%	354735	3.83	0	1.09	87536	—5.77%	7
5月8日	95050	93505	—1545	—1.63%	354735	3.83	0	1.07	87536	—5.77%	8
5月11日	93505	92644	—861	—0.92%	355025	3.81	0	1.06	87536	—8.16%	9
5月12日	92644	92192	—452	—0.49%	553330	5.98	0	1.05	87536	—8.16%	10
5月13日	92192	93016	824	0.89%	492930	5.15	0	1.06	87536	—8.16%	11
5月14日	93016	100596	7580	8.15%	492930	5.59	0	1.15	87536	0.00%	0
5月15日	100596	97960	—2636	—2.62%	586750	5.85	0	1.12	87536	0.00%	0
5月18日	97960	99155	1195	1.22%	586750	5.85	0	1.13	87536	0.00%	0
5月19日	99155	105235	6080	6.13%	586750	5.85	0	1.20	87536	0.00%	0
5月20日	105235	117300	12065	11.46%	586750	5.85	0	1.34	87536	0.00%	0
5月21日	117300	116214	—1086	—0.93%	586750	5.85	38	1.33	87536	0.00%	0
5月22日	116214	113172	—3042	—2.62%	919870	8.00	0	1.29	87536	0.00%	0
5月25日	113172	119984	6812	6.02%	992200	8.30	0	1.37	87536	0.00%	0
5月26日	119984	108989	—10995	—9.16%	1007020	9.53	0	1.25	87536	—9.16%	1
5月27日	108989	111467	2478	2.27%	1007020	9.53	0	1.27	87536	—9.16%	2
5月28日	111467	109865	—1602	—1.44%	1007020	9.53	0	1.26	87536	—9.16%	3
5月29日	109865	108568	—1297	—1.18%	1007020	9.53	0	1.24	87536	—9.51%	4
6月1日	108568	113408	4840	4.46%	927040	8.17	0	1.30	87536	—9.51%	5

图 10－7 是绘制成的 2％反转交易系统试运行时段的资金曲线图。

（3）实际交易资金曲线和模拟交易对比。

2％反转交易系统基金试运行期间的基金单位净值和模拟交易净值对比如图 10－8 所示。

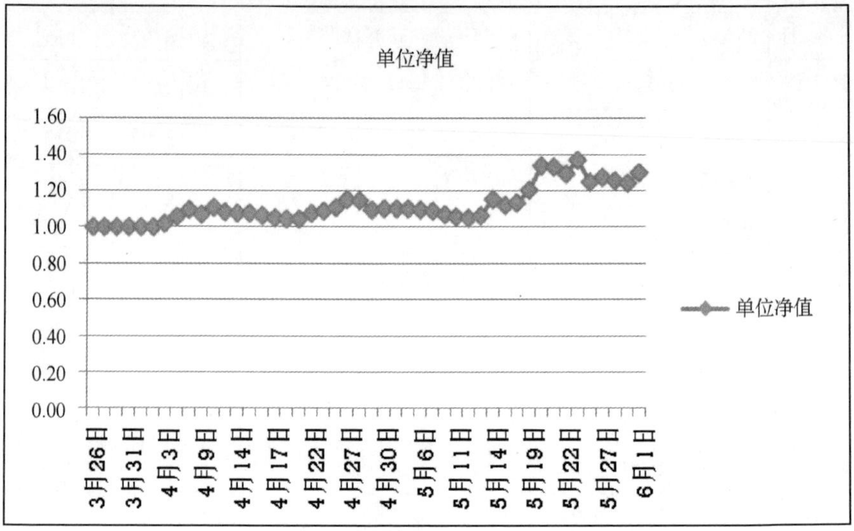

图 10－7　2％反转交易系统试运行时段的资金曲线

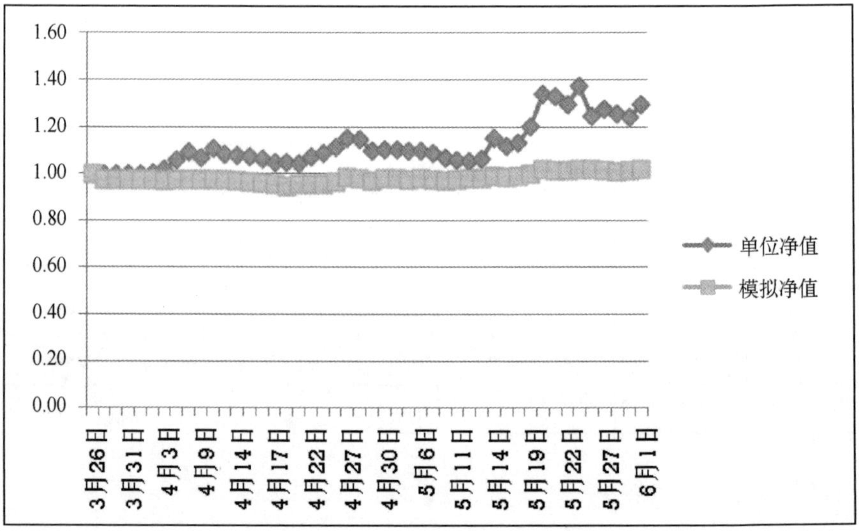

图 10－8　2％反转交易系统基金试运行期间的基金单位净值和模拟交易净值对比图

（4）交易统计与资金曲线分析。

将表 10－12 的交易信息以及相关性能指标统计如表 10－13 所示，由于部分指标实用意义不大，因此没有列出。

表 10－13 2%反转交易系统试运行时段的交易信号和执行统计

交易笔数	27	盈利笔数	10	亏损笔数	17	胜率	37.03%
单笔最大盈利	12065	单笔最大亏损	－10995	平均每笔盈利	3348	平均每笔亏损	－1619
最多连续盈利（笔）	4	最多连续亏损（笔）	7	平均盈利/亏损比	2.06	最大盈利与平均盈利的比值	3.60
最大亏损与平均亏损的比值	6.79	资金最大下跌百分比	－9.16%	资金最大上涨百分比	11.46%	资金平均下跌百分比	－1.52%
资金平均上涨百分比	3.29%	启动资金净值	1.00	期末基金净值	1.30	利润率	30%
交易盈单最大持有时间		交易亏单最大持有时间		交易盈单平均持有时间		交易亏单平均持有时间	
点评	胜率正常，平均盈利/亏损比较高，杠杆太大						

交易基金资金每日变动直方图以及正态拟合如图 10－9 所示。

（5）总结。

2%反转交易系统基金试运行期间主要问题有：

①部分时间杠杆太大，最高至 9.53，导致图 10－8 中交易系统实际运行时，资金曲线波动比模拟交易大很多。

②从图 10－9 中可以看出，交易资金曲线基本符合正态分布。一共 60 个交易日中，出现一次严重的大比例亏损－9.16%，最大盈利达到 11.46%。

③交易纪律没能有效遵守，有两次交易是主观判断，但对盈利影响不大。

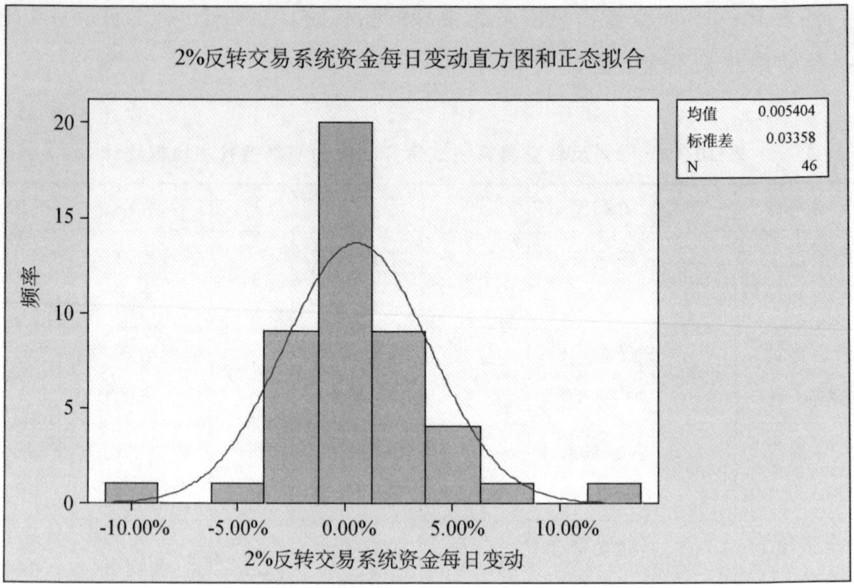

图 10-9　2%反转交易系统试运行时段的日资金变动直方图及正态拟合

10.3.4　综合交易系统基金运行实例

（1）交易资金曲线。

SMA（5，20）双移动均线交叉交易系统、海龟交易系统、2%反转交易系统以及三个交易系统组合后的综合交易系统的资金曲线对比如图 10-10 所示。

（2）实际交易资金曲线和模拟交易对比。

SMA（5，20）双移动均线交叉交易系统、海龟交易系统、2%反转交易系统以及三个交易系统组合后的综合交易系统的资金曲线和综合交易系统的模拟资金曲线对比如图 10-11 所示。

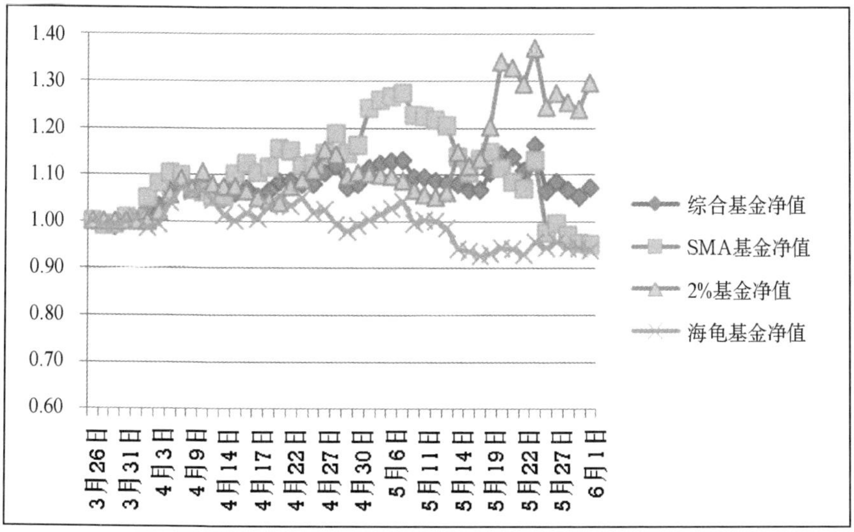

图 10-10 SMA（5，20）双移动均线交叉交易系统、海龟交易系统、2%反转交易系统以及三个交易系统组合后的综合交易系统的资金曲线对比

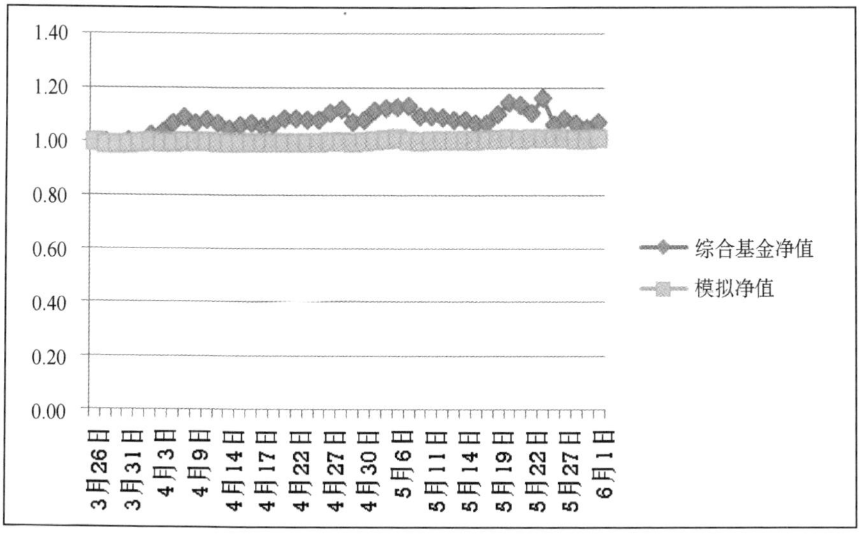

图 10-11 SMA（5，20）双移动均线交叉交易系统、海龟交易系统、2%反转交易系统组合后的综合交易系统的资金曲线与模拟交易资金曲线对比

(3) 交易统计与资金曲线分析。

综合交易系统没有交易统计信息，其资金每日变动直方图以及正态拟合如图 10－12 所示。

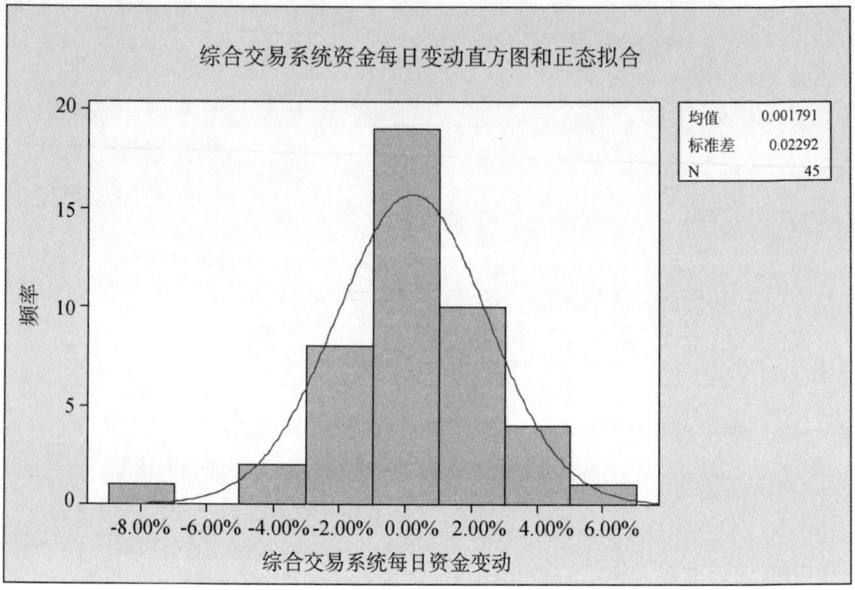

图 10－12 综合交易系统试运行时段的日资金变动直方图及正态拟合

(4) 总结。

SMA (5, 20) 双移动均线交叉交易系统、海龟交易系统、2%反转交易系统的实际运行情况与模拟交易差别较大，需要专门用一节，即投资绩效评估来进行评判。三个交易系统组合后的综合交易系统显然有如下好处，符合预期：

①组合后的交易系统显然有降低资金波动的好处。

②组合交易系统的盈利效率比单个策略要好。

③组合交易系统的实际运行效果与第四章的测试结论是一致的。

10.4 投资绩效评估

投资绩效评估 (Performance Evaluation) 在整个投资流程中起到反馈的

作用，对于机构或专业的投资者来说都非常重要。绩效评估可以分为三个部分：①绩效衡量（Performance Measurement）；②绩效归因（Performance Attribution）；③绩效评价（Performance Appraisal）。其中绩效衡量是相对简单的计算投资收益率的过程，而绩效归因则是分析投资账户收益来源的过程，通过比较账户的表现和指定的基准之间的差异，找出并定量计算这些差异的来源。绩效评价的目的是通过定量化的手段分析投资者是否具有足够的投资技巧以及这种技巧是否可持续。

投资绩效评估是在剔除了市场一般收益率水平、市场风险和盈利偶然性的前提下，对投资者投资技能的公正客观的评价。

10.4.1 投资收益和风险评估

计算投资收益率最简单的方法是计算资金期末价值相对于期初价格的比例。投资过程有现金流出入时，则需要使用金额加权收益率、时间加权收益率等计算方法。这里省略。

在第七章我们通过回测交易策略的历史数据，确定风险资金比例（总体风险暴露）、资金分配和头寸计算来控制投资组合和各品种的交易风险，是一种主动事前控制风险的方法。事后或者交易总结时，交易者仍然需要回答投资组合过去的风险是怎么样的，是否超过事前估算的范围等问题。因此有两种不同的风险计算和控制方法，一是事前，一是事后。事前是提前估计或预测未来的风险。而事后有本质的不同，风险已经发生，关注风险是否符合预期以及投资组合的表现等。

因此需要区分两个概念：风险管理和风险控制。交易者需要承担风险才能获取收益，但必须对风险进行有效管理，以防止损失超过自己的承受范围。而风险控制则用来监控，通过监控来减少风险的发生概率和幅度。

投资收益率的平均值、方差和标准方差是基本，也是最简单的衡量投资组合风险的指标，这在评估交易策略性能的章节中都有体现。表 10－14 是双移动均线交叉交易系统、海龟交易系统、2％反转交易系统交易以及综合交易系统运行实例的每日基金净值、平均值、方差和标准方差，本节将以此为例说明如何根据收益率平均值和标准方差，计算盈利效率和夏普比率。

表 10－14　三种交易系统以及组合交易系统的盈利效率和夏普比率计算

日　期	双移动均线交叉交易系统基金净值	海龟交易系统基金净值	2%反转交易系统基金净值	综合交易系统基金净值
3月26日	1.00	1.00	1.00	1.00
3月27日	0.99	0.99	1.00	1.00
3月30日	0.99	1.00	1.00	0.99
3月31日	1.01	1.01	1.00	1.00
4月1日	1.00	0.99	1.00	1.00
4月2日	1.05	0.99	1.00	1.02
4月3日	1.08	1.04	1.02	1.03
4月7日	1.10	1.07	1.06	1.07
4月8日	1.10	1.06	1.09	1.09
4月9日	1.07	1.07	1.07	1.07
4月10日	1.06	1.05	1.11	1.08
4月13日	1.05	1.01	1.08	1.07
4月14日	1.05	1.00	1.08	1.05
4月15日	1.10	1.02	1.07	1.06
4月16日	1.12	1.01	1.06	1.07
4月17日	1.10	1.03	1.05	1.05
4月20日	1.12	1.06	1.05	1.07
4月21日	1.15	1.03	1.04	1.08
4月22日	1.15	1.05	1.07	1.09
4月23日	1.12	1.02	1.09	1.08
4月24日	1.12	1.03	1.11	1.08
4月27日	1.15	0.99	1.15	1.10
4月28日	1.19	0.98	1.14	1.12
4月29日	1.15	0.99	1.10	1.07
4月30日	1.16	1.00	1.10	1.08
5月4日	1.24	1.02	1.10	1.11

续表

日 期	双移动均线交叉交易系统基金净值	海龟交易系统基金净值	2%反转交易系统基金净值	综合交易系统基金净值
5月5日	1.26	1.03	1.10	1.12
5月6日	1.27	1.04	1.10	1.13
5月7日	1.27	1.00	1.09	1.13
5月8日	1.23	1.00	1.07	1.10
5月11日	1.23	1.00	1.06	1.09
5月12日	1.22	0.99	1.05	1.09
5月13日	1.21	0.94	1.06	1.08
5月14日	1.14	0.94	1.15	1.08
5月15日	1.10	0.93	1.12	1.07
5月18日	1.13	0.93	1.13	1.07
5月19日	1.15	0.94	1.20	1.10
5月20日	1.11	0.94	1.34	1.14
5月21日	1.08	0.93	1.33	1.14
5月22日	1.07	0.96	1.29	1.11
5月25日	1.13	0.94	1.37	1.16
5月26日	0.98	0.96	1.25	1.07
5月27日	1.00	0.94	1.27	1.09
5月28日	0.97	0.94	1.26	1.07
5月29日	0.95	0.94	1.24	1.05
6月1日	0.95	0.94	1.30	1.07
日收益率平均值	−0.13%	−0.12%	0.54%	0.18%
日收益率方差	0.11%	0.04%	0.11%	0.05%
日收益率标准方差	3.44%	1.97%	3.36%	2.29%
盈利效率（日）	−0.0378	−0.0608	0.1608	0.0786
夏普比率（日）	−0.0378	−0.0609	0.1606	0.0785

假定无风险收益率为1年期存款利率（最新值为1.5%），则可计算出夏

普比率，如表 10－14 中的最后一行，其结果与盈利效率差不多。

信息比率是相对风险指标，计算时需要参考基准，而我国期货市场并没有一个权威性的参考指数，比如美国的 CRB，因此无法计算得出。

投资者非常担心资金亏损，因此回撤率类指标就显得非常重要。这类指标也很多，比如平均回撤率、最大回撤率、最大单一回撤率、回撤持续时间、回撤偏差、溃疡指数、痛苦指数，等等。表 10－15 就是对综合交易系统基金回撤率指标的试算。

表 10－15　综合交易系统的回撤类指标试算

日期	综合资金日收益率	基金净值	连续回撤率	连续回撤率的平方	峰值回撤率	峰值回撤率的平方
3 月 26 日	0.00%	1.00			0.00	0.00
3 月 27 日	−0.27%	1.00			0.00	0.00
3 月 30 日	−0.84%	0.99	1.11	1.23	1.11	1.23
3 月 31 日	1.44%	1.00			0.00	0.00
4 月 1 日	−0.36%	1.00	0.36	0.13	0.36	0.13
4 月 2 日	2.40%	1.02			0.00	0.00
4 月 3 日	0.74%	1.03			0.00	0.00
4 月 7 日	1.03%	1.07			0.00	0.00
4 月 8 日	1.92%	1.09			0.00	0.00
4 月 9 日	−1.84%	1.07	1.84	3.39	1.84	3.39
4 月 10 日	0.92%	1.08			0.92	0.85
4 月 13 日	−1.07%	1.07			1.99	3.96
4 月 14 日	−2.01%	1.05	3.08	9.49	4.00	16.00
4 月 15 日	1.21%	1.06			2.79	7.78
4 月 16 日	0.88%	1.07			1.91	3.65
4 月 17 日	−1.45%	1.05	1.45	2.10	3.36	11.29
4 月 20 日	1.12%	1.07			2.24	5.02
4 月 21 日	1.72%	1.08			0.52	0.27
4 月 22 日	0.26%	1.09			0.00	0.00

续表

日期	综合资金日收益率	基金净值	连续回撤率	连续回撤率的平方	峰值回撤率	峰值回撤率的平方
4月23日	−0.57%	1.08	0.57	0.32	0.57	0.32
4月24日	0.02%	1.08			0.55	0.30
4月27日	2.18%	1.10			0.00	0.00
4月28日	1.29%	1.12			0.00	0.00
4月29日	−4.33%	1.07	4.33	18.75	4.33	18.75
4月30日	0.52%	1.08			3.81	14.52
5月4日	1.92%	1.11			1.89	3.57
5月5日	0.86%	1.12			0.00	0.00
5月6日	0.49%	1.13			0.00	0.00
5月7日	0.23%	1.13			0.00	0.00
5月8日	−3.32%	1.10			3.32	11.02
5月11日	−0.14%	1.09			3.46	11.97
5月12日	−0.48%	1.09			3.94	15.52
5月13日	−0.49%	1.08			4.43	19.62
5月14日	−0.33%	1.08			4.76	22.66
5月15日	−1.07%	1.07	5.82	33.87	5.83	33.99
5月18日	0.01%	1.07			5.82	33.87
5月19日	3.22%	1.10			2.60	6.76
5月20日	2.70%	1.14			0.00	0.00
5月21日	−0.57%	1.14			0.57	0.32
5月22日	−2.63%	1.11	3.20	10.24	3.20	10.24
5月25日	4.79%	1.16			0.00	0.00
5月26日	−9.26%	1.07	9.26	85.75	9.26	85.75
5月27日	1.85%	1.09			7.41	54.91
5月28日	−1.67%	1.07			9.08	82.45
5月29日	−1.52%	1.05	3.19	10.18	9.66	93.32

续表

日期	综合资金日收益率	基金净值	连续回撤率	连续回撤率的平方	峰值回撤率	峰值回撤率的平方
6月1日	1.58%	1.07			9.02	81.36
总计				175.45	94.29	673.84
收益率		0.54%				
最大回撤率		9.66%				
最大单一回撤率		9.66%				
平均最大回撤率（3）		（9.26+5.82+4.33）/3 =6.47			痛苦指数	94.29/46 =2.04
Sterling 比率		0.54%/9.66%=0.0559			溃疡指数	（673.84/46）∧1/2=3.82
Calmar 比率		0.54%/9.66%=0.0559			痛苦比率	0.54/2.04 =0.2647
Burke 比率		0.54%/（175.45）∧1/2 =0.0407			Martin 比率	2.04/3.82 =0.5340

有关 Sterling 比率、Clamar 比率、Burke 比率、痛苦指数、溃疡指数、痛苦比率和 Martin 比率等指标的说明请参考卡尔 R. 培根的《投资组合绩效测评实用方法》一书。

由于评估风险的指标众多，因此存在如何选择和使用的问题。这里的建议是采用简单且容易理解的风险指标。更重要的是监测风险指标随时间的变化，并密切关注指标的突然变化。

VaR（风险价值）测量在给定置信水平下，一定交易时间段内在正常市场情况下的最大预期损失。关于 VaR 的介绍和应用，放在第十一章进行。

10.4.2 投资绩效归因分析和持续性

在近 60 个交易日，综合交易系统获得 7%的盈利。这一成绩是由于采用特定交易策略和风险控制能力的交易能力获得的，还是胡碰瞎扛全凭运气呢？这涉及到投资绩效归因的问题。

投资绩效归因分析由 Brinson 和 Fachler 发表的两篇文章提出，现在统称为 Brinson 模型。

Brinson 模型假定：投资组合和参考基准组合的总收益率等于它们组合部分收益率的和。该方法将每个账户的收益分为四部分：基准组合收益、资产配置收益、个股选择收益以及由资产配置和个股选择的交互收益。但是，若将该模型应用到期货交易时会存在所有的交易品种是根据价格信号产生的这一问题，因此没有资产配置一说。个股选择收益是针对某一类别资产在参考基准表现良好时超配，而在参考基准表现不好时低配产生的价格增值，似乎不适合期货。另外，参考基准如何选择以及如何确定权重，在实践运用中往往会产生比较严重的偏差。

业绩持续性是业绩在不同的时期内表现是否一致，如果基金绩效是持续的，则绩效评价的结果对投资者而言是具有实际应用意义的。但这方面的研究过于学术化，因此本文不予以涉及。

10.5 总结

本章以 SMA（5，20）双移动均线交叉交易系统、海龟交易系统、2%反转交易系统以及三个交易系统组合后的综合交易系统为例，展示其实际运行时业绩、与模拟交易对比、结果分析以及交易执行出现的问题，同时对绩效评估的三个部分，即绩效衡量、绩效归因和绩效评价进行了初步探讨，给出了较为公正客观的评价。

10.6 附录：融资决策

本章附录讨论一个实际问题，即交易者达到一定交易能力后，是否可以通过各种融资手段扩大操作资金规模，从而获取更高收益。

假设交易者使用自己信用，筹集到了年利息为 8%，每月等额还款，期限为 3 年的 50 万贷款，并用此款项成立了一只基于双均线交叉趋势跟踪交易系统的投资基金，那么根据第三章的回测数据，已知如表 10－16 所示的该交易系统的 10 年历史模拟投资收益率，并假定未来 3 年交易的投资收益和标准差不变，并符合正态分布，请问该交易者的融资决策是否是合适的？交易者收益和成本如何？3年后交易者亏损的概率有多大？

表10－16　双均线交叉交易系统年度收益率

时间区间	净盈利	收益率	手续费	最大浮盈	最大浮亏
2003年	670350.6	62.40%	13314.64	671750.6	－87049.4
2004年	－262083	－15.02%	44714.28	1211944	－400208
2005年	－393554	－26.55%	18617.19	570816.8	－504414
2006年	1889659	173.53%	43221.15	4238315	0
2007年	2497422	83.84%	69259.74	3786367	0
2008年	762952.6	13.93%	102631.4	1982339	－509048
2009年	458174.1	7.34%	154775.9	5908072	－2717703
2010年	5531393	82.59%	159608.7	5649900	－22400
2011年	－5892438	－48.19%	223436	183750	－6000047
2012年	2523595	39.83%	168614.3	3252030	－241443

简单计算得出，年度平均收益率为37.37%，标准差为62.43%。

显然，该投资基金的年收益率必须超过融资成本8%的利息，才能有所收益。因此，可以计算年收益小于8%的概率，即1年亏本概率为：

$$P(z<0.08)=P\left(\frac{x-0.3737}{0.6243}<\frac{0.08-0.3737}{0.6243}\right)$$
$$=P\left(\frac{x-0.3737}{0.6243}<-0.47\right)=\Psi(-0.47)$$
$$=1-\Psi(0.47)=1-0.6808=0.3192$$

如果是自有资金，不考虑机会成本，1年亏本概率可计算为：

$$P(z<0)=P\left(\frac{x-0.3737}{0.6243}<\frac{0-0.3727}{0.6243}\right)$$
$$=P\left(\frac{x-0.3737}{0.6243}<-0.5986\right)=\Psi(-0.5986)$$
$$=1-\Psi(0.5986)=1-0.7257=0.2743$$

该交易策略的标准方差很大，收益率非常不稳定，投资 1 年的亏本概率高达 27.43%。

假设年收益为负的概率为独立事件，也不考虑资金缩水后再恢复到之前水平需要更大的收益率，则投资者连续 3 年为负的概率为 $0.3192^2=3.57\%$，而自有资金连续 3 年为负收益的概率为 2.06%。

图 10－13 是 3 年连续亏损概率和融资成本散点图。从图中可以看出，交易系统连续 3 年亏损的概率随着融资成本的增加，指数级别上升。当融资资金成本从 0%提高到 8%，亏损概率增大的幅度要比成本增加的幅度低。

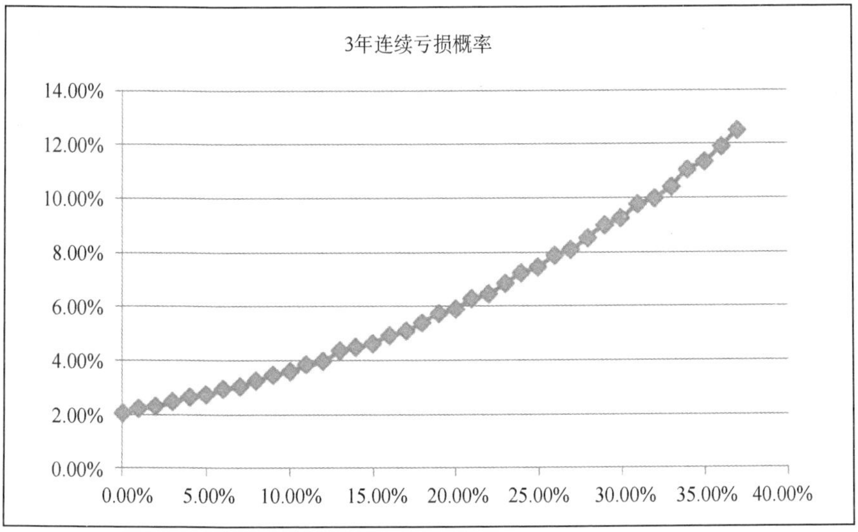

图 10－13　3 年连续亏损概率和融资成本散点图

相应地将 3 年可能盈亏年份一共四个组合，各自计算概率如表 10－17 所示。

表 10－17　盈亏年份组合的概率计算

年度收益亏损组合	8%融资成本的亏本概率	自有资金的亏本概率
连续 3 年亏损	3.25%	2.06%
3 年中有 2 年亏损	6.94%×3＝20.82%	5.46%×3＝16.38%
3 年中有 1 年亏损	14.79＝44.37%	14.45%×3＝43.35%
连续 3 年盈利	31.55%	38.22%
3 年预期收益率	135%（159%－3×8%）	159%

再次假定前两种组合（连续 3 年亏损和 3 年中有 2 年亏损）为 3 年总体上亏损，而后种组合认为总体上盈利，则 8%的融资成本 3 年总体亏损概率为 3.25%＋20.82%＝24.07%。

图 10－14 是 3 年连续亏损概率和融资成本散点图。从图中可以看出，交易系统连续 3 年亏损的概率随着融资成本的增加，均匀上升。当融资资金成本从 0%提高到 8%，概率增高的幅度和成本增加的幅度相当。

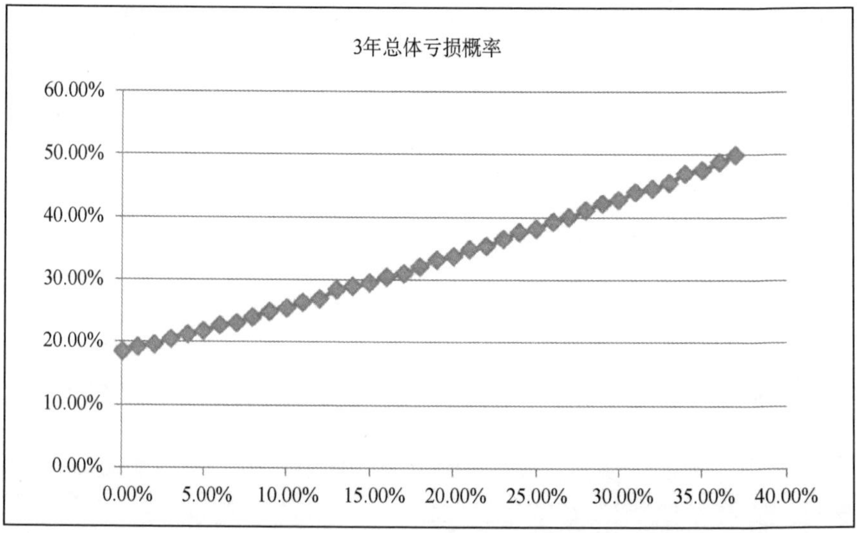

图 10－14　3 年总体亏损概率和融资成本散点图

预期收益可根据 7.2.3 节提到的钱德舒适区域的收益率公式计算：

$R=100\times((1+u)^2-1)=100\times(1.3737^2-1)=159\%$。

8%的融资资金则需要扣除3年利息成本，共计24%。因此，实际3年预期收益率为135%。

通过以上简单计算可得知，融资成本增大不影响交易系统的预期收益率（当然，需要扣除成本），但总体风险成倍增大，3年连续亏损概率呈指数级别增长。

流动性风险是指例如50万资金，每月从投资资金从抽取等额还款月供，由于利息支出和每月盈亏的影响，计算投资资金在各种利率水平，何时消耗殆尽？

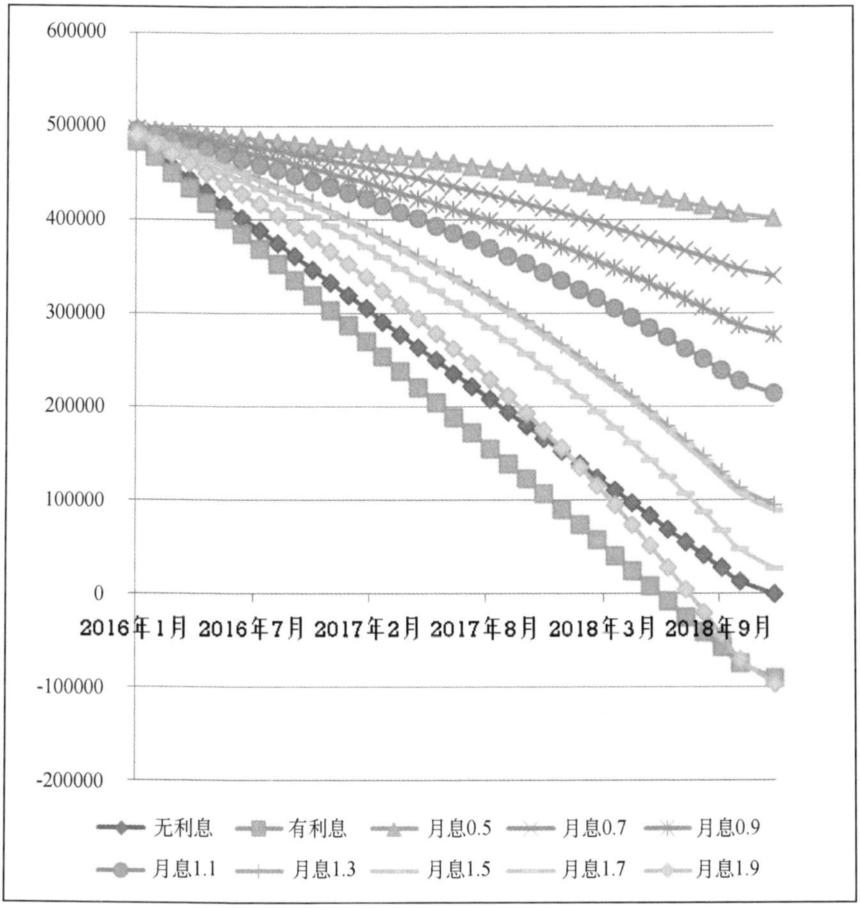

图10－15 不同月息水平下投资基金消耗曲线

如图 10－15 所示，有利息支出的资金曲线比没有利息支出的资金曲线更陡峭。最上面的资金消耗曲线为可能的投资曲线。

从图中可以看出，根据第三章双均线交叉交易策略月度模拟数据，可知月收益的平均值为 0.029704，标准差为 0.165062。假定标准在 u 两侧犬齿均匀分布，计算月息 0.5，0.7，0.9，…1.9 的资金消耗曲线。当月息为 1.7 时，也即接近 22%的年利息时，资金曲线最后还款期限的权益接近 0。

第十一章 资金账户风险监控和 VaR 应用

人无千日好，花无百日红。

——民间谚语

有很多种方法从不同层次或不同角度控制交易风险，比如单笔交易可以通过设置入场止损来控制风险，本书采用的是 2%入场止损。但是这种方法存在滞后性，事情已经发生了才采取措施，也不能保证造成的损失不超过设定的止损上限，运气不好的话，亏损可能超过很多。在第七章，我们通过历史数据回测的方法计算风险资金比例以及头寸计算方法来估算和优化投资组合的风险管理，通过事先估算设定好杠杆意图控制风险在投资者愿意承受的范围内，这显然也存在滞后性。由于市场的波动性和随机性，即使一样杠杆倍数造成的风险也是不一样的。

因此需要一种办法，能够在日常交易系统运行时实时监控交易风险，当风险过大时采取领先一步的前瞻性措施主动减低杠杆或停止交易，从而达到预先控制风险的目的。

金融风险管理指的是识别、衡量、控制金融风险而设计出来的管理和处理机制流程。本书采用流行的 VaR（风险价值）作为主动交易风险管理工具来实时管理交易资金的总体风险。

11.1 VaR 介绍

VaR（Value at Risk）（风险价值）概念始于 20 世纪 90 年代末美国橘子郡（Orange County，加州奥兰治县）、英国巴林银行和日本大和银行等许多大型金融机构倒闭的灾难性事件。这些事件使人们认识到，如果对金融风险监管不力，会给公司和社会造成难以估计的巨大损失。迫于压力，金融机构和监管部门采取了相应趋势，推出了能够量化市场风险的 VaR 概念。

VaR 使用统计学方法评估风险，研究有多大概率能够把最大亏损控制在某一范围内。举例来说，应用到个人投资账户，其交易组合的日 VaR 在 99% 的置信水平下为 5000 元。换言之，在市场价格变动的正常情况下，日亏损超过 5000 元的概率只有 1%。使用这一个数字，可以了解交易者面对的市场风险和出现不利情况的概率，从而交易者可以判断是否能接受这一风险，如果风险过大，则需要通过交易系统的风险评估模型来降低风险，比如降低杠杆，直至达到可以接受的水平。

VaR 是一种必要的风险管理工具，用来监控实际风险不要超过设定值。

11.2　金融风险类型

金融风险定义为金融市场变量变化造成的不可预见的损失。需要注意的是，有利和不利情况下偏离预期的结果都算是风险。超水平的业绩，实际反映的是潜在高风险。

通常情况下，金融风险大致分为市场风险、流动性风险、信用风险、操作风险。所有这些风险本身是互相关联的。

市场风险指的是由于市场价格变动所引起的损失。市场风险以两种形式存在，比如以人民币衡量的绝对风险和对应指数衡量的相对风险。前者关注总体回报的波动，后者则衡量跟踪误差，即偏离对应指数的幅度。

市场也可以分为方向性风险和非方向性风险。方向性风险包括对金融变量变动的反应，比如利率、汇率等。剩下的属于非方向性风险，包含与金融变量变动没有直接联系的波动性。

基差风险是指交易资产发生没有预见到的相对变化，比如现金、期货或利率价差变化。

波动性风险衡量的是实际波动率的变动风险。流动性风险分为资产流动性风险和资金流动性风险。资产流动性风险，也称为市场/产品流动性风险，是指按照当时的市场价格，头寸规模难以成交的风险。资金流动性风险，也称为现金流风险，指的是不能兑现支付现金责任所造成的损失。

信用风险是指由于交易对方原因，可能不愿意或无力履行合约责任所造成的损失。期货市场采用每日盯市结算，发生信用风险较小，但在 2008 年商品市场崩溃时，由于连续几日开盘即刻跌停，根本没有机会让多头止损出场，很多人因此爆仓，因此交易所不得不采取强制平仓手段平掉部分持有量较大的头寸。这是市场的极端行情导致流动性风险，并引起信用风险的经典案例。

操作风险是指由于投资者管理不善，交易人员和交易系统缺陷造成损失的风险，或来自于外部造成损失的风险，比如交易人员误将多头做成空头，或交易头寸设置错误，等等，就属于交易人员疏忽导致的操作风险。

11.3 正态分布

风险通常可以定义为结果的不确定性，最适合用正态分布函数来衡量。

正态分布（Normal distribution）又名高斯分布（Gaussian distribution），是一个在数学、物理及工程等领域都非常重要的概率分布，在统计学的许多方面有着重大影响力。若随机变量 X 服从一个数学期望为 μ、方差为 -2σ 的高斯分布，记为 N（μ，-2σ）。其概率密度函数为正态分布的期望值 μ 决定了其位置，其标准差 σ 决定了分布的幅度。因其曲线呈钟形，因此人们又经常称之为钟形曲线。我们通常所说的标准正态分布是 $\mu=0$，$\sigma=1$ 的正态分布，如图 11－1 所示。正态分布是自然科学与行为科学中定量现象的一个方便模型，在统计以及许多统计测试中应用最为广泛。

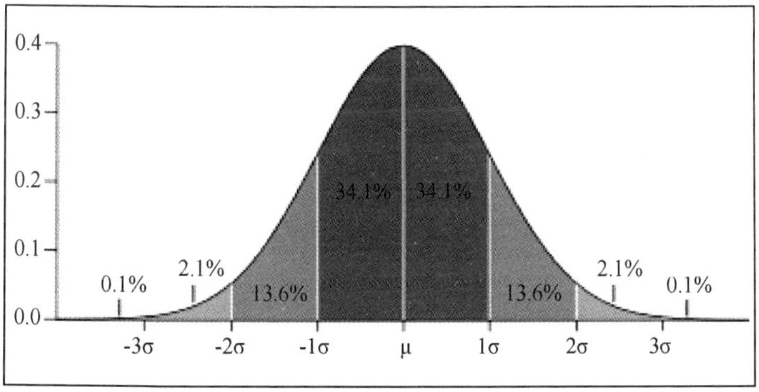

图 11－1 正态分布

在实际应用中，经常考虑一组数据具有近似于正态分布的概率分布。若假设其正确，则约 68.3％数值分布在距离平均值有 1 个标准差之内的范围，约95.4%数值分布在距离平均值有2个标准差之内的范围，以及约99.7%数值分布在距离平均值有3个标准差之内的范围。称为“68 - 95 - 99.7 法则”或“经验法则”。

置信区间和置信水平。置信区间是指由样本统计量所构成的总体参数的估计区间。在统计学中，一个概率样本的置信区间（Confidence interval）是对这个样本的某个总体参数的区间估计。置信区间展现的是这个参数的真实值有一定概率落在测量结果的周围的程度。置信区间给出的是被测量参数的测量值的可信程度，即前面所要求的“一定概率”。这个概率被称为置信水平。当给出某个估计值的95%置信区间为（a，b）时，可以理解为我们有95%的信心（Confidence），可以说样本的平均值介于a～b之间，而发生错误的概率为5%。

置信水平是指总体参数值落在样本统计值某一区内的概率；而置信区间是指在某一置信水平下样本统计值与总体参数值间误差范围。置信区间越大，置信水平越高。

11.4 VaR的定义和计算

VaR的定义：VaR是衡量在一定置信水平下，目标置信区间内，发生最大损失的可能性。

假定c为置信水平，L为损失（用正数表示），VaR一般定义为：

$$P(L>VaR)\leqslant 1-c$$

假定99%的置信水平，VaR是最大损失，则发生更大损失的概率不超过1%。

如何计算投资者资金账户的VaR呢？步骤如下：

（1）逐日计算投资组合的市值记为W，投资账户的资金记为M，杠杆率记为L，则W＝M×L。

（2）计算市值变动的平均值和标准差记为u、δ。

（3）设定置信水平，如99%，假设呈正态分布，根据置信水平查出对应的分位值，即2.33。

（4）计算 VaR＝W×2.33×δ。

比如某期货投资账户资金为 10 万，杠杆为 5 倍，交易的投资组合市值则为 50 万，日市值变动方差是 0.034692（第三章的一个测试值），则置信水平为 99％时，

$$VaR = 50\text{万} \times 2.33 \times 0.034692 = 40416\ (\text{元})$$

11.5 VaR 用于实时控制资金账户风险

断续上节内容。为了方便对比，这里计算一下相对 VaR。相对 VaR＝VaR/M＝40416/10 万＝40％。

$$\text{相对}\ VaR = VaR/M = M \times L \times 2.33 \times \delta / M = L \times 2.33 \times \delta$$

相对 VaR 是账户资金杠杆率以及日资金变动率的标准差 δ 的乘积。因此可以：

（1）通过历史时间序列数据回测预先估算适宜的杠杆率来控制资金总体风险。

（2）若日资金变动率的标准差 δ 与市场波动、交易策略直接相关，则通过实时监控日资金变动率的标准差 δ，在超过一个目标值前主动降低杠杆，从而达到主动控制风险的目的。

11.5.1 VaR 用于实时监控账户风险示例

本节以个人实际账户为例，说明通过 VaR 来实时控制资金风险。表 11－1 列出了从 2013 年 12 月 16 日至 2014 年 4 月 14 日交易账户的关键信息，包括资金余额、当日盈亏比例、杠杆、手续费、基金单位净值、最大回撤、最大回撤时长等信息。

表 11－1　个人账户 VaR 实时控制风险举例

日期	日初	日末	盈亏	盈亏比例	交易市值	杠杆率	手续费	单位净值	单位	最大资金回撤	最大回撤时间	资金变动 20 日滑动平均值（%）	资金变动 20 日滑动方差	资金变动 20 日滑动盈利效率
12 月 16 日		80000						1.00	80000					
12 月 17 日	80000	81700	1700	2.13%	240000	3.00	75	1.02	80000					
12 月 18 日	81700	81625	－75	－0.09%	246800	3.02	0	1.02	80000					
12 月 19 日	81625	81525	－100	－0.12%	246800	3.02	0	1.02	80000	0.00%	2			
12 月 20 日	81525	84325	2800	3.43%	246800	3.02	0	1.05	80000					
12 月 23 日	84325	87025	2700	3.20%	240900	2.75	0	1.09	80000					
12 月 24 日	87025	86125	－900	－1.03%	242300	2.81	0	1.08	80000	－1.03%				
12 月 25 日	86125	86525	400	0.46%	242300	2.81	0	1.08	80000		1			
12 月 26 日	86525	87825	1300	1.50%	240600	2.74	0	1.10	80000					
12 月 27 日	87825	86725	－1100	－1.25%	241700	2.79	0	1.08	80000					
12 月 30 日	86725	86225	－500	－0.58%	241000	2.79	0	1.08	80000	－1.82%	2			
12 月 31 日	86225	90925	4700	5.45%	236900	2.59	0	1.14	80000					
1 月 2 日	90925	92125	1200	1.32%	230000	2.40	0	1.15	80000					
1 月 3 日	92125	95225	3100	3.36%	230000	2.50	0	1.19	80000					
1 月 6 日	95225	97377	2152	2.26%	210000	2.40	0	1.22	80000					
1 月 7 日	97377	97817	440	0.45%	210000	2.40	0	1.22	80000					
1 月 8 日	97817	95750	－2067	－2.11%	210000	2.40	0	1.20	80000	2.11%				
1 月 9 日	95750	97450	1700	1.78%	210000	2.40	0	1.22	80000		2			
1 月 10 日	97450	100650	3200	3.28%	210000	2.30	0	1.26	80000					
1 月 13 日	100650	100650	0	0.00%	210000	2.30	0	1.23	80000					
1 月 14 日	100650	100658	8	0.01%	300000	3.00	0	1.26	80000					
1 月 15 日	100658	98797	－1861	－1.85%	300000	3.00	0	1.23	80000			1.17%	0.01765	0.6644
1 月 16 日	98797	97828	－969	－0.98%	300000	3.00	0	1.22	80000			0.97%	0.01779	0.5475
1 月 17 日	97828	100098	2270	2.32%	300000	3.00	0	1.25	80000		3	0.93%	0.01779	0.5225
1 月 20 日	100098	102288	2190	2.19%	300000	3.00	0	1.28	80000			1.05%	0.01821	0.5775
1 月 21 日	102288	105884	3596	3.52%	300000	3.00	0	1.32	80000			0.99%	0.01827	0.5415
1 月 22 日	105884	106998	1114	1.05%	300000	3.00	0	1.34	80000			1.00%	0.01746	0.5756
1 月 23 日	106998	104783	－2215	－2.07%	343435	3.31	0	1.31	80000			1.11%	0.01817	0.6105
1 月 24 日	104783	101907	－2876	－2.74%	343435	3.31	0	1.27	80000			0.98%	0.01976	0.4972
1 月 27 日	101907	104008	2101	2.06%	343435	3.31	0	1.30	80000			0.77%	0.01994	0.3863
1 月 28 日	104008	105938	1930	1.86%	340000	3.17	0	1.32	80000			0.94%	0.01963	0.4768
1 月 29 日	105938	105100	－838	－0.79%	340000	3.17	0	1.31	80000			1.06%	0.01971	0.5365

续表

日期	日初	日末	盈亏	盈亏比例	交易市值	杠杆率	手续费	单位净值	单位	最大资金回撤	最大回撤时间	资金变动20日滑动平均值(%)	资金变动20日滑动方差	资金变动20日滑动盈利效率
1月30日	105100	104000	−1100	−1.05%	340000	3.17	0	1.30	80000			0.75%	0.02006	0.3716
2月7日	104000	103764	−236	−0.23%	340000	3.17	0	1.30	80000			0.63%	0.01906	0.3290
2月10日	103764	103764	0	0.00%	218000	2.10	0	1.27	80000			0.45%	0.01859	0.2407
2月11日	103764	103959	195	0.19%	324350	3.08	0	1.30	80000			0.33%	0.01859	0.1799
2月12日	103959	105159	1200	1.15%	324350	3.08	0	1.31	80000			0.32%	0.01776	0.1809
2月13日	105159	104959	−200	−0.19%	324350	3.08	0	1.31	99084			0.48%	0.01755	0.2762
2月14日	104959	130190	231	0.22%	324350	3.08	0	1.31	99084			0.39%	0.01617	0.2390
2月17日	130190	127131	−3059	−2.35%	324350	3.08	0	1.28	99084			0.23%	0.01717	0.1358
2月18日	127131	126908	−223	−0.18%	776500	5.95	0	1.28	99084			0.12%	0.01718	0.0674
2月19日	126908	127558	650	0.51%	776500	5.95	0	1.29	99084			0.11%	0.01657	0.0643
2月20日	127558	127608	50	0.04%	776500	5.95	0	1.29	99084			0.22%	0.01633	0.1375
2月21日	127608	129562	1954	1.53%	850000	6.50	0	1.31	99084	4.80%	17	0.28%	0.0159	0.1733
2月24日	129562	137652	8090	6.24%	913530	6.53	0	1.39	99084			0.24%	0.02046	0.1154
2月25日	137652	137296	−356	−0.26%	788430	5.69	0	1.39	99084			0.44%	0.01917	0.2290
2月26日	137296	135723	−1573	−1.15%	886150	6.63	18	1.37	99084	1.93%	2	0.25%	0.01931	0.1296
2月27日	135723	138328	2605	1.92%	884175	6.37	0	1.40	99084			0.14%	0.01897	0.0740
2月28日	138328	139905	1577	1.14%	1005940	7.36	128	1.41	99084			0.34%	0.01758	0.1933
3月3日	139905	147488	7583	5.42%	1323310	9.01	62	1.49	99084			0.53%	0.02048	0.2608
3月4日	147488	147558	70	0.05%	1321460	9.22	0	1.49	99084			0.70%	0.02034	0.3451
3月5日	147558	141648	−5910	−4.01%	1353800	9.58	84	1.43	99084	−4.01%	1	0.61%	0.02209	0.2769
3月6日	141648	146371	4723	3.33%	1354890	9.21	0	1.48	99084	−4.01%	2	0.45%	0.02324	0.1940
3月7日	146371	155985	9614	6.57%	1154920	7.26	36	1.57	99084			0.67%	0.02658	0.2520
3月10日	155985	169352	13367	8.57%	1108630	5.75	386	1.71	99084			1.01%	0.03135	0.3221
3月11日	169352	186521	17169	10.14%	1343726	7.43	441	1.88	99084			1.44%	0.0367	0.3919
3月12日	186521	172649	−13872	7.44%	1343726	7.43	441	1.74	99084	−7.44%	1	1.94%	0.04227	0.4579
3月13日	172649	164158	−8491	−4.92%	1343726	7.43	441	1.66	99084	−12.76%	2	1.51%	0.04453	0.3382
3月14日	164158	159481	−4677	−2.85%	1343726	7.43	441	1.61	99084	−14.50%	3	1.27%	0.0454	0.2797
3月17日	159481	165725	6244	3.92%	1167270	6.95	37	1.67	99084	−14.50%	4	1.12%	0.0451	0.2475
3月18日	165725	158573	−7152	−4.32%	586240	3.83	0	1.60	99084	−14.98%	5	1.43%	0.0468	0.3054
3月19日	158573	155430	−3143	−1.98%	586240	3.83	0	1.57	99084	−16.67%	6	1.22%	0.0473	0.2585
3月20日	155430	160864	5434	3.50%	586240	3.83	0	1.62	99084	−16.67%	7	1.10%	0.0475	0.2311
3月21日	160864	152232	−8632	−5.37%	586240	3.83	0	1.54	99084	−18.38%	8	1.27%	0.0498	0.2551

续表

日期	日初	日末	盈亏	盈亏比例	交易市值	杠杆率	手续费	单位净值	单位	最大资金回撤	最大回撤时间	资金变动 20 日滑动平均值（%）	资金变动 20 日滑动方差	资金变动 20 日滑动盈利效率
3 月 24 日	152232	152118	−114	−0.07%	586240	3.83	0	1.54	99084	−18.38%	9	0.93%	0.0482	0.1921
3 月 25 日	152118	156988	4870	3.20%	586240	3.83	0	1.58	99084	−18.38%	10	0.61%	0.0485	0.1257
3 月 26 日	156988	155168	−1820	−1.16%	586240	3.83	0	1.57	99084	−18.38%	11	0.78%	0.0485	0.1614
3 月 27 日	155168	155018	−150	−0.10%	586240	3.83	0	1.56	99084	−18.38%	12	0.78%	0.0485	0.1613
3 月 28 日	155018	153463	−1555	−1.00%	586240	3.83	0	1.55	99084	−18.38%	13	0.68%	0.0486	0.1402
3 月 31 日	153463	155923	2460	1.60%	586240	3.83	0	1.57	99084	−18.38%	14	0.57%	0.0473	0.1214
4 月 1 日	155923	156728	805	0.52%	984730	6.20	124	1.58	99084	−18.38%	15	0.38%	0.0473	0.0810
4 月 2 日	156728	157828	1100	0.70%	982530	6.31	0	1.59	99084	−18.38%	16	0.41%	0.0462	0.0880
4 月 3 日	157828	151951	−5877	−3.72%	1070000	7.40	0	1.53	99084	−18.38%	17	0.64%	0.0467	0.1375
4 月 4 日	151951	157261	5310	3.49%	1070000	7.40	0	1.59	99084	−18.38%	18	0.29%	0.045	0.0643
4 月 8 日	157261	156936	−325	−0.21%	784270	7.38	64	1.58	99084	−18.38%	19	0.14%	0.04036	0.0336
4 月 9 日	156936	156754	−182	−0.12%	784270	4.96	0	1.58	99084	−18.38%	20	−0.30%	0.03206	−0.0946
4 月 10 日	156754	148380	−8374	−5.34%	343300	3.73	0	1.50	99084	−18.38%	21	−0.82%	0.03006	−0.2715
4 月 11 日	93380	91780	−1600	−1.71%	343300	3.73	0	1.47	62417	−21.81%	22	−0.71%	0.02852	−0.2494
4 月 14 日	91780	92080	300	0.33%	343300	3.73	0	1.48	62417	−21.81%	25	−0.55%	0.02805	−0.1964
4 月 15 日	92080	91790	−290	−0.31%	343300	3.73	0	1.47	62417	−21.81%	26	−0.39%	0.02533	−0.1548

11.5.2 20 日资金变动和 20 日滑动盈利效率

为了说明如何使用 VaR 实时控制风险，在账户信息列表中的最后增加资金变动 20 日滑动平均值（%）、资金变动 20 日滑动方差和资金变动 20 日滑动盈利效率等三列数据。滑动窗口时间长度选择为 20 日，资金变动 20 日滑动平均值（%）为最近 20 日资金变动的平均值。由此类推，资金变动 20 日滑动方差是最近 20 日资金变动的方差（使用统计工具计算），而资金变动 20 日滑动盈利效率则是资金变动 20 日滑动平均值（%）和资金变动 20 日滑动方差。

图 11－2 是根据表 11－1 绘制的期货基金单位净值曲线图。2014 年 12 月 16 日至 2015 年 2 月 28 日该基金盈利非常平稳，但之后净值突然上冲，3 月 11 日达到 1.88 后，掉头急速下落，3 月 19 日至 4 月 10 日则平稳下降。期货

基金单位净值突然上升或下降是什么因素引起的呢？如何提前控制这一风险？

图 11－2　资金净值曲线图

图 11－3 为资金变动 20 日滑动盈利平均值折线图。

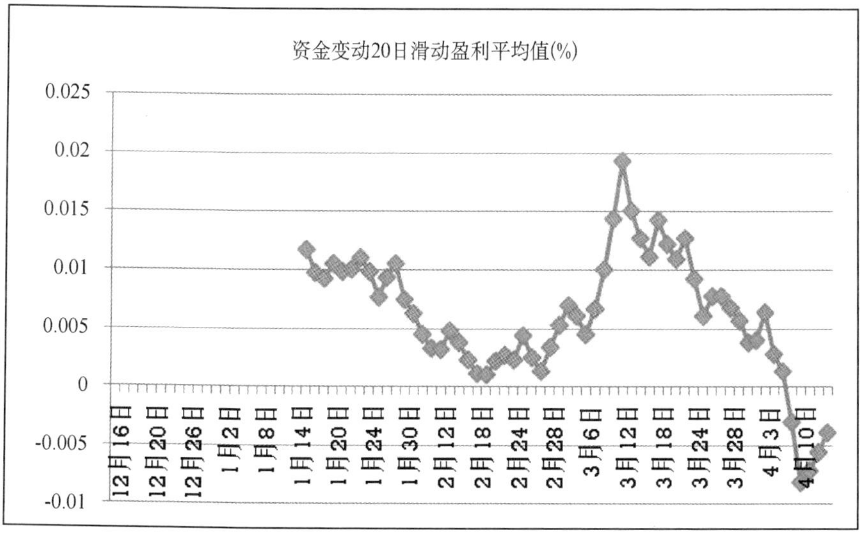

图 11－3　资金变动 20 日滑动盈利平均值折线图

图 11－4 为资金变动 20 日滑动方差折线图。

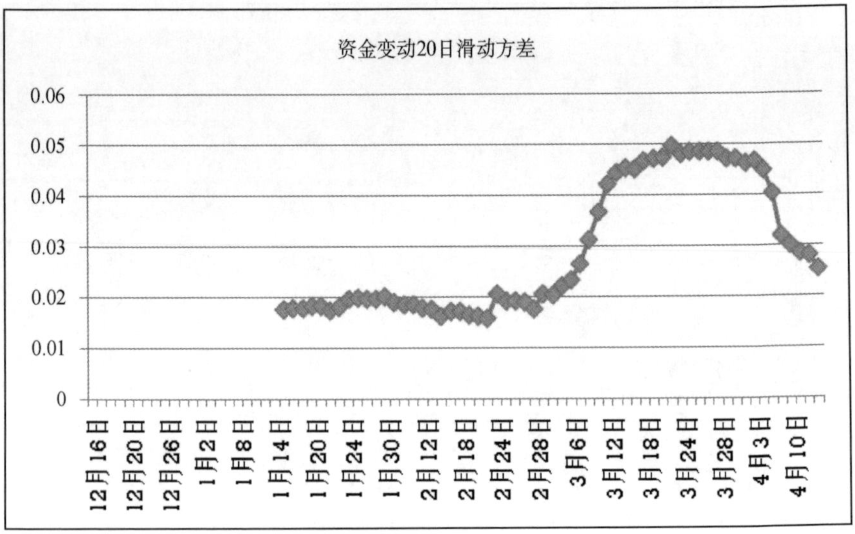

图 11－4　资金变动 20 日滑动方差折线图

显然，从 2 月 28 日开始，资金变动 20 日滑动方差急剧攀升，在 3 月 24 日左右达到顶峰，两者相差 0.0498/0.02＝2.5 倍。

从 2 月 28 日至 3 月 24 日来看，其收益率随着方差偏向增加，同时越发不稳定，在 3 月 12 日达到顶峰后，急剧下跌。从图中的资金净值曲线也看出同样的结果，20 日滑动方差的突然变大，导致账户资金陡升陡降，风险加大。

引起资金变动 20 日滑动方差突然增大的罪魁祸首是资金杠杆率的突然变大。如图 11－5 所示。

如果能实时跟踪到图 11－4 中资金变动 20 日滑动方差，及时控制杠杆的贸然增大，资金曲线可能不会如此大起大落。同时也说明遵守交易纪律的重要性以及心态调控是交易成功的关键难点。关于交易心理调控则放在第十二章。

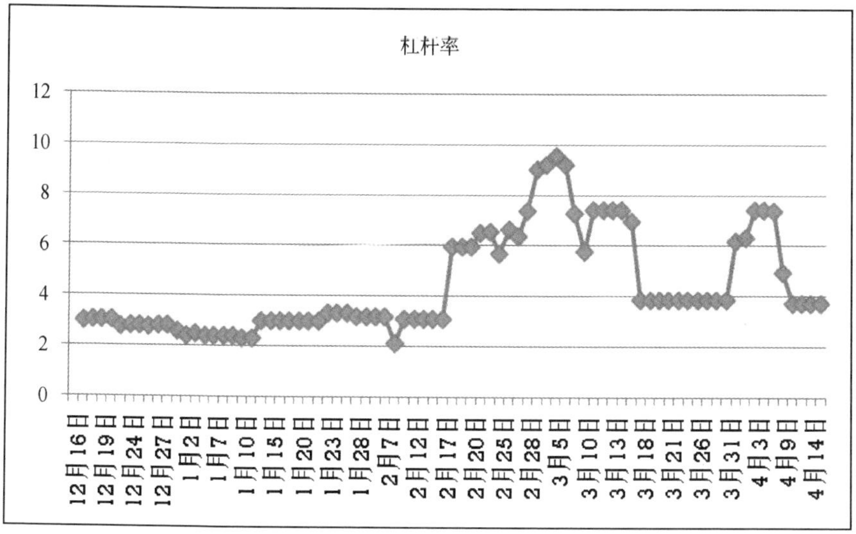

图 11－5 杠杆率折线图

11.6 VaR 用于确认维持保证金

对于期货账户必须保证可使用资金大于维持保证金，否则将面临催保电话或期货公司的强行平仓。交易者可以通过 VaR 确定需要多少保证金以覆盖正常的维持保证金需求，从而将多余的资金用于其他资产投资，比如货币基金，以提高资金使用的整体效率。

保证金的多少由样本观察时间段和置信水平确定。若保持较高的保证金，则较少机会因发生爆仓事件而接到期货公司的催交保证金电话，避免不必要的出金、入金操作。若保持较低的保证金，则效果相反。

现举例说明如何计算维持保证金。假定某期货投资账户资金为 10 万，杠杆为 5 倍，交易的投资组合市值 50 万，则投资账户的日资金变动呈现正态分布和 90％的置信水平（分位值为 1.645)，能够启动足够缓冲保证金：

$$VaR = 1.645 \times 0.034692 \times 50\text{万} = 28534\ (\text{元})$$

若期货投资账户资金为 10 万，杠杆为 5 倍，交易的投资组合市值 50 万，假设平均10%的初始保证金率，则预留28534/10万≈28%作为维持保证金，即可满足一般90%的概率不会接到催缴保证金的电话。另外（1－50%－28%＝22%）22%的资金，可以投资到流动性比较强的货币资产，以获取一定收益。

11.7 总结

本章介绍了风险价格VaR的定义、计算和应用。说明了如何使用VaR实时控制资金账户风险和估算维持保证金。

如果读者感兴趣，可以参阅菲利普·乔瑞所著的《风险价值VaR》（第三版）全面了解VaR的定义、作用和应用范围。

第十二章 交易心理调控

一切烦恼，为如来种。

——文殊师利菩萨

佛与凡人的唯一区别就是自律。

——乌金杜古仁波切

交易涉及大量的心理活动。交易者一定对贪婪、恐惧、希望、后悔、挫折、愤怒、报复等情绪刻骨铭心。交易心理调控包括对市场的认知、盈亏的情绪反应、不断崩溃的意志，到交易系统的不断完善和自我纪律的形成，是一个不断循环反复的过程。

主观交易者完全依赖当前对市场的感觉，体验着巨大的贪婪和恐惧，艰难抉择时消耗大量的心理成本，在天堂和地狱间不断轮回挣扎。

机械交易者使用交易系统逐步让自己和市场融合，是一个不断改进和逐渐完善的过程。执行交易系统需要面对很多困难，这些困难和造成的情感痛苦，会帮助交易者不断完善交易系统，最终达到人和市场的合一。交易者通过不断地学习和总结逐渐认清市场，而这些知识反过来塑造和约束交易者的性格和行为，改变了交易者对市场变动的直接情绪反应，如果加上毅力和勤奋，会加快交易者的蜕变过程。成功的交易必然是交易者和交易系统的完美结合。

人类在千百年家庭和社会生活中形成的心理机制已经不适应复杂、混沌、虚拟的交易市场。本章主要介绍交易者想要成功必须要做的心理调控，让我们首先从改变思维开始。

12.1 改变思维

在《系统化思维导论》一书中，卡尔·德意奇对所有科学基础的机械力学之美的见解是："机械力学认为整体完全等于其部分之和，反之亦然，不管把组成整体的各个部分进行多少次的分解组合，或者按照什么样的顺序进行分解组合，整体的行为始终不变。这意味着各部分之间不存在相互作用，也与自身过去的历史无关。任何部分在适当的时间到达适当的位置后，就会从这个位置开始继续完成它那唯一确定的行为。"

很多交易者不幸落入了对市场的机械认识论中，简单、线性、机械是其交易思维的主要特征，重点关注交易的某一部分，缺乏对系统整体性质和框架性的正确理念。比如：

（1）认为交易就是预测市场，落入市场分析的泥潭中难以自拔。

（2）认为做好每一笔交易是盈利的基础，或做好每日交易是长期盈利的基础，然后将每笔交易或每日盈利简单累计相加作为自己最终的盈利能力。这类交易者关注某一黑马，认为眼光独到才是炒股或炒期货盈利的关键；或关注入场技术，认为提高胜率才是盈利能力的关键。这些都是一叶障目，在错误的道路上跌跌撞撞，始终找不到北。

（3）认为市场具有确定性的规律，痴迷基本面分析、技术分析、心理分析等各种分析方法，试图找到预测市场的圣杯。市场过于庞大，于是分而解之，简化和限定各组成部分之间的影响，再逐一研究其组成部分，从而达到研究市场整体的目的，这是科学的一般研究方法。但是在科学研究市场之前，必须彻底了解市场的根本性质以及简单、线性、机械的研究方法是否适用于市场。

（4）盈利和亏损是交易的两面，缺一不可，交易无法离苦得乐；看到盈利看不到亏损，或看到亏损看不到盈利都是局部思维。今天赚 10 块，明天亏 9 块，这就是市场，无人能预测也无法逃避。想着赚 10 块，不觉得会亏 9 块，心起了贪婪，没有控制风险，往往贪婪越大，亏损越快。也有些人怕亏 9 块，看不到能赚 10 块的机会，心起了恐惧，不敢下单，下单了持仓也提心吊胆。只有从系统宏观战略高度考虑交易的本质，想着赚 10－9＝1 块，亏 9 块是风险，赚 10 块是机会，只想赚这 1 块钱，平均之后这 1 块钱才是盈利。坚定不移地遵守交易规则长期赚这 1 块钱，便是你的盈利能力。

（5）任何技术分析都是概率性的，操作时可能成功也可能失败，一般失败的概率还比较高。缺乏对技术分析客观、全面、系统性的评估，仅仅根据几次实际操作的效果就判断方法可行或不可行，显然是片面的。

（6）所谓趋势、反转和调整是人人都挂在嘴边的东西，但或许这些东西都是事后人为主观随机划出的一厢情愿。趋势、反转和调整等前人经验是全盘接受，还是基于科学精神大胆假设、小心求证呢？

大多数散户基本上都是机械决定论者，他们只承认必然性，否认偶然性；只承认客观规律性，否认主观能动性；视机械运动为唯一的因果关系而不懂得因果联系的多样性、复杂性；不懂得因果联系、必然性和偶然性的区别和联系，认为世界上的一切现象都是由必然的原因决定的；把必然性等同于有原因，把偶然性等同于无原因，把必然性绝对化，承认偶然性为非决定论，这是机械决定论的根本错误。

热力学和市场比较接近，交易者是市场中千千万万个热力学分子，每个人根据自己对于市场的理解和其他分子竞争或碰撞。交易者的行为和结果难以预测，从而使市场在整体上表现为一种“无序的复杂”，即系统本身非常复杂，其行为表现出足够的随机性，以至于具有足够的规律性来应用统计学方法来进行研究。

由于随机性的存在，系统经常表现出与我们的直觉相反的结果，简单的分解组合机械论方法无法解决复杂系统随机性的问题。

系统化思维按照复杂程度和随机性，将我们生活的大多数系统划分为三类，如图 12－1 所示。

区域Ⅰ可称为“有序的简单”——属于机械力学的范畴（小数）；区域Ⅱ是“无序的复杂”——属于种群、集合的范畴，可使用统计方法进行研究（大数）；两者之间张着大嘴的区域Ⅲ表现出“有序的复杂”——复杂的难以进行精确分析和计算，然而又有序的不适合采用统计方法（中数）。

对介于小数和大数之间的中数系统，两种经典的研究方法都存在致命的缺点。对于中数系统来说，可以预计它与任何理论都或多或少存在很大的波动、不规则性或者偏差。

我们日夜交易的市场正是混沌与秩序、随机性和确定性并存的一个中数系统。

复杂理论认为，局部随机与整体秩序相结合可以产生出相对于环境来说更强健的系统。也就是说，系统对于环境的变化更具有适应性，因为它们可以看上去以不可预测的方法做出反应，不会被其他物种或系统所预测，因而可以更有效地竞争。一个静态系统若以可预测的线形方法做出反应，注定会

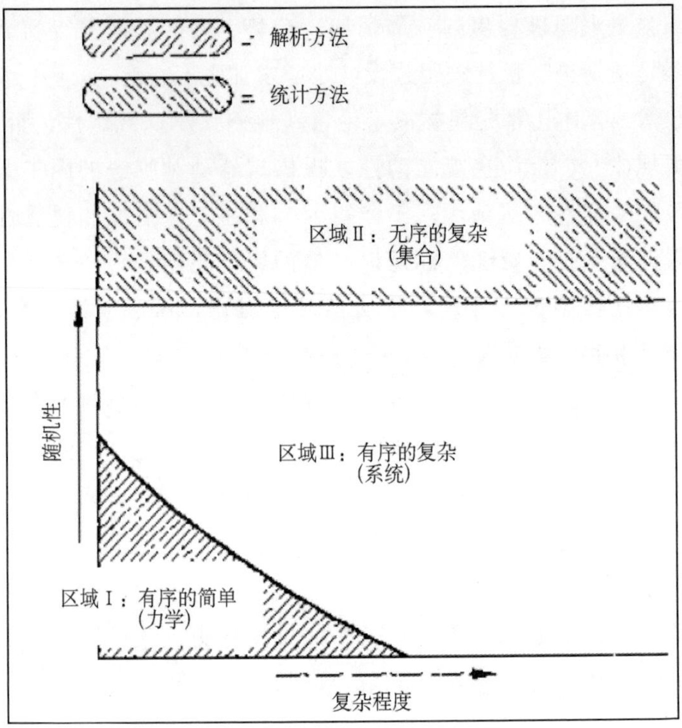

图 12－1　按思维方法区分的系统类型

灭绝，而它的资源则会被其他更具适应性的系统所掠夺。线形范式是以有效市场和因果关系为基础的线形系统，而新的范式把市场看成是一个复杂的、交互作用的和适应性的、一个不断进化、目的是为了生存的系统。交易系统展示市场本质上的秩序，同时也警告我们必须继续与不确定性生活在一起。

当使用统计学从概率的角度来看交易时，交易者可能会这么认为：

(1) 一笔交易或者今天的交易是否盈利已经无关紧要，因为它只不过是成千上万次交易中微不足道的一次操作或一天的交易结果而已，赚也好，亏也罢，无伤大雅。

(2) 一笔交易的盈利依赖于入场到出场这一段持仓时间内的价格走势，我们可以决定何时、以多大仓位进入和退出市场，但是持仓这段时间内一切都不受控制。市场主宰一切，盈利和亏损是市场对于我们坚守纪律或愚昧自大的随机结果，一切都是概率。将心态固化在每一笔或每一天的交易结果上显然是一叶障目，不见树林。

（3）每笔交易的目的不再是此次交易是否盈利，而是此次交易是否有利于交易者的长期目标。尽管通过量化测试构建出来的系统可能对于此次交易不是最优的（事实上由于风险的存在，交易者也无从知道怎么交易才是最优的），但可以肯定的是，这样交易在概率上对于实现交易者的长期目标是最优的。

（4）只有在每次交易时坚守交易规则才是我们的优势所在。只有长期遵守交易纪律，这种优势才有可能转化成盈利能力，才具有一致性。否则，一切都是赌博，其结果在长期上、在概率上必然低于坚守交易系统获得统计优势。

（5）由于市场的随机性，交易系统的输出结果，即资金曲线必然在很大程度上是随机的，长期、稳定、持续的盈利或许是一种妄想。苛求资金曲线是一条45°上升的直线，显然是乌托邦。

（6）我们无法控制市场，只能控制我们对市场的认知，控制和管理我们的交易行为。在积极探索是否存在更好的交易策略的同时，也要随遇而安。

思路不对，一切都是枉然，因此首先要改变思维，从宏观、整体、系统的角度正确看待市场，彻底了解市场的本质，坚持市场的道，乘上一叶小舟，随波逐流，轻松自在地赚钱。

读者可以参阅埃德加·彼特斯的《资本市场的混沌与秩序》和《分形市场分析——将混沌理论应用到投资与经济理论上》两本书的内容，来了解混沌和分形理论如何应用在资本市场上。

12.2　认知心理学、情感心理学、意志心理学及金融心理学

认知心理学是关于人如何知觉、学习、记忆和思考问题的科学，研究认知的生物基础，也研究注意、意识、知觉、记忆、心理意象、语言、问题解决、创造性、决策、推理、认知发展、智力以及人的思维的其他各个层面。

读者可以阅读 Robert J. Sternberg 所著的《认知心理学》等书籍了解相关知识。

情感心理学是心理学中研究人的情感的一个分支，主要研究如何消除人受外界影响或自然产生的情绪和压力，目的是恢复健康、健全的人格。

在交易过程中，我们感受无数次以下的情绪并为之痛苦不堪：

（1）希望：希望买了就立即大幅上涨，或卖了就立即下跌，跌得越多越好。

（2）恐惧：赶紧跑，否则可能跌停。

（3）贪婪：我应该多买点儿，最好全仓买进。

（4）绝望：死马当活马医，我不管了。

成功与失败的分水岭在于意志力的强弱差异。成功者常常是意志力坚强的人，失败者通常是意志力薄弱的人。意志心理学是理解意志规律、意志和感情及认知等互相作用和关系、意志过程、意志特征、作用、品质、承受挫折反应和能力等的科学。

经济学和心理学庞大繁杂，流派众多。而金融心理学是心理学和金融学的结合，并融合行为学、社会学等知识，探求人类心理共性的规律性特征，并用这些人类基础的客观心理特征来分析解释金融市场现象，力图揭示金融市场的非理性行为和决策规律。

行为金融理论认为，证券市场的价格并不只是由证券内在价值所决定的，还在很大程度上受到投资者主体行为的影响，即投资者心理与行为对证券市场的价格决定及其变动具有重大影响。

行为金融学发现，人在不确定条件下的决策过程并不是完全理性的，会受到过度自信、代表性、可得性、框定依赖、锚定和调整、损失规避等信念影响，出现系统性认知偏差。而现代金融学是基于理性人假设，认为理性人在不确定条件下的决策是严格依照贝叶斯法则计算的期望效用函数进行决策的，即使有些人非理性，这种非理性也是非系统性的，会彼此抵消，从而在总体上是理性的，如果这种错误不能完全相互抵消，套利者的套利也会淘汰这些犯错误的决策者，使市场恢复到均衡状态，达到总体理性。

行为金融学与标准金融学在分析方法上的不同，主要体现在行为心理决策分析法和风险度量方法上。行为金融学将人类的一些心理学特性，如人类行为的易感性、认知缺陷、风险偏好的变动、遗憾厌恶、自控缺陷以及理性趋利特性和投资者情绪等价值感受引入到资产定价理论体系中，认为决策者的偏好一般是多方面的、易变的，这种偏好常常只在决策过程中形成，且决策者具有很强的适应性。通过对投资者行为心理决策的分析，行为金融学成功的解释了资产价格反应过度和反应不足、动量效应、季节效应、小公司现象等一些标准金融学无法解释的异常现象。

拉斯·特维德在《金融心理学》一书中总结了金融市场群体和个体错误的心理学现象。如表12－1所示。

表12－1 金融市场存在的群体和个人错误的心理学现象

主要心理学流派	有关现象	简单描述
行为主义	奇幻思维	虽然明明知道没有道理而且事实上根本也不存在道理，仍然认为某种行为会导致我们想要的结果
	确定性效应	情愿选择小的确定性收益，也不愿意选择大的可能性收益
	预期理论	非理性的趋势，不太愿意赌赢，而愿赌输
格式塔理论	说明效应	不相信可靠的推理，却相信可靠来源
	自我说服	当现实与态度冲突时，宁愿改变自己的态度，而不愿意接受现实
	代表效应	往往认为观察到的趋势会延续下去
	自我实现	做某些事情让自己感觉到我们了不起
	知识态度	把数据分成可以管理的小块，每一块当成简单的态度来处理
	舆论效应	过分重视与我们相同态度的人的意见
	自我防御	改变态度，以防卫自己所做的决策
认知心理学	感觉综合症	过分看重自己的选择
	后悔理论	力图避免那些证明自己错误的举动
	认知失调	当有证据证明自己错了的时候，出现认知失调。此时交易者试图避免信息或者曲解这类信息，同时也避免使这种失调更为严重的行为
	参照点	我们的决策容易受到看起来像正确答案的影响
	精神隔离	将现象分成不同的类别，试图优化每一类别而不是整体

续表

主要心理学流派	有关现象	简单描述
认知心理学	成本沉淀谬论	亏损时投入更多的钱来平摊成本以图挽回损失，说明我们总是将决策建立在过去，而不是未来的期望基础上
	析取	除非得到新的信息，否则避免做决策，即使这些信息和所做决策没有关系
	同化错误	曲解信息，使其看起来可以验证我们所做的事情
	选择性暴露	只是暴露对我们有利的信息
	选择性理解	选择性理解信息，使其看起来可以验证我们的行为和态度
	过分自信	过分相信自己的决策能力
	事后聪明	过分相信自己预测过去事情的准确性
	验证偏见	结论受到想要相信事情的影响
心理分析	妄想狂人格	过分关注上当受骗或犯错误
	虚伪型人格	过分关注自己的决策，不能放松自己
	自恋型人格	对自己所做的一切都极度关心，都想取得成功
	回避型人格	对自己所做的事情念念不忘，总想报复或挽回
	强迫型人格	过分看重细节
	抑郁型人格	无论自己过得好坏，总感觉失望和担心
社会心理学	自适应态度	发展与周围人群相同的态度
	社会比较	对于难以理解的事情，使用别人的行为作为参考

另外，柯蒂斯·费思在《海龟交易法则》一书中也总结了以下几种对交易行为有影响的认知偏差：

（1）损失厌恶症：对避免损失有一种强烈偏好，不赔钱比赚钱更重要。

（2）沉淀成本效应：更重视已经花掉的钱，而不是未来可能要花的钱。

（3）处置效应：早早兑现利润，却让损失持续下去。

（4）结果偏好：根据结果来判断决策的好坏，而不考虑决策本身的质量。

（5）近期偏好：相对早期，更重视近期的数据或经验。

（6）锚定效应：过于依赖（锚定）容易获得的信息。

（7）潮流效应：盲目相信目前大众相信的潮流。

（8）小数法则：从太少的信息中得出没有依据的结论。

没有谁的性格是完美的，交易者投身到投机行业中，必然会遭遇很多的困惑和错误。金融心理学提供了大量的素材，为交易者的心理分析和反思提供了基础。

12.3 趋势交易心理分析

对于趋势交易系统来说，不同的交易系统要求交易者应该具有相应的心理素质。

12.3.1 愿意买高/卖低

普通人心理上都想避免痛苦、误差、错误、瑕疵、不确定性；追求愉悦、和谐和完美。体现在交易时，都希望找一个完美的入场点。而趋势交易系统发出的交易信号往往是近期的高点或低点，主观上我们会觉得有所滞后，担心买在高点或卖在低点，或忧虑交易系统发出的信号已经离前期市场最高或最低点有一段距离，现在入场太迟、利润太薄、不够完美，而放弃交易。实际上成功的入场往往并不“完美”，因为“完美”的入场不是市场的低点，就是市场的高点，对“完美”的苛求会让我们失去很多趋势明显的交易机会。

趋势指标可以帮忙我们摆脱对市场新高或新低的心理恐惧，趋势跟踪指标向我们证明市场会惩罚那些追求理所当然、安全和舒适行为的交易者，同时会奖励那些敢于为追随趋势做不自然、不舒服行动的交易者。我们交易的是未来，现在的高点未来可能是趋势的低点，现在的低点未来可能是高点。我们只能在已知、过去的趋势中完美地买低、卖高。而未来是不确定的，现在入场交易，只是在下注未来。

12.3.2 截断止损，让盈利奔跑

行为金融学表明，对入场价位的非理性关注往往会导致过早退出盈利的交易。我们心理上倾向于在一个感到舒服、合乎情理的价位入场建立头寸，让自己觉得容易控制交易风险。当头寸有了一定盈利后，市场价格离我们感觉舒服的那个价位越来越远，我们也越来越担心市场会反转，信心逐渐消失，

最后稍有盈利，立即抱头鼠窜。这种对于小盈利变成亏损的担心是非理性的，会阻碍趋势交易者获得大的盈利。

而当持有头寸开始亏损并逐渐恶化时，如果过多地关注入场价位，让我们有一种错误的安全感，会觉得已经偏离入场价位很多，说不定很快会回来。如果现在认错出场，万一市场反弹就错过了机会。这种对参考价位的非理性关注，往往会产生一种莫名其妙的自信，即使市场已经偏离入场价位很多，我们还会苦苦等待市场回到这个位置，最终结果就是让亏损变得一发不可收拾。

这种对“自然”和”舒服”的心理需求，把入场价位当作参考点，会让我们在应该自信的时候却恐慌不安，应该觉得恐惧的时候却盲目自信，于是我们截断盈利，让亏损奔跑，显然与成功趋势交易的理念背道而驰。

成功的交易者应该远离这种对未来不确定性莫须有的自然和舒服的心理需求。市场唯一确定的是它的不确定性，我们对交易的信心是建立在交易系统的长期优势上，一次交易的成功根本无需太多关注。没有人知道趋势什么时候开始，也不要试图去预测趋势在哪儿结束，只要系统没有让我们出场，就坚定地持有头寸，让盈利奔跑。当我们习惯将成功与盈利联系在一起时，可能有一点儿盈利就想逃跑，但是我们跑得很狼狈，一点儿都不从容。我们必须时刻准备将一部分盈利返回给市场，时刻准备着要亏损，任何试图规避盈利返回和亏损的做法都是徒劳的，欣然接受是唯一的方法。应该让市场告诉我们什么时候出场，我们才出场。盈利或资金本来就在不断上下起伏，我们心理上必须接受甚至享受这种波动，有如大海里游泳，学会去适应波浪的上下起伏，而不是试图将波浪停下来。

没有人能抓住趋势的顶和底，最好的出场点都是事后确定的，不要试图与市场比聪明。

12.3.3 愿意回吐相当比例的浮盈

没有人能抓住趋势的顶和底，我们不知道趋势什么时候开始，什么时候结束。交易者应该坚持等到市场发出出场信号后再退出市场，否则过早出场可能导致我们的盈利大幅下降。市场会回报我们的耐心，后悔回吐相当比例的浮盈显然是不足取的。

12.3.4 在连续的小幅亏损之后仍坚持交易

乐于接受损失。损失是交易者必须面对的交易成本。连续的小幅亏损之后，仍然相信系统，坚持交易，耐心和遵守纪律是成功交易的关键。

12.3.5 抓住5%左右的较多盈利的交易机会

不要错过任何一个交易信号，因为错过的这个信号可能是大幅盈利的交易信号。如果错过几次盈利最大的交易，趋势交易的结果肯定会很难看。

12.3.6 愿意长时间的持有头寸

坚韧是关键。愿意长时间持有头寸，长时间持有头寸是盈利的来源。

12.3.7 习惯较慢的交易节奏

市场是快速变化的，但是快不一定赚钱，快也不一定是优势，耐心、坚持、纪律和忍受趋势交易的不完美，让节奏慢下来，才是趋势交易的优势所在。

12.3.8 盈利的狂喜和亏损的沮丧会影响我们执行交易的能力

交易的目的是寻求长期生存，不是一时的暴利。在巨大盈利和亏损面前，我们都可能心理崩溃而手足无措。交易者需要经历长期的市场磨炼，才能妥善处理大盈和大亏。

12.3.9 听天由命

很多时候，我们除了严格执行交易系统外，什么都不做是最好的办法，让可能发生的事情自己去发生。市场是高度随机的，想要规避无法规避的事情，对交易极为不利。错误、亏损、资金回撤等情况都会发生，这些都是交易的一部分，是交易的成本。控制好风险，其余的听天由命。

市场提供了无限自由的可能性和风险，唯一可以控制交易结果的只有我们自己，交易者必须制定自己的交易规则并自律和严格执行。心灵的不断成长和成熟是交易成功的因，也是果。

道格拉斯所著的《交易心理分析》一书是交易心理学领域的经典。他的另外一本书《自律的交易者》也不错，建议读者认真研读。

12.4 主观交易与量化交易

主观交易者面对市场时有很多的心理问题需要克服，比如行为金融学提到的许多心理偏差。观望后悔和扳平综合症就是其中两种。

主观交易者在稍有盈利时，可能非常害怕市场突然反转，盈利变小或变成亏损，因而决定落袋为安。出场后如市场的趋势稍微回调后继续发展，交易者又开始后悔，而且随着趋势的不断发展，后悔也越来越严重，最后不顾市场价格的高低重新入场，试图重新抓住趋势，这样才能减轻后悔。但此时往往到了趋势的末期，市场突然反转导致较大的亏损。这种心理失败导致两种后果：一是不断地责备自己，丧失自信，不敢交易；二是不计后果的疯狂交易，直至破产或者外力阻止为止。这种心理现象称为后悔综合症。

交易者有一种侥幸心理，通常情况下会遵守交易纪律，但某种情况下，交易者会考虑违背一下规则，等扳平亏损后再重新执行交易纪律，这是扳平综合症的具体表现。问题是纪律一旦违背，只有痛苦和失败才能让我们回到正确的轨道。

交易者为什么会出现放弃头寸而违反纪律的情况呢？浮动盈利出现大幅回吐时，交易者通常会想放弃交易系统的止盈或止损规则，随意地平掉头寸，结果造成聪明反被聪明误，效果还没有坚持规则要好。如果效果没有坚持规则好，而随意出场是我们自己做的决定，心理上会觉得需要承担责任，当结果越来越坏时，心理压力就会越来越大，也越来越无法忍受，最后导致错上加错、胡乱操作，结果一发不可收拾。因此，在一连串亏损之后坚持交易，在逆境中保持耐心是成功交易的关键。

交易的特性就是难以执行。成功的交易要求我们不断地做出感觉不舒服和不自然的事情，不断与人性做斗争，与追求舒服、安全、完美、容易急躁、恐惧和贪婪等做斗争。主观交易背负着成功和失败，或生与死的压力，恐惧和贪婪常伴左右，时时刻刻都是两难，做过的人都知道克服心理上的贪婪和恐惧有多难。

量化交易系统可以帮忙交易者摆脱这些极具破坏性的交易行为，建立良好的交易心态和养成良好的交易习惯。量化交易系统独立于交易者的判断，完全依赖电脑产生的交易信号和风险控制进行交易，其最大的好处是排除交易者情绪的干扰，而不良情绪是所有成功交易者的敌人。量化交易系统为交易者卸下市场分析的重担，当下时空只要满足了交易系统的触发条件，就会产生交易信号，重点是如何执行。而交易策略、风险控制和心理调控决定和承担长期盈利。

尽管建立良好心态的过程非常漫长痛苦，但对于想成功的人来说，量化交易是一个有效的工具，让我们逐渐学会控制情绪，遵守纪律，拥有耐心。交易者必须放弃那些容易和舒适的交易习惯，全力培养自己的纪律、耐心，以及无论多困难都要坚持执行计划的决心。

量化交易是认识市场的一种捷径，只有最接近市场本质的认知，才能培养出正确的态度和避免情感上的痛苦。没有情感的痛苦我们就不需要意志去对抗市场。我们的意志也可以将更多的注意力放在量化测试和认识市场本质上，从而进一步提升交易系统和盈利能力，也增强了我们克服系统回撤以及长期盈利的信心，这是个良性循环。交易者对于市场的认知、交易能力的提升和交易的心理成熟是螺旋上升、不断良性循环的过程，而量化交易可以加快这个过程。

市场是高度随机的概率游戏。情感对于市场哪怕一丁点儿希望、贪婪和恐惧，都是对随机，也就是概率认识不够。无论主观或量化交易，交易者都需要面对巨大的困难和压力，而交易纪律的制定和遵守是难中之难，只能通过交易者的自律来达成。

12.5 自律

自律是指主动掌控自己的心理和行为，在目标和其他想法冲突时克服种种诱惑和困难，重新将注意力引导到目标实现上的自我约束和控制能力上。

交易需要高度的自律，而多数人是散乱、迷茫和不安的。

建立自律的方法就是不断地自我挑战。在接近你的意志力极限内设置一个切合实际、不断渐进的目标，克服困难、监控进展，在动摇之际坚定信念去完成它。一旦成功完成后，增加难度继续下一个挑战。如果不挑战你的生活，你就不会增长自律能力，也无法改变自我。

提高自律的过程分为五个步骤，分别是认清事实（Acceptance）、意志力

(Willpower)、面对困难（Hard Work)、勤奋（Industry）以及坚持不懈(Persistence)。

12.5.1 认清现实

自律的前提是认清现实。认清现实意味着准确认识你的生活现实，从睡眠、饮食、锻炼、工作、家庭关系、交易，等等。不认清现实，就无法承认自己在自律方面所处的状况，就不可能提高自律，也就没有办法改变自我。生活一天天过去，等我们老去时，自始至终是一个情绪、欲望和感情的奴隶，活的就没有价值。

如果你不能认清现实，就会蒙蔽自我、拒绝改变或推卸责任给社会、家人和市场。

去做一些力所能及的改变，提高自己的自律能力。这不是简单的，但是值得去做。自律的第一步是完全接受你现在的状况，不管你是否多么的失败和糟糕。你只有认同了自己的现状，才能正视问题，才有机会不断改进，才能成就强大的你。

12.5.2 意志力

意志力就是设定好目标、确定好计划，然后持之以恒去做。意志力提供给我们强烈的动力，帮助克服惰性并不断创造前进的力量。

12.5.3 面对困难

面对困难就是去挑战那些觉得难的东西。当你愿意克制自己去做一些困难工作的时候，你就能得到别人无法达到的高度。当你停止逃避，停止害怕困难，而是选择去面对它、承受它时，你的生活会达到一个新的高度。

想要克服最大困难的想法，是找到属于你一个人的一把财富钥匙。制定目标，写好计划，去实现它们，困难来之应之。获得幸福、交易成功都是非常困难的工作（真正的幸福是保持自信而不是拒绝和逃避)，但是非常值得我们毕生去努力。

12.5.4 勤奋

勤奋就是花很多时间去做事，前提是要知道把时间用对地方。勤奋工作不等于有智慧，但是勤能补拙，在个人提升中起到重要作用。一旦决定行动并已经做好计划，那么没有什么能比勤奋更有用的了。长远来看，成果来源于行动，而勤奋则是最好的行动方式。

12.5.5 坚持不懈

不顾自身感受，保持毅力和恒心，即使在想退出时还能克服困难、继续努力维持和持续向目标奋斗的能力，就是坚持不懈。

当我们执行任何一个大目标时，动机会时强时弱，但是动机不能决定结果，只有持续的行动才行。坚持不懈可以让我们在失去动力时继续前行，这样做事才会有效果和结果。

人每时每刻都在成长，你今年会变得与去年不同，如果我们能有意识地进行自我管理，这样的变化可能会更显著和迅速。追求个人的成长是我们的一个长期目标，现在就是为自己制定更强大的目标以实现自我成长的时候。

直接追求有意识的个人发展是唯一能够给我们带来乐趣的事情。坚持不懈的价值不是守旧和顽固不化，它来自于一种愿景，让你觉得你必须去做任何事情去实现它。坚持不懈的行动来源于坚持不懈的憧憬，当你很清楚你要追求的愿景的时候，你的目标就不会太多，你的行动也就不需要太多。持续稳定的行动就能带来坚持不懈所应得到的回报。

你能不能找出你人生中真正想要坚持的领域呢？如果你可以找到这样一片地方，它就会让你找到完成目标的线索，这个线索可以让你在激情与自律的双重作用下前进。

12.6 改造自我

交易因你的贪婪而起，因你的恐惧而灭。不是市场让你失败，是你以自己的信念、意图、情感和认知参与和创造了这个游戏；是你认知不足、纪律涣散让自己在概率游戏中失败。市场是一面镜子，照见的是你自己。资金曲线会证明你是一个屡败屡战、不断学习奋进的交易者，还是一个内外双修、已趋化境的交易者。

如果想成功，交易者需要不断进步和创造新自我。童年时期，父母、家庭、社会、文化以及周围的物理世界对我们施加巨大的影响，从而在我们性格形成时期形成稳定的自我心理形象。成年后，这些自我心理形象就固化下来，形成性格与态度、缺点和是否快乐。交易带来的巨大刺激引发心理溃败，迫使我们重新认识和改造自我，更真实的认识这个世界和自己。交易改变了我们，而我们也通过交易重新认识了这个世界。

交易者将对交易市场的认识向外物化为交易系统，向内转化为合适的情感反应、理智和精神，最终人和市场合二为一，无贪、无嗔、无痴。交易者在市场中成长，不断精进，即知即行，知行合一，依靠坚强的意志力，将放逸散乱的散户自我改造成自律、成功的交易者。

成功的交易者必然是自我改造过的，他有对市场的认知、适当的情绪反应和顺其市场的意志，三者和谐相处，最终交易者与市场合二为一，自然而然会感到简单，轻松，快乐。

12.7 杂想

12.7.1 重新定义交易

什么是交易错误？不遵守交易规则，违法交易纪律的冲动性交易就是交易错误。而根据交易系统进行交易却亏损的交易，是正确的交易。交易系统产生的亏损是我们做交易的成本，是无法避免的。但是，冲动性交易，即使盈利甚至暴利，都是错误的。

遵守交易规律，根据交易系统给出的信号进行的交易，即使亏损，也是好的交易。而不遵守交易规律和根据交易系统给出的信号进行的交易，即使是盈利的交易，都是坏的交易。

12.7.2 重新思考风险

根据对待风险态度的差异，投资者可分为三类：

（1）主动的风险承担者。①有能力对市场中的不同风险进行分类和量化；②主动积极地承担其中某类风险；③把投资收益看成是主动承担风险的补偿；④信奉的是“有所失才能有所得”，对自己市场行为应尽的义务通常有明确的看法。

（2）被动的风险承担者。①通常没有能力对市场中存在的风险进行分类和量化，但有能力对风险进行控制；②不愿意主动承担风险；③把风险看成是追求收益所必须付出的代价；④他们信奉的是“有所得必有所失”，对自己市场行为应尽的义务通常不太在意。

（3）盲目的风险承担者。①不了解风险；②只着眼追逐投资收益，完全割裂风险与收益之间的关系；③把风险看成是事后的、外在的和强加的市场因素；④他们一心希望的是“只得不失”，希望不劳而获、一夜暴富。

散户拒绝和害怕风险。成功的交易者定义、测量、控制、接纳和拥抱风险，不会因为风险而失去纪律、专注和信心。

12.7.3 完美主义害死人

对于完美主义者来说，没有任何进步和收获能持续地提供人心的满足，也不能在他们身上发现激动人心的自我激励，确认坚忍不拔不可能是他们的风格。因为完美主义，人们借用反省的名义把对自己的不满意放大成自卑，然后进行自我讨伐，人为制造心灵世界的战争。于是，把促进自己进步的动力，变成了自我惩罚的凶手。

对交易系统追求完美，可能导致挫折、失败，直至放弃。这世界本无完美，何必过了头儿?

我们不是一个完美的人，我们的交易也不是完美的，我们会错过重大机会，犯下愚蠢的错误，抵挡不住一夜暴富的诱惑，将风险抛之脑后，豪赌一场破产出局。但这就是我们，一个在交易路上不断前进的交易者。所有这些错误反映出我们真实的交易水平。只有承认自己交易的能力，卸下完美主义和不切实际的包袱，承担和担当交易者应该做的那一部分。为自己的行为负责，才能简单、轻松且没有压力。

12.7.4 建立信心

如果我们可以量化交易风险，并能将风险控制在可以承受的范围之内，那么再遇到交易机会会毫不犹豫地出击。如果我们对于错误的概念进行重新定位，交易规则产生的信号必须入场交易，那么就不会有入场恐惧。如果我们构建了交易系统并持有强大信心时，就不存在交易错误。交易系统让我们客观地进行交易，而市场风险虽无法避免，但可以预先控制在承受范围。当下交易以长期盈利为目标，长期坚持不懈地执行，交易成绩必然在概率上是令人鼓舞的。有此信心，交易何难？

12.7.5 知行合一

即知即行，知行合一。只有不断地学习和实践，才能贴近市场获得真知和享受交易乐趣。

12.7.6 精进

期货是人生的缩影，只有当你认识真正的自己，将贪、嗔、痴放下，才能成就自己。

人若放逸就是对于贪、嗔、痴三毒不加节制，任性所为，肆无忌惮。只有立下宏愿，持续精进，我们最后才能登峰造极，创造辉煌。

12.7.7 交易在当下

要想战胜对手，就先要战胜自己。要想根除懒、愿、贪、怕、痴的陋习，就必须深入了解自己和交易本质，学习怎样长期获利和突破“长期获利门槛”，交易才能变得简单、轻松、快乐。

（1）突破“长期获利门槛”的第一步就是对交易系统的全面认同。

一次赚钱的经历并不等于赚钱的能力，一时交易盈利不等于你会一直盈利。没有好的交易系统，盈利会得而复失，还得搭上你的本金，导致心理崩溃。如果价格是足够随机的，就没有所谓的趋势，震荡和反转，一切都是事后认定，是主观的臆断。未来不可预测，尽管我们能猜中几次，但是我们的交易日日夜夜都要进行，每次都去猜，费力费神，还有很多的人为偏差，因此交给交易系统是省事省力最好的办法。克服预测未来的诱惑，从概率的角度思考，交易充满不确定性，我们不知道当下的这笔交易会不会赚钱，但是从长远来看，交易系统长期盈利的概率远远超过亏损。重要的是，现在认同和坚持执行你的交易系统，未来自然会有回报。

（2）突破“长期获利门槛”的第二步是对风险的全面认同。

风险是收益的 N 倍，无序是有序的 N 倍，随机是市场的主要特征。风险无处不在，无时不在。交易系统可以量化和控制风险，但是无法消除风险。欣然接受风险，接受每次交易、每日交易的任何结果，接受资金曲线的回撤，接受盈利得而复失，接受几日甚至几月的盈利一次亏光，接受市场的任何行为，因为一切都可能发生！

（3）突破“长期获利门槛”的第三步是坚定不移地执行交易系统。

只有深刻理解交易系统，深刻了解交易系统的局限性，深刻了解市场和风险，才能坚持交易纪律，才能坚定不移地执行交易系统，这才是我们长期盈利的关键。

系统处于亏损时期，不要轻易认为系统需要改变或失效，亏损是交易的正常现象，必须接受，此时应告诉自己如何来提高处理困难的能力和耐心。而在系统的获利时期，切不可要小聪明，认为可以运用自己的交易能力来提高系统的效率，此时遵守纪律胜过一切。交易系统的困难时期可以提高你的交易能力，系统的收获时期则可以考验你的自律精神。

每一次符合交易规则的亏损都是对的，而每一次偏离交易规则的盈利都是错的。对于系统交易者来讲，盈利和亏损已不重要，重要的是对交易信号的执行。系统的交易信号经常会与交易者对市场的看法相左，很多的交易机会就是在投资者的犹豫彷徨中错失了，这也是导致使用同样的交易系统其交易结果不一样的原因。

执行系统信号时应不折不扣，不要心存犹豫。对系统的犹豫主要来自于系统亏损时期的信心衰竭。“月有阴晴圆缺，人有悲欢离合。”正是由于瑕疵的存在，才构成了真正的完美。我们应认识到资金回撤属于正常现象，回撤时期才是真正考验和提高交易水平的时期，是考验交易者应对困难、处理困难能力的时期，是培养稳健交易风格和耐心、自律等交易品质的重要时期。

实践证明，在系统亏损时期，还能一如既往地执行交易信号的投资者才是真正的、少数的长期赢家。因为未来不可预测，事前我们并不知道这是系统的困难时期，如果这个时期的交易信号没有去执行，可能会错过重大行情。交易系统并不试图去预测价格的空间和时间，唯一做的就是把握现在，坚定不移地执行交易系统。

（4）突破“长期获利门槛”的第四步是体验交易美学。

交易是一个自由驰骋的领地，只有对市场的知、情、意高度统一，才能快乐地交易。

过去是已知的、确定的，清晰地显示在纸上，你可以随意地画出趋势线、支撑和阻挡，一切都是那么明显，但可惜我们无法交易过去。未来是未知的、不确定的，一切都是那么捉模不透，遗憾的是未来决定我们的生死。昨日种种种譬如昨日死，今日种种譬如今日生。不悔过去，不惧将来，交易在当下。

12.8 总结

2013年阅读道格拉斯的《交易心理分析》一书，如获至宝。从中体会出，心态问题是造成交易失败的最大原因之一，主观交易的几年时间笔者都没有深刻反思和改造过自我，而所谓操作纪律、风险控制、操作计划等等都是敷衍了事。若没有成熟完整的个人交易系统和稳定心态，失败则将成为必然。

本章介绍了心理学知识、金融心理学基础以及心理辅导，并讨论了自律等心理话题。交易不仅仅属于认识和心理的范畴，还必然上升为理性和哲学。交易者必须从系统层面重新认知市场，形成一个贴近市场的客观认知、适当的情绪反馈和强大的意志力，从而能与市场合二为一。市场无法改变，能改变的只有交易者自己。自律是成功交易者最强大的武器。

第十三章 结 尾

“我要这天，再遮不住我眼，要这地，再埋不了我心，要这众生，都明白我意，要那诸佛，都烟消云散！”

——今何在《悟空传》

本书逐步阐述如何进行交易策略的设计、测试和优化，以及讨论了投资组合、止损、风险管理、参数优化、策略改进等相关主题，结合这两部分测试结论，构建了一个完整的期货量化交易系统，从而解决何时入场，何时出场，交易哪个品种，交易多大的头寸，是否需要投资组合，使用哪个交易策略相对较好等问题。同时将交易系统运用到实战，并对其绩效进行投资收益、风险评估以及如何事前、事中、事后评估和控制交易风险，等等。

本书还讨论了交易心理调控。交易者往往在交易心理上存在重大问题和缺憾；对交易纪律的屡屡触犯，便是实证。交易者只有提高对市场的本质认识，在市场和生活中改变自己，不断精进，才能有所成功。

如图 13－1 所示，笔者将整个交易过程划分为两个层面：底层为交易执行层面，主要包括数据来源、市场分析、交易计划、交易执行、交易总结等；上层为交易系统层面，包括风险控制、资金管理策略、交易策略以及心理调控等。交易者在交易执行层面的不断思考总结，必然从某时点开始上升到交易系统层面来思考整个市场和交易，变得更注重风险控制、交易策略的有效性和关注交易心理调控，从而逐渐摆脱市场分析陷阱，跳出贪婪和恐惧等自然情绪反应造成的不断亏损的轮回。

需要注意的是，笔者将所有模块都放置在交易纪律的背景下，是因为越是成熟的交易者越是关注交易纪律。有好的交易策略但执行糟糕，是不会达到好的效果的。

相对于主观交易的巨大试验和心理成本，量化交易或许是通往成功交易

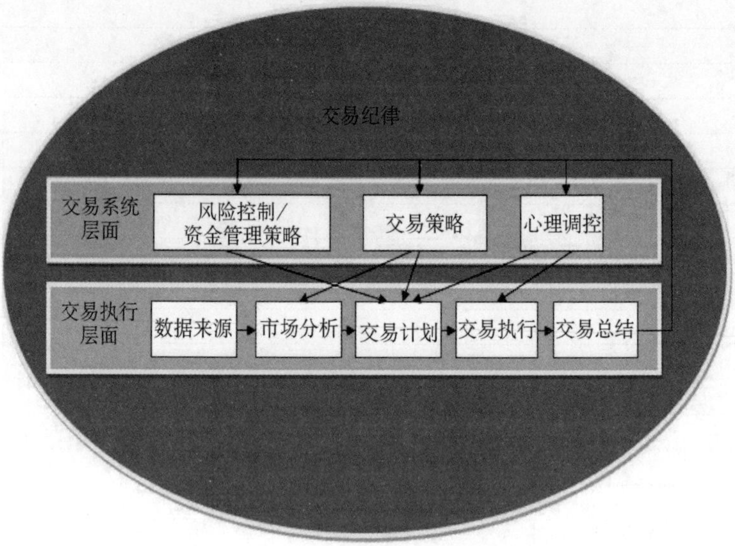

图 13-1 交易程序架构图

者行列最快的方法。使用科学、数量化的方式验证交易系统的有效性和市场规律，这种知识和理性加深了对市场的了解，改变了最初的信念，舍离自然生理和心理反应，使交易水平升华到系统和策略的高度，从而增强交易能力和信心，也有利于交易纪律的遵守，最终从贪婪和恐惧的轮回中解脱出来，轻松快乐地交易。

制定和实施交易系统是投资者交易能力的体现。一般投机者着眼于过去价格和未来价格的关系，目的是预测未来价格或未来价位，而量化投资者则研究价格的分布特征，目的是探究价格波动中的非随机统计特征，据此制定交易系统和交易纪律，并严格予以执行。由于价格变动的随机特征远远大于其非随机特征，因此交易系统的研制和执行非常困难。

交易者应该坚定信心，严格遵守交易纪律，耐心等待回撤结束，坚决抵制恐惧和贪婪的自然心理冲动，不断总结和锤炼并改进交易策略、风险控制和资金管理，不断提高自我认识水平，如此，终会水到渠成，等到成功的那一天。

祝各位读者朋友交易成功。

附录1　买房或不买房

近10年来楼市是十分火爆的话题。一方面房价如穿天火箭每年以百分之几十的速度上涨，另一方面老百姓的收入偏低，房价收入比越来越大，民众买房越来越痛苦。买不买房对于个人、家庭来说是一个非常重大的决定，这个决定将影响未来整个家庭20年的生活质量、家庭财富构成、债务水平，以及房市可能崩盘造成的巨大损失，甚至破产。

2016年3月深圳开始限购，10月份进一步加强了限购措施，房价相应进入步萧条期，成交低迷。但是会崩盘吗？潜在客户是否需要等个好时机入市？

下表是深圳市2004—2016年房地产平均价格，第三列是每年的涨幅。直观来看，除个别年份小幅下跌外，其他年份要不小涨要不就大涨，动不动30%～40%的涨幅，令人咂舌。

年度	房价	涨幅
2004	6385	
2005	6996	9.57%
2006	8848	26.47%
2007	13370	51.11%
2008	12823	−4.09%
2009	14858	15.87%
2010	20205	35.99%
2011	18992	−6.00%
2012	18900	−0.48%
2013	21595	14.26%
2014	23973	11.01%

续表

年度	房价	涨幅
2015	33369	39.19%
2016	47325	41.82%
平均		19.56%

下图将深圳市 2004—2016 年房地产平均价格年度涨幅制作成一个直方图。奇怪的是，该分布有点类似于双峰分布，而双峰分布更多是两个独立随机变量的复合分布，原因可能是样本太少。为简单起见，将房价年度涨幅直方图拟合成一个正态分布，如图中所示，平均值=0.1956，标准差 0.1912。

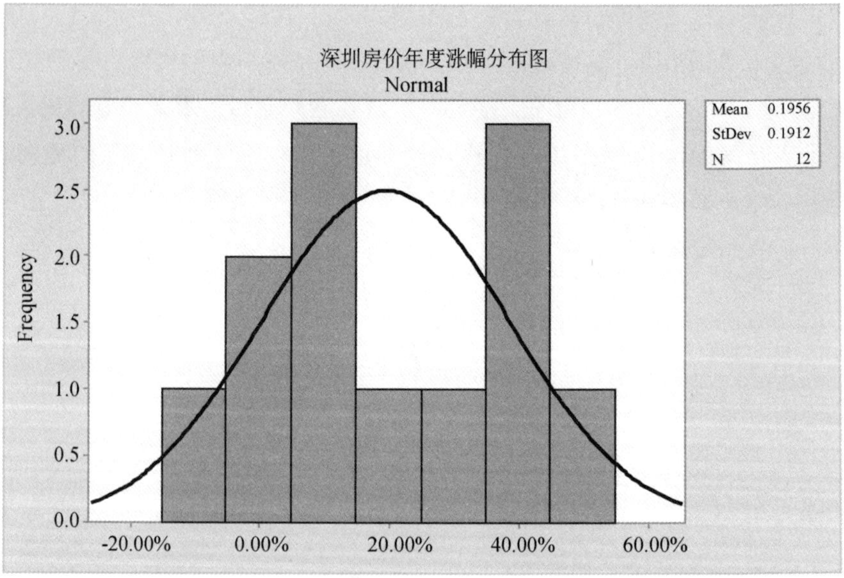

从这个图我们能大概估计房价下跌甚至崩盘的概率，计算如下：

$X \sim N\ (0.1956,\ 0.1912)$ 则，$(X-0.1956)\ /0.1912 \sim N\ (0,\ 1)$

$$\therefore P\ (X<0)\ =P\left(\frac{X-0.1956}{0.1912}<-1.023\right)=\Psi\ (-1.023)$$

$$=1-\Psi\ (1.023)$$

查表 Ψ（1.023）为 0.8461

所以，P（$X<0$）的概率为 $1-0.8461=0.1539$，即房价下跌的概率仅仅为15.39％。

如果定义房价下跌20％为崩盘，则

$$P(X<-0.2)=P\left(\frac{X-0.1956}{0.1912}<-2.069\right)=\Psi(-2.069)$$
$$=1-\Psi(2.069)$$

查表 Ψ（1.023）为 0.9808

所以，P（$X<0$）的概率为 $1-0.9808=0.0192$，即房价下跌20％的概率仅仅为1.92％。

虽然我们随时担心黑天鹅的到来，但是这样的概率非常低，房价更大可能仍然以每年平均20％的速率上涨，除非基本面发生根本性的变化。

附录 2　股指期货日 K 线价格变动概率分布

将 2010 年 4 月 16 日至 2017 年 2 月 24 日的股指期货日 K 收盘价格导出到 Excel 表格，前后两日数字相减算出价格变动，再使用统计软件画出股指期货日 K 线价格变动直方图如下所示，另外我们还增加了一条正态分布拟合曲线，从图中可以看出，一共有 1489 个交易日数据，平均值为 0.0000197，标准差为 1.689。

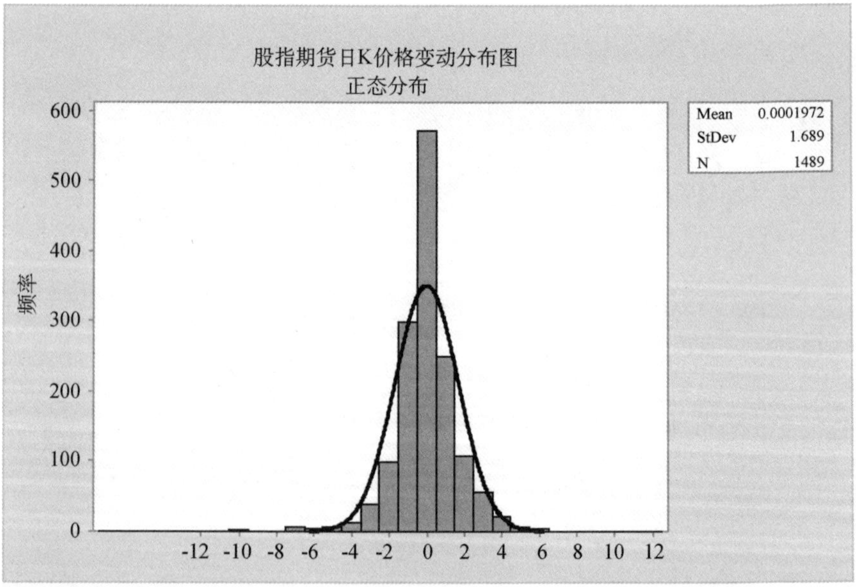

下表将 1489 个交易日数据分成［－15.5，－14.5］，［－14.5，－13.5］，…，［9.5，8.5］共 25 个组别，统计各组别的组中值（M_i）和频数（f_i），并计算 $(M_i-\bar{x})^3 f_i$ 和 $(M_i-\bar{x})^4 f_i$，以便计算股指期货日 K 线概率分布的峰态系数和偏态系数。

按涨跌幅分组（%）	组中值（M_i）	频数（f_i）	$(M_i-\bar{x})^3 f_i$	$(M_i-\bar{x})^4 f_i$
−15.5～−14.5	−15	1	−3375.13	50627.66
−14.5～−13.5	−14		0.00	0.00
−13.5～−12.5	−13		0.00	0.00
−12.5～−11.5	−12		0.00	0.00
−11.5～−10.5	−11		0.00	0.00
−9.5～−10.5	−10	2	−2000.12	20001.58
−8.5～−9.5	−9	1	−729.05	6561.58
−7.5～−8.5	−8	1	−512.04	4096.40
−6.5～−7.5	−7	7	−2401.20	16808.89
−5.5～−6.5	−6	4	−864.09	5184.68
−4.5～−5.5	−5	6	−750.09	3750.59
−3.5～−4.5	−4	12	−768.11	3072.61
−2.5～−3.5	−3	38	−1026.20	3078.81
−1.5～−2.5	−2	98	−784.23	1568.62
−0.5～−1.5	−1	299	−299.18	299.24
0.5～−0.5	0	572	0.00	0.00
1.5～−0.5	1	250	249.85	249.80
2.5～−1.5	2	108	863.74	1727.32
3.5～−2.5	3	55	1484.71	4453.83
4.5～−3.5	4	22	1407.79	5630.89
5.5～−4.5	5	7	874.90	4374.31
6.5～−5.5	6	4	863.91	5183.32
7.5～−6.5	7	1	342.97	2400.73
8.5～−7.5	8	0	0.00	0.00
9.5～−8.5	9	1	728.95	6560.42
合计	—	1489	−6692.61	145631.68

峰态系数和偏态系数计算如下：

$$K=\frac{\sum_{i=1}^{n}(M_i-\bar{x})^4 f_i}{N*\sigma^4}=\frac{145631.68}{1489*(1.689)^4}=\frac{145631.69}{12117.51}=12.0183$$

$$S_k=\frac{\sum_{i=1}^{n}(M_i-\bar{x})^3 f_i}{N*\sigma^3}=-\frac{-6692.61}{1489*(1.689)^3}=-0.9328$$

峰态系数为 12.0183，远大于 3，偏态系数为－0.9328，说明股指期货日 K 线价格变动是左偏尖峰分布。

从上图也可以看出，价格涨跌在［－0.5，0.5］区间的最多，明显比正态分布高。根据正态分布的经验法则，超过 3σ＝5％的概率小于 0.3％。而我们统计的结果显示，超过 5％涨幅的有 6 次，跌幅超过 5％的有 20 次，表明投资者的恐惧远大于贪婪。而超过 3σ＝5％的概率为（6＋20）/1489＝1.75％，约是正态分布的 5.8 倍，显示具有一定的厚尾特征。